乔通 评释

孟子 评释

中华书局

图书在版编目(CIP)数据

孟子评释/乔通评释. —北京:中华书局,2017.10
ISBN 978-7-101-12823-9

Ⅰ.孟… Ⅱ.乔… Ⅲ.①儒家②《孟子》-注释 Ⅳ.B222.52

中国版本图书馆 CIP 数据核字(2017)第 224859 号

书　　名	孟子评释
评 释 者	乔　通
责任编辑	刘树林
出版发行	中华书局
	(北京市丰台区太平桥西里 38 号　100073)
	http://www.zhbc.com.cn
	E-mail:zhbc@zhbc.com.cn
印　　刷	北京瑞古冠中印刷厂
版　　次	2017 年 10 月北京第 1 版
	2017 年 10 月北京第 1 次印刷
规　　格	开本/880×1230 毫米　1/32
	印张 11　插页 2　字数 200 千字
印　　数	1-4000 册
国际书号	ISBN 978-7-101-12823-9
定　　价	27.00 元

"当代儒家"的现实任务（代序）

　　"当代儒家"的宗旨是在继承传统儒家思想的基础上，在遵循自然及社会客观规律的前提下，以科学理性为根本原则，以"经世济民"为核心目的，弘扬并发展当代社会的伦理道德规范及科学理性思想，构建当代社会的精神家园和灵魂归宿。

　　就"当代儒家"这一观点的世界观、方法论、主要内容等问题，闻达在先此出版的《大学中庸评释》和《论语评释》两书的序言中已经做过简述，在本文之初略加回顾——

　　"当代儒家"的世界观和方法论："当代儒家"理论的世界观是"乐天知命，天人合一"，即了然自然规律、社会规律，并身体力行，依据规律而行；"当代儒家"理论的方法论是"自强不息，厚德载物"，即积极入世，努力进取，修身自省，尚善崇德。

　　"当代儒家"的主要内容：使命、操守及敬畏。所谓使命，每一个人，无论是对自己、对家庭、对其服务的机构、对社会、对国家、对民族，对应其所处位置和能力的不同，都应肩负起相应的使命。不同的使命在召唤不同的人，不同的人肩负不同的使命。所谓操守，就是对每个人提出的道德约束，是人安身立命、为人处世的底线原则。所谓敬畏，因为对操守的坚持和对使命的忠诚不能仅仅依靠人的自觉和自律，也必须有所敬重畏惧，使人有所戒惕。

　　"当代儒家"的理论特点：科学理性，理论简明，紧贴生活，易修易行。

　　闻达深知，"当代儒家"绝不能只是一种空中楼阁式的概念，还必须有其实际功用和现实任务，能够解决人们生活中的现实问题。本文即是就"当代儒家"的现实任务所做的论述，综合起来有以下五个方面：探索解决人与自然的关系；探索解决人与自己的关系；探索解决人与家庭的关系；探索解决人与他人的关系；探索解决人与社会的关系。

一 探索解决人与自然的关系

这里所说的探索解决人与自然的关系是指人的态度，而不是针对某一具体学科的具体知识。

在探索人与自然的关系中，传统儒家有"天人合一"之说，也就是遵循自然规律，这是非常精到的。"当代儒家"直接继承这一传统，并结合孟子"亲亲""仁民"和"爱物"的思想，提出"仁为本，遵规律，崇节俭，重格致"的观点。

所谓"仁为本"。人与自然关系的核心，可以概括为"天地之大德曰生"（《周易·系辞下传》）。"爱物"，即发自内心的仁慈之心，是处理人与自然关系的基础。正如《论语·述而第七》所说："子钓而不纲，弋不射宿。"这种态度，既是对万物的仁爱，也是对自然的敬畏。

所谓"遵规律"。大自然的运行是有其固有规律的，孔子说："天何言哉？四时行焉，百物生焉，天何言哉？"（《论语·阳货第十七》）"当代儒家"认为，对自然规律的遵从，是人类社会和谐发展的关键。人们要在尊重规律的前提下认识和改造自然。圣人所要做的一切就是要与天地、日月、四时相"合"——"与天地相似，故不违。知周乎万物而道济天下，故不过。旁行而不流，乐天知命，故不忧。安土敦乎仁，故能爱。"（《周易·系辞上传》）而《中庸》则更加深入一步："惟天下至诚为能尽其性；能尽其性，则能尽人之性；能尽人之性，则能尽物之性；能尽物之性，则可以赞天地之化育；可以赞天地之化育，则可以与天地参矣。"也就是说，人遵循天地自然规律以助天地之变化，则可以与天地和谐并立。

所谓"崇节俭"。"节用""取于民有制"是孔孟思想的重要组成部分。孔子说："奢则不孙，俭则固。与其不孙也，宁固。"（《论语·述而第七》）这种思想在"奢侈主义""消费主义"肆虐的当下，具有非常重要的现实意义。自然资源是有限的，过度索取、过度消费已经成为当今社会发展的毒瘤，造成了无数环境和社会问题。"当代儒家"秉承传统节俭思想，倡导适度的消费观和享受观，俭不仅可以养德，更是修正社会畸形发展的一剂良药。正如孔子所说："以约失之者，鲜矣。"（《论语·里仁第四》）

所谓"重格致"。传统儒家有"格物致知"之说，但这种"格物"在对待自然科学的态度上存在严重缺陷，这也正是近代之前中国自然科学领域发展严重滞后的主因。"当代儒家"认为，格物致知精神，就是实验精神。科学发展的历史告诉我们，新的知识只能通过实地实验而得到，不是由自我检讨或哲理清谈就可求到的。在当今科学日益昌明、社会分工日益细化的环境下，我们需要"术业有专攻"的"工匠精神"。格物致知既是手段，也是目的。要格的物、要致的知，既是"物理"，也是"人情"。中国人要格物致知，要继续为诚意、正心、修身、齐家、治国、平天下而努力；也要穷究"物理"和"人情"，经世致用，在细节上多下功夫。

二　探索解决人与自己的关系

古希腊德尔斐神庙门楣上刻有一句铭文，叫"认识你自己"。而《老子》上有一句："知人者智，自知者明。"人正确地向内探求自身，是一件极难的事情。《大学》说："自天子以至于庶人，壹是皆以修身为本。""当代儒家"认为，在当今社会，探索解决人与自己关系的核心仍是"修身"，而其具体方法则无外乎"自省""克己""慎独"和"知行合一"四个方面。

所谓"自省"。自省是指自我反省。"当代儒家"认为："自省是一种强大的力量，是人不断发现缺陷，不断修正提升自己的能力。孔子说："君子求诸己，小人求诸人。"（《论语·卫灵公第十五》）曾子说："吾日三省吾身：为人谋而不忠乎？与朋友交而不信乎？传不习乎？"（《论语·学而第一》）孟子说："爱人不亲反其仁，治人不治反其智，礼人不答反其敬。行有不得者，皆反求诸己，其身正而天下归之。"（《孟子·离娄上》）自省是理性的强大智慧，是自己真正主宰自己。我们要通过时时自省和修正，不断改善和提升自我。

所谓"克己"。克制自己的嗜欲，是对人极大的考验。"克己"的标准何在？我们以什么原则来克制自己的嗜欲？那就是"复礼"，即言行动静都依照礼的原则。孔子将其概括为："非礼勿视，非礼勿听，非礼勿言，非礼勿动。"（《论语·颜渊第十二》）始终坚守道义原则，不随物流，不为境转，顺逆如一。

所谓"慎独"。《中庸》上说：隐秘之地最显露，细微之处最明显，所以君子独处时更要保持慎戒。慎独，也就是人们常说的"不欺暗室"，这是一种由内而外的自律。慎独则心安，曾国藩称之为"人生第一自强之道，第一寻乐之方"。慎独就是表里如一，就是内省不疚，就是胸襟坦荡。

所谓"知行合一"。良知和实践必须是一致的，互为表里，不能脱节。以知为行，知决定行。正如王阳明所说的："知是行的主意，行是知的工夫；知是行之始，行是知之成。"即，道德指导人的行为，按照道德的要求去行动是达到"良知"的功夫；在道德指导下产生的意念活动是行为的开始，符合道德规范要求的行为是"良知"的完成。知行合一是哲学中认识论和实践论的命题，也是人们为人处世的至高标准；既是高深的学术课题，也是日常生活中最基本的细节。"当代儒家"认为，"知行合一"的关键就是努力学习，积极践行。就如《中庸》上所说的："博学之，审问之，慎思之，明辨之，笃行之。"在当今社会，这正是人文精神和科学精神、为人与求学的完美统一，是"知行合一"思想的精髓。学有所得，就要努力践行所学，使所学最终落到实处，造福于社会，真正做到"知行合一"。

三　探索解决人与家庭的关系

人与家庭的关系，是传统儒家思想中最重要的组成部分，也是"当代儒家"高度关注的命题。我们常用"父慈子孝、兄友弟恭、夫和妻柔、姑慈妇听、长惠幼顺"等词汇来形容和睦家庭的美好，"当代儒家"认为，所有这一切美好可以归纳为"亲疏有别""长幼有序""爱是核心""重在责任"四方面内容。

所谓"亲疏有别"。《中庸》上对于人们血缘亲疏的差别有一句"亲亲之杀（shài）"的定义，这里的"杀"是"消减"之意。"亲亲之杀"就是依据血缘关系的远近与亲属保持相应的亲疏关系。孟子曾就爱是否有差别与墨家学者多次辩论，他指出："杨氏为我，是无君也；墨氏兼爱，是无父也。无父无君。是禽兽也。"（《孟子·滕文公下》）"当代儒家"认为，无论是家庭与外部，还是家庭内部的"爱"，都应依据感情的远近和血缘的亲疏有所差别。墨家的"兼爱"理想当然也非常美好，但实行起来难度极大。"等差之爱"理论则更具实践性，也是维系家庭稳定的基本要素。

所谓"长幼有序"。当今社会的家庭一般规模都不是很大，但即使三口之家也需要必要的秩序和规矩。所以，时代发展到今天，"父父子子""夫夫妇妇""兄兄弟弟"依然是我们这个社会最基本的伦理原则。当然，时代变迁，一切都必然变化。所以，"当代儒家"认为，现今的家庭伦理仍然以差异性为本，但其目的绝不是要制造家人之间的对立，而是要依据家人之间的现实差异规范合理的人伦秩序，在秩序中求和谐。也就是说，差异、秩序、和谐是"当代儒家"家庭伦理的基本内涵。同时，必须与时俱进，改变传统儒家中以亲亲、尊尊、年龄、性别等因素所规定的绝对差异，而走向多元互动的差异，将其还原到以亲情为本源的家庭伦理之中。而在公共生活、基本人权方面则追求普遍平等。

所谓"爱是核心"。这里所说的爱就是亲情，特指亲属间特殊的感情，不管对方怎样也会爱对方，无论贫穷或富有，无论健康或疾病。"当代儒家"认为，家庭成员之间的亲情是人与生俱来的本性，要剥离掉后天强加于其上的政治、经济等附属。儒家思想始终在用感情来调节家庭人际关系，这一思路即使在今天仍具有重要意义。但必须强调的是，在当今社会，人的独立、自由是最重要的价值，人与人之间包括家人之间的情感关系必须建立在对个体的尊重和双方和谐互动关系的基础上。片面的情感诉求，尤其是亲情面纱掩盖下的人与人之间的依附关系、从属关系必须被打破。在传统儒家家庭伦理中，对于人的情感诉求大多以自觉为前提，而"当代儒家"则提倡自由自愿原则。同时，在倡导家人之间亲情的同时，也应正视家人之间的权利、功利关系，从而形成情感与理性相互促进的和谐家庭关系。

所谓"重在责任"。上文说过，"父慈子孝、兄友弟恭、夫和妻柔、姑慈妇听、长惠幼顺"仍然是当今社会对和睦家庭的判定标准。其实，慈与孝、友与恭、和与柔、慈与听、惠与顺的相对，正说明了家庭关系中的相互责任。"当代儒家"认为，在一个家庭中，每个成员首先要考虑的是自己的责任和义务，从这一观念出发，可以引申出对其他社会关系的处理原则，而这些原则都是以责任和义务为核心。只有这样，家庭才能形成"父慈子孝、兄友弟恭、夫和妻柔、姑慈妇听、长惠幼顺"的亲情关系，社会也会和谐有序。"当代儒家"所倡导的人与家庭的关系，其核心就是每个家庭以及家庭成员各自责任的综合体现。

四　探索解决人与他人的关系

这里所说的"他人"专指家庭之外的其他人。传统儒家规范人与他人的关系，最言简意赅的就是"己所不欲，勿施于人"一句，还有"己欲立而立人，己欲达而达人"。"当代儒家"认为，正确处理人与他人的关系，应该分为礼、义、忠、信四个层面。

所谓"礼"。首先是以友善、礼貌的态度与人交往，也就是尊重。这是人与人关系中最基本的要求；其次，与人交往要用适宜的礼仪。人和人的关系同样是有远近亲疏的，双方交往时，必须依据各自的身份、亲疏程度等选择不同的礼仪；第三，"礼"是区分人社会身份的重要工具。毋庸讳言，人和人的社会身份是千差万别的，在交往中以"礼"来定位自身和他人的身份，大家都各安其位、各尽其份，才能形成有序安定的社会秩序和融洽的人际关系，以化解人与人之间的紧张与冲突。所以说，"礼"使人们之间有了一个和谐的社会秩序及环境。"当代儒家"认为，"礼"作为目的，造就了人际关系的和谐；作为手段，则规范了自身行为以便更好地处理人际关系。

所谓"义"。"当代儒家"认为，义是处理整合人际关系的价值标准。广义的"义"指道、道德；而狭义的"义"指判断善恶的标准和人们行为的价值标准。古往今来，"义"都是结交他人的基础，一个讲义气的人是被社会推崇称道的。孟子说："义，人之正路也。"（《孟子·离娄上》）有"义"的人能够雪中送炭，在人们最需要的时候出现，能够舍己为人，急人之所急，他们的人际关系必然良好。当然，把握适度的原则也非常必要。首先，"义"有大小之分，为小义而废大义是"当代儒家"所坚决反对的；其次，过于拘泥，不懂变通也可能适得其反。

所谓"忠"。"忠"是传统儒家思想的重要概念。"当代儒家"认为，虽然时代变迁，但"忠"仍是中华文化中不可磨灭的亮点，是处理人我行为关系的高尚品格，不可简单片面地将"忠"理解为古代君臣之间的单方面关系。"忠"即是忠诚，忠诚有三个层面，第一，忠于己，就是忠于自己的信念和原则；第二，忠于人。

就像孔子所说的"与人忠"(《论语·子路第十三》)和曾子所说的"为人谋而不忠乎";第三,忠于事,办事切实负责,尽心尽力,恪尽职守,"受人之托,忠人之事"。

所谓"信"。"信"作为道德范畴,其核心内涵是真实无妄,言出必践的诚意。"当代儒家"认为,信是立身之本,是人际交往的行为规范,是人己不欺、诚实守诺的品行。诚信是建立良好人际关系最根本的基础。讲诚信才能获得别人的尊重、信任,言而有信、谨而信、敬事而信、笃信好学等等,都强调了人与人之间应真诚交往、取信于人和相互信任。诚信是对人真实本性的忠实,对道德伦理的忠实。诚信是交友之道亦是为人之道。但是,"当代儒家"也强调讲诚信必须以仁义为前提。正如孔子的学生有若所说:"信近于义,言可复也。"(《论语·学而第一》)人际交往中要诚实守信,也要符合法律和道德大义。不符合法律和道德大义,不能随便许诺。

五　探索解决人与社会的关系

"当代儒家"认为,人与社会的关系用孟子"穷则独善其身,达则兼善天下"(《孟子·尽心上》)一句来概括最为贴切。首先,一个人在社会中必须自食其力,有所价值,不成为社会累赘和负能量;其次,在条件具备时,勇于承担社会责任,为社会做出更大的贡献。这就是我们常说的使命。小到饮食男女,大到国家民族;微观到修身齐家,宏观到治国安邦,都有使命在其中。不同的人,处于不同的位置,其使命不同。每一个人,无论是对自己、对家庭、对其服务的机构、对社会、对国家、对民族,对应其所处位置和能力的不同,都应肩负起相应的使命。不同的使命在召唤不同的人,不同的人肩负不同的使命。

所谓"独善其身"。人即便做不到治国、平天下的"外王",也可以追求理想人格的"内圣"。"当代儒家"所提倡的"独善其身"并非传统意义上的"隐居"，而是指在平凡的人生中坚持创造美好的生活，成为社会中有用的普通一员，做一个正能量的普通人。"当代儒家"认为，有着知足常乐的普通人心态也令人敬佩，欲望不多，失之便少。不去拼命争什么，自然就不存在失去的苦恼。自得其乐、知足常乐，这就是普通而智慧的人生情怀。这是人与社会的关系的第一个层面，适用于我们绝大多数人。人的能力有大小，追求的目标有大小，最终所成也有大小。普通人在日常工作中，做的都是普通而平凡的工作。坚持一辈子把自己岗位职责内的每一件简单的事做好并不简单，把每一件平凡的事做好就不平凡。普通人的一辈子就是这样在普通的生活和工作中有着非凡的坚持。这是当代儒家所谓"独善其身"的核心意义。

所谓"兼善天下"。儒家有"以天下为己任"的传统，强调"先天下之忧而忧，后天下之乐而乐"。"当代儒家"认为，经世济民应该是每一个有远大抱负的人必须拥有的气度与情怀。勇于承担重大社会责任是"兼济天下"的前提和基础；经世济民是"兼济天下"的目的和功用。"兼济天下"思想属于中国传统士人文化、君子文化的重要范畴，在当代也具有非常重大的现实意义。一个人必然会与社会发生联系并产生影响。有的人会发挥较小的影响，而有的人会发挥较大的影响。那些发挥较大影响的人，必然是"达"后"兼济天下"的仁人志士。他们的"达"，要求他们承担更大的社会责任，做出更大的社会贡献，施加更大的社会影响。而在这一过程中，他们也将实现更大的个人价值和社会价值。

"当代儒家"是闻达在学习传统经典的基础上，参以自己的日常心得提出的一个观点。就其相关内容，在已经出版的《大学中庸评释》《论语评释》和本书的序言中进行了初步肤浅的说明，并在这三本书正文的评论中做了一些零散的叙述。囿于篇幅，更限于学识水平，这一观点还是极不成熟、有待完善的。闻达深知为学的艰辛，更对未来将面对的荆棘坎坷有充分的心理准备。但作为一个醉心于中国传统文化的学人，闻达丝毫不敢懈怠，所以不揣鄙陋，必将继续在这条道路上走下去。最后，闻达想把《中庸》上的一句格言送给广大读者并以之自勉："博学之，审问之，慎思之，明辨之，笃行之。"

二〇一七年七月于北京

评注说明

一、本书以阮元《十三经注疏》中《孟子注疏》本为底本，分章参考了朱熹《孟子章句集注》和杨伯峻《孟子译注》。

二、字义、词义的注释大量采用了古今学人的研究成果，为行文的顺畅简洁未一一注明出处。个别注释采用了著者自己的研习心得，文责由著者自负并就教于方家。

三、译文在不违背经典原意的原则下，为行文的顺畅，有部分为意译。

四、评论部分是著者学习经典的心得，谬误、不当之处在所难免，恳请读者不吝赐教。

目　录

梁惠王上

孟子见梁惠王①。王曰："叟②，不远千里而来，亦将有以利吾国乎？"

孟子对曰："王何必曰利？亦有仁义而已矣。王曰：'何以利吾国？'大夫曰：'何以利吾家？'士庶人曰：'何以利吾身？'上下交征利而国危矣。万乘之国③，弑其君者必千乘之家④；千乘之国，弑其君者必百乘之家。万取千焉，千取百焉，不为不多矣。苟为后义而先利，不夺不餍⑤。未有仁而遗其亲者也⑥，未有义而后其君者也。王亦曰仁义而已矣，何必曰利？"

【注】

①梁惠王：即魏惠王，姬姓，魏氏，名罃（yīng），战国时魏国国君。魏惠王在位时，正值魏国鼎盛时期，他将都城从安邑（今山西夏县）迁至大梁（今河南开封）后，魏国亦称梁国，故称"梁惠王"。但在其执政后期，魏国逐渐衰落。

②叟（sǒu）：老年男性。

③乘（shèng）：古代称兵车，四马一车为一乘。先秦时期常以"万乘""千乘""百乘"代指诸侯国、家族（卿大夫的采地食邑）的规模与实力。

④弑（shì）：古时称臣杀君、子杀父母为"弑"。

⑤餍（yàn）：满足。

⑥遗：离弃。

【译】

孟子拜见梁惠王。梁惠王问孟子："老丈，不远千里来见我，是要给我国带来什么利益吗？"

孟子回答说："大王何必说利益呢？只需讲仁德道义即可。国君说：'如何给我的国家带来利益？'大夫说：'如何给我的家族封地带来利益？'士人和庶民说：'如何给我本人带来利益？'从上到下交相争利国家就危险了。万乘之国中，弑君的人一定是有千乘兵车的大夫；千乘之国中，弑君的一定是有百乘兵车的大夫。这些大夫占有国家万乘兵车中的千乘，千乘兵车中的百乘，其权势财富不可谓不大不多。如果这些大夫将仁德道义置于末位而将利益置于首位，则必然不劫夺国君的权位财富而不能满足。崇尚仁德的人不会离弃自己的亲族，崇尚道义的人不会抛弃自己的君主。大王讲仁德道义即可，何必讲利益呢？"

【评】

重义轻利是先秦儒家思想的一贯传统。孔子说："放于利而行，多怨。"（《论语·里仁第四》）孟子本章的思想与孔子一脉相承。"义利之争"已有数千年的历史，至今也没有停止。尤其在当今中国初步繁荣，全民渴望富足的背景下，这一争论就更加具有现实意义。著者以为，当今社会确实存在诚信缺失、唯利是图的现象，财富在积累过程中，往往会伴生一系列不公不义。但我们不能忽视社会的自我修正能力和教化的渐进累积作用。社会的修正首先要依靠法治，同时也需要道德教化，我们只是需要一点时间，任何事都不可能一蹴而就。著者坚信，在法治理论和实践日益昌隆，传统文化逐步回归的中国，社会风气在不久的将来必将回归到正常的轨道。

孟子见梁惠王。王立于沼上①，顾鸿雁麋鹿，曰："贤者亦乐此乎？"

孟子对曰："贤者而后乐此，不贤者虽有此，不乐也。《诗》云：'经始灵台，经之营之，庶民攻之，不日成之。经始勿亟，庶民子来。王在灵囿，麀鹿攸伏，麀鹿濯濯，白鸟鹤鹤。王在灵沼，于牣鱼跃②。'文王以民力为台为沼，而民欢乐之，谓其台曰灵台，谓其沼曰灵沼，乐其有麋鹿鱼鳖。古之人与民偕乐，故能乐也。《汤誓》曰：'时日害丧？予及女偕亡③。'民欲与之偕亡，虽有台池鸟兽，岂能独乐哉？"

【注】

①沼：池塘。

②"经始灵台"十二句：出自《诗经·大雅·灵台》。麀（yōu）鹿，母鹿。濯（zhuó）濯，肥壮。鹤鹤，今本原文作"翯（hè）翯"，形容羽毛洁白。牣（rèn），满。

③"时日害丧"两句：出自《尚书·汤誓》。日，指夏朝的暴君桀，他自比太阳。害，今本原文作"曷"，何之意。

【译】

孟子拜见梁惠王。梁惠王站在池塘边，正观赏着豢养的珍禽异兽，问孟子："贤德之人也以此为乐吗？"

孟子回答说："只有贤德之人才能享受这样的快乐，不贤德的人即使有这样的条件也享受不到快乐。《诗》上说：'开始规划修筑灵台，细致筹划营建。百姓合力兴建，很快就修建完工。开始规划时不必着急担心，自有百姓如子女趋事父母般不召自来参加营建。君王身处王家苑林之中，母鹿慵懒地伏卧，肥壮光鲜，白鸟羽翼洁白。君王身处王家池塘，池塘中满是跳跃的鱼儿。'文王使用百姓之力修建高台和池塘，而百姓非常高兴，称他的高台为灵台，称他的池塘为灵沼，因为其中豢养禽兽鱼鳖而开心。古时的君王与民同乐，所以能享受这样的快乐。《汤誓》上说：'太阳什么时候灭亡？我愿与你同归于尽。'百姓希望与他同归于尽，即使有高台池塘、珍禽异兽，难道能独自享乐吗？"

【评】

本章中，梁惠王本来有奚落孟子之意，但孟子用巧妙的回答还以颜色并劝喻梁惠王。《论语·颜渊第十二》中记录了孔子与齐景公的一段对话——齐景公向孔子请教为政之道，孔子回答说："君王有君王的样子，臣僚有臣僚的样子，父亲有父亲的样子，儿子有儿子的样子。"景公说："您说得太对了！如果君王没有君王的样子，臣僚没有臣僚的样子，父亲没有父亲的样子，儿子没有儿子的样子，就算有粮食，我还能吃得着吗？"孟子在本章是对孔子"君君，臣臣，父父，子子"思想的进一步发挥，即，如果君王只顾个人享乐而不顾百姓疾苦，是不能长久享乐的。孟子这种君臣观在《离娄下》中更是直白地表述为："君之视臣如手足，则臣视君如腹心；君之视臣如犬马，则臣视君如国人；君之视臣如土芥，则臣视君如寇仇。"请参看本书相关篇章。

　　梁惠王曰："寡人之于国也，尽心焉耳矣。河内凶①，则移其民于河东②，移其粟于河内。河东凶亦然。察邻国之政，无如寡人之用心者。邻国之民不加少，寡人之民不加多，何也？"

　　孟子对曰："王好战，请以战喻。填然鼓之，兵刃既接，弃甲曳兵而走。或百步而后止，或五十步而后止。以五十步笑百步，则何如？"

　　曰："不可，直不百步耳，是亦走也。"

　　曰："王如知此，则无望民之多于邻国也。不违农时，谷不可胜食也；数罟不入洿池③，鱼鳖不可胜食也；斧斤以时入山林，材木不可胜用也。谷与鱼鳖不可胜食，材木不可胜用，是使民养生丧死无憾也。养生丧死无憾，王道之始也。五亩之宅，树之以桑，五十者可以衣帛矣。鸡豚狗彘之畜，无失其时，七十者可以食肉矣。百亩之田，勿夺其时，数口之家可以无饥矣。谨庠序之教，申之以孝悌之义，颁白者不负戴于道路矣④。七十者衣帛食肉，黎民不饥不寒，然而不王者⑤，未之有也。狗彘食人食而不知检，涂有饿莩而不知发⑥；人死，则曰：'非我也，岁也。'是何异于刺人而杀之，曰'非我也，兵也⑦'。王无罪岁，斯天下之民至焉。"

【注】

①河内：魏国境内黄河北岸地区。凶：粮食歉收。

②河东：魏国发源地，今山西西南部，黄河以东地区。

③数罟（gǔ）：指网眼细密的渔网。罟，渔网。洿（wū）池：水塘。

④颁白者：指头发斑白的人，代指上年纪的老人。颁，通"斑"。

⑤王（wàng）：此处当动词用，称王之意。

⑥涂：道路。饿莩（piǎo）：饿死的人。莩，通"殍"。发：开仓赈济。

⑦兵：武器。

【译】

梁惠王问孟子："我治理国家尽心尽力。河内地区粮食歉收，就把灾民迁移到河东地区，将粮食运到河内地区。河东地区粮食歉收则反之。我观察邻国的治理，没有如同我一样尽心尽力的。但邻国的百姓没减少，而我的百姓也没增加，这是什么原因？"

孟子回答说："大王喜好战争，我就用战争来做个比喻。战鼓轰然擂响，两军短兵相接，有士兵丢弃甲胄拖曳兵刃逃跑。有一个跑了一百步停下了，有一个跑了五十步停下了。跑了五十步的嘲笑跑了一百步的，您怎么看？"

梁惠王说："这是不对的，跑了五十步的只不过没跑到一百步而已，但也是逃跑了。"

孟子说："大王明白这个道理，就不要指望自己的百姓多于邻国。不在农忙时节向百姓征发徭役兵役，粮食就会吃不完；不使用网眼细密的渔网捕捞，鱼鳖水产就会吃不完；在适当的季节砍伐林木，木材就会用不完。粮食和水产吃不完，木材用不完，就使得百姓养育活着的亲人和为去世的亲人办丧事都无所抱怨。百姓养育活着的亲人和为去世的亲人办丧事都无所抱怨，是王化之道的开端。五亩大的宅院，种植桑树，年纪到五十岁的人就可以穿丝绸衣服；饲养鸡、狗、猪等禽畜，不使之错失繁育生长的时令，年纪到七十岁的人就能吃到肉。百亩大的耕地，不因徭役兵役使百姓错失耕种收获的时节，几口人的家庭就能免于饥饿。认真兴办学校教育，向百姓反复申明对待父兄长辈应孝顺恭敬，上年纪的人就不会背负重物在路上辛劳。使七十岁的人都能穿丝绸衣服吃肉食，百姓不饿不寒，然而却不能使天下归附，是不可能的。如今猪狗吃了人的食粮却不制止，道路上有饿死倒卧的人却不开仓赈济；百姓横死，却说：'不是我的过错，是年景收成造成的。'这与以利刃杀人，却说'不是我干的，是利刃干的'有什么不同？大王只要致力于施行仁政王道，而不归罪于年景收成，那么天下百姓自会来归附您。"

【评】

本章是成语"五十步笑百步"的原始出处。孟子在本章描述的是儒家思想对传统农耕社会最理想化的定义。

梁惠王曰："寡人愿安承教。"

孟子对曰："杀人以梃与刃[①]，有以异乎？"

曰："无以异也。"

"以刃与政，有以异乎？"

曰："无以异也。"

曰："庖有肥肉[②]，厩有肥马，民有饥色，野有饿莩，此率兽而食人也。兽相食，且人恶之；为民父母，行政不免于率兽而食人，恶在其为民父母也？仲尼曰：'始作俑者，其无后乎[③]！'为其象人而用之也。如之何其使斯民饥而死也？”

【注】

①梃（tǐng）：棍棒。

②庖（páo）：厨房。

③"始作俑者"两句："古代最初用活人殉葬，后来生产力渐渐提高，一个人的劳动除了供给本人的必需生活资料以外，还有剩余可供剥削，于是人才被稍加重视，逐渐地不用来殉葬，而改用土俑和木俑。从孔子这句话来看，他是不明白这一历史情况的。他却认为先有俑殉，然后发展为人殉。"（杨伯峻《孟子译注》）俑（yǒng），殉葬用的土偶木偶。

【译】

梁惠王对孟子说："我很乐意听您的教诲。"

孟子回答说："用棍子和刀杀人，有什么不同吗？"

梁惠王说："没有不同。"

孟子说："用刀和治国施行的政令措施杀人，有什么不同吗？"

梁惠王说："没有不同。"

孟子说："您的厨房里有肥美的肉食，马厩里有壮硕的骏马，百姓却面有饥色，田野里有饿死者的尸骸，这是带领着野兽吃人。野兽互相掠食，人尚且厌恶；作为牧养百姓的父母之君，施行政令却犹如带领着野兽吃人，这怎么能做牧养百姓的父母之君？孔子说：'发明殉葬人偶的人，大概会断绝子嗣吧！'孔子之所以对此深恶痛绝，是因为人偶像人形而用以殉葬。用人偶殉葬尚且不可，又怎么能让百姓活活饿死呢？"

【评】

对本章"始作俑者，其无后乎"的解释历来多有争议，本书囿于篇幅无法展开，有兴趣的读者可以进一步探究。朱熹认为："古之葬者，束草为人以为从卫，谓之刍灵，略似人形而已。中古易之以俑，则有面目机发，而大似人矣。故孔子恶其不仁，而言其必无后也。"著者认为，朱熹的解释也不无道理。

梁惠王曰："晋国^①，天下莫强焉，叟之所知也。及寡人之身，东败于齐，长子死焉^②；西丧地于秦七百里^③；南辱于楚^④。寡人耻之，愿比死者壹洒之^⑤，如之何则可？"

孟子对曰："地方百里而可以王。王如施仁政于民，省刑罚，薄税敛，深耕易耨。壮者以暇日修其孝悌忠信，入以事其父兄，出以事其长上，可使制梃以挞秦、楚之坚甲利兵矣。彼夺其民时^⑥，使不得耕耨以养其父母，父母冻饿，兄弟妻子离散。彼陷溺其民，王往而征之，夫谁与王敌？故曰：'仁者无敌。'王请勿疑！"

【注】

①晋国："刘宝楠《愈愚录》卷四云：'《孟子》，梁惠王自称"晋国"，魏人周霄亦自称"晋国"。此晋国即指魏国也。'刘氏此说甚确，1957年在安徽寿县出土的《鄂君启金节铭文》'大司马邵阳败晋师于襄陵'，楚国也称'魏国'为'晋'，尤为确证。所以这里的'晋国'就是'魏国'。和'三晋'之'晋'义微有别。"（杨伯峻《孟子译注》）

②"东败于齐"两句：指马陵之战。魏国攻韩国，韩国向齐国求救。齐军大破魏军，前后歼敌十万余，魏军副帅庞涓战败自杀（一说被乱箭射死），主帅太子申（梁惠王长子）被俘（一说被杀）。

③西丧地于秦七百里：秦自商鞅变法后日益强大，魏国慑于秦国的欺凌，曾屡献河西之地给秦国。

④南辱于楚：魏国在襄陵（今河南睢县）被楚国击败。

⑤愿比死者壹洒（xǐ）之：想为所有战死者报仇雪恨。壹，都，全。洒，"洗"的古字，洗雪。

⑥彼：指秦国和楚国。

【译】

梁惠王说："魏国的强大，是天下其他国家都比不了的，老丈是知道的。到了我执政时期，在东方被齐国击败，我的长子战死了；在西方被秦国侵吞七百里国土；在南方被楚国击败羞辱。我深以为耻，想为所有战死者报仇雪恨，我应该怎样做才好？"

孟子回答说："纵横各百里的国家也可以依靠仁政而称王于天下。大王如果对百姓施以仁政，减省刑罚，降低税赋，使百姓精耕细作，清除杂草。年轻人闲暇时学习孝悌忠信等德行，在家里以孝悌忠信的原则侍奉父兄长辈，在社会上以孝悌忠信的原则侍奉尊长上级，如果这样，魏国可以制作木棒对抗秦国、楚国的坚固甲胄和锋利兵器。秦国和楚国征发兵役徭役使其百姓错失农时，不能耕种劳作以奉养父母，父母挨饿受冻，兄弟妻儿离散。秦国、楚国使其百姓陷于水深火热之中，大王您出征讨伐之，谁能与您匹敌对抗？所以说：'仁德者无敌于天下。'大王请不要疑虑！"

【评】

本章的核心是如何理解"仁者无敌"。仁者无敌与否历来是辩论赛喜欢采用的辩题，因为这让正反双方都有话说，都能自圆其说。从字面含义和本章上下文来理解，仁者无敌是指，因施行仁政，于内得到人民的广泛拥护，而于外，因为内部的团结和拥戴，自有抗击强敌的同仇敌忾和无穷勇气。

孟子见梁襄王①。出，语人曰："望之不似人君，就之而不见所畏焉。卒然问曰②：'天下恶乎定？'吾对曰：'定于一。''孰能一之？'对曰：'不嗜杀人者能一之。''孰能与之③？'对曰：'天下莫不与也。王知夫苗乎？七、八月之间旱，则苗槁矣。天油然作云，沛然下雨，则苗浡然兴之矣④。其如是，孰能御之？今夫天下之人牧⑤，未有不嗜杀人者也。如有不嗜杀人者，则天下之民皆引领而望之矣。诚如是也，民归之，由水之就下，沛然谁能御之？'"

【注】

①梁襄王：名嗣。梁惠王之子。

②卒：后多作"猝"。

③与（yù）：追随，跟从。

④浡：兴起。

⑤人牧：即人君，古时指统治人民的人。

【译】

孟子拜见梁襄王。告辞出来，和别人说："远远看着不像君主，靠近也没觉得有什么威严。他突然问我：'天下如何才能安定？'我回答说：'天下因一统而安定。'再问：'谁能一统天下？'我回答说：'不嗜好杀人的君主能一统天下。'又问：'谁会追随他呢？'我回答说：'天下人没有不追随他的。大王知道庄稼禾苗吧？七、八月间如果干旱，禾苗就会枯萎。如果天上雨云生成，哗啦啦下起大雨，那么禾苗就会勃然焕发生机。如果这样，谁能阻止禾苗焕发生机呢？当今天下的君主，没有不嗜好杀人的。如果有不嗜好杀人的，那么天下的百姓都会翘首期盼他。果真能如此，百姓归附于他，犹如水势向下奔涌，声势浩大有谁能阻挡呢？'"

【评】

孟子身处战国乱世，当时各国间的征伐战争连年不断，各国内部政局动荡，杀伐也是常事。所以孟子在此劝喻梁襄王不应一味依靠杀戮维持内部的稳定和与其他国家争夺利益资源。"神武不杀"是古代君王"仁政"的标志。虽有"刑乱世，用重典"之说，但自古及今，没有任何一个国家、一个政权、一个组织靠杀戮能长治久安的。

齐宣王问曰①:"齐桓、晋文之事可得闻乎②?"

孟子对曰:"仲尼之徒无道桓、文之事者,是以后世无传焉,臣未之闻也。无以,则王乎?"

曰:"德何如,则可以王矣?"

曰:"保民而王,莫之能御也。"

曰:"若寡人者,可以保民乎哉?"

曰:"可。"

曰:"何由知吾可也?"

曰:"臣闻之胡龁曰③,王坐于堂上,有牵牛而过堂下者,王见之,曰:'牛何之?'对曰:'将以衅钟④。'王曰:'舍之!吾不忍其觳觫⑤,若无罪而就死地。'对曰:'然则废衅钟与?'曰:'何可废也?以羊易之!'不识有诸?"

曰:"有之。"

曰:"是心足以王矣。百姓皆以王为爱也⑥,臣固知王之不忍也。"

王曰:"然,诚有百姓者。齐国虽褊小,吾何爱一牛?即不忍其觳觫,若无罪而就死地,故以羊易之也。"

曰:"王无异于百姓之以王为爱也。以小易大,彼恶知之?王若隐其无罪而就死地⑦,则牛羊何择焉?"

王笑曰:"是诚何心哉?我非爱其财而易之以羊也,宜乎百姓之谓我爱也。"

曰:"无伤也,是乃仁术也,见牛未见羊也。君子之于禽兽也,见其生,不忍见其死;闻其声,不忍食其肉。是以君子远庖厨也。"

王说曰⑧:"《诗》云:'他人有心,予忖度之⑨。'夫子之谓也。夫我乃行之,反而求之,不得吾心。夫子言之,于我心有戚戚焉。此心之所以合于王者,何也?"

曰:"有复于王者曰:'吾力足以举百钧⑩,而不足以举一羽；明足以察秋毫之末，而不见舆薪。'则王许之乎？"

曰："否。"

"今恩足以及禽兽，而功不至于百姓者，独何与？然则一羽之不举，为不用力焉；舆薪之不见，为不用明焉；百姓之不见保，为不用恩焉。故王之不王，不为也，非不能也。"

曰："不为者与不能者之形何以异？"

曰："挟太山以超北海⑪，语人曰：'我不能。'是诚不能也。为长者折枝，语人曰：'我不能。'是不为也，非不能也。故王之不王，非挟太山以超北海之类也；王之不王，是折枝之类也。老吾老，以及人之老；幼吾幼，以及人之幼。天下可运于掌。《诗》云：'刑于寡妻，至于兄弟，以御于家邦⑫。'言举斯心加诸彼而已。故推恩足以保四海，不推恩无以保妻子。古之人所以大过人者无他焉，善推其所为而已矣。今恩足以及禽兽，而功不至于百姓者，独何与？权⑬，然后知轻重；度⑭，然后知长短。物皆然，心为甚。王请度之！抑王兴甲兵，危士臣，构怨于诸侯，然后快于心与？"

王曰："否。吾何快于是？将以求吾所大欲也。"

曰："王之所大欲可得闻与？"

王笑而不言。

曰："为肥甘不足于口与？轻暖不足于体与？抑为采色不足视于目与？声音不足听于耳与？便嬖不足使令于前与⑮？王之诸臣皆足以供之，而王岂为是哉？"

曰："否。吾不为是也。"

曰："然则王之所大欲可知已。欲辟土地，朝秦、楚，莅中国而抚四夷也。以若所为求若所欲，犹缘木而求鱼也。"

曰："若是其甚与？"

曰："殆有甚焉。缘木求鱼，虽不得鱼，无后灾。以若所为求若所欲，尽心力而为之，后必有灾。"

曰："可得闻与？"

曰："邹人与楚人战[18]，则王以为孰胜？"

曰："楚人胜。"

曰："然则小固不可以敌大，寡固不可以敌众，弱固不可以敌强。海内之地方千里者九，齐集有其一。以一服八，何以异于邹敌楚哉？盖亦反其本矣。今王发政施仁，使天下仕者皆欲立于王之朝，耕者皆欲耕于王之野，商贾皆欲藏于王之市，行旅皆欲出于王之涂，天下之欲疾其君者皆欲赴愬于王[17]。其若是，孰能御之？"

王曰："吾惛，不能进于是矣。愿夫子辅吾志，明以教我。我虽不敏，请尝试之。"

曰："无恒产而有恒心者，惟士为能。若民，则无恒产，因无恒心。苟无恒心，放辟邪侈[18]，无不为已。及陷于罪，然后从而刑之，是罔民也[19]。焉有仁人在位，罔民而可为也？是故明君制民之产，必使仰足以事父母，俯足以畜妻子，乐岁终身饱，凶年免于死亡。然后驱而之善，故民之从之也轻。今也制民之产，仰不足以事父母，俯不足以畜妻子，乐岁终身苦，凶年不免于死亡。此惟救死而恐不赡，奚暇治礼义哉？王欲行之，则盍反其本矣。五亩之宅，树之以桑，五十者可以衣帛矣；鸡豚狗彘之畜，无失其时，七十者可以食肉矣；百亩之田，勿夺其时，八口之家可以无饥矣；谨庠序之教，申之以孝悌之义，颁白者不负戴于道路矣。老者衣帛食肉，黎民不饥不寒，然而不王者，未之有也。"

【注】

①齐宣王：妫姓，田氏，名辟彊。战国时代齐国国君，齐威王之子。

②齐桓：即齐桓公，姜姓，名小白。春秋时代齐国国君。重用管仲，称霸诸侯。晋文：即晋文公，姬姓，名重耳。春秋时期晋国国君，春秋五霸之一。

③胡龁（hé）：齐宣王近臣。

④衅：古代礼仪典礼中用牲畜的血涂抹器物的缝隙。

⑤觳觫（hú sù）：因恐惧而发抖。

⑥爱：舍不得，吝惜。

⑦隐：哀怜，同情。

⑧说：后作"悦"。

⑨"他人有心"两句：出自《诗经·小雅·巧言》。

⑩钧：一钧为三十斤

⑪太山：即泰山。北海：渤海。

⑫"刑于寡妻"三句：出自《诗经·大雅·思齐》。

⑬权：做动词用，称重量。

⑭度：做动词用，测量长度。

⑮便嬖（pián bì）：亲信。

⑯邹：即邹国，鲁国的附庸小国，位于今山东邹城境内，后被楚国灭亡。

⑰愬：诉说，告发。

⑱放辟邪侈：肆意作恶。

⑲罔：张网捕捉，引申为张网以待，如同陷害。

【译】

齐宣王问孟子："齐桓公、晋文公称霸的事迹，您能讲给我听吗？"

孟子回答说："孔子的学生们没有传述齐桓公和晋文公事迹的，

所以后世没有流传，我没有听说过。如果一定要讲，就讲讲王化之道如何？"

齐宣王问："什么样的道德境界能一统天下呢？"

孟子说："护育安定黎民的人，天下没人能阻挡其一统天下。"

齐宣王问："像我这样的人，能护育安定黎民吗？"

孟子说："可以。"

齐宣王说："您是如何知道我可以的？"

孟子说："我听胡龁说起，大王坐在朝堂上，有人牵着一头牛从堂下经过，大王看到后，问：'牛要牵到什么地方去？'那人回答说：'要牵去宰杀祭钟。'大王说：'放了它！我不忍心看着它因恐惧而发抖的样子，它没有罪过却要被宰杀。'那人回答说：'那么要废除祭钟的礼仪吗？'大王说：'怎么能废除祭钟的礼仪呢？用羊代替吧！'不知有没有这回事？"

齐宣王说："有。"

孟子说："这种不忍之心就足以一统天下。百姓都以为是大王吝啬，但我原本就知道是大王心存不忍。"

齐宣王说："是呀，确有百姓这样认为。齐国虽然地处偏僻，国土狭小，但我何至于会吝啬一头牛？我是不忍心看它因恐惧而发抖的样子，它没有罪过却要被宰杀，所以用羊代替。"

孟子说："大王不必诧异于百姓认为您吝啬。用个头小的羊代替个头大的牛，百姓怎能理解您的深意？如果大王怜悯动物没有罪过却被宰杀，那么牛和羊有什么区别呢？"

齐宣王笑着说："我当时究竟是种什么心态呢？我不是心疼钱财才以羊代牛，但百姓说我吝啬也有道理。"

孟子说："这没什么要紧，大王这正是仁爱之心，只是看到了牛而没有看到羊而已。君子对于禽兽动物，看到它活着，不忍心看到它死；听到它濒死时发出的哀鸣，不忍心吃它的肉。所以君子远离厨房。"

　　齐宣王高兴地说："《诗》上说：'别人的心思，我能揣摩明白。'正是先生的写照。我这样做了，回头去反思自己当时的想法，却想不明白为什么这么做。先生说的，让我深有感触。那么，我这样的心思合于王化之道，这是为什么？"

　　孟子说："有人这样禀告大王：'我的力气足以举起三千斤的重物，但不能举起一根羽毛；我的视力足以看清鸟在秋天生出的细羽末端，却看不到整车的柴火。'大王能相信他吗？"

　　齐宣王说："不能。"

　　孟子说："如今大王的恩泽足以惠及禽兽，却不能使百姓受益，这又是为什么？既如此，那么举不起一根羽毛，是不用力举；看不到整车的柴火，是不去看；百姓没有得到护育安定，是没有真正施加恩惠。所以大王不能一统天下，是不去做，而不是做不到。"

　　齐宣王问："不去做和做不到在表现上有什么区别？"

　　孟子说："用胳膊夹着泰山跨越渤海，跟人说：'我做不到。'是真的做不到。为年长者折取一根树枝，跟人说：'我做不到。'是不去做，不是做不到。所以说大王不能一统天下，不是用胳膊夹着泰山跨越渤海这样的事；大王不能一统天下，是为年长者折取一根树枝这样的事。孝敬自己的长辈，并推及别人的长辈；爱护自己的晚辈，并推及别人的晚辈。全天下就可掌控于自己的手掌之中。《诗》上说：'为妻子树立榜样，并将这样的表率作用推及兄弟，就可以齐家治国。'就是说将自己的仁爱之心推及别人而已。所以将仁爱之心推己及人足以护育安定天下，不能将仁爱之心推己及人连自己的妻儿也无法保全。古代的圣贤之所以能大大超越普通人，没有别的原因，就是善于将自己的仁爱之心推及别人而已。如今，大王的恩泽足以惠及禽兽，却不能使百姓受益，这又是为什么？称量，然后知道轻重；测量，然后知道长短。事物均如此，人心更是如此。请大王好好想一想！难道大王发动战争，置将士于危险之中，与诸侯结下怨仇，然后内心才感到快乐吗？"

　　齐宣王说："不是。我怎么会以此为快乐呢？我是要实现自己最大的愿望。"

　　孟子说："大王最大的愿望能说给我听听吗？"

　　齐宣王笑而不答。

　　孟子问："是美食不能满足您的口味？是轻薄温暖的华服不能满足您的需要？还是绚丽的色彩不能满足您的观赏？音乐不能满足您的享受？亲信侍者不能满足您的使唤？这些，大王的臣僚都能供奉给您呀，难道大王是需要这些吗？"

　　齐宣王说："不是。我不是为了这些。"

　　孟子说："那么，大王的最大愿望就可以揣度出了。您想开疆拓土，让秦国、楚国都来朝贡，统一中原而镇抚周边少数民族。但以您现在的所作所为要寻求实现这样的愿望，犹如爬树去捉鱼。"

　　齐宣王说："有这么严重吗？"

　　孟子说："可能比这还严重。爬树去捉鱼，虽然捉不到鱼，但没有后患。以您现在的所作所为，寻求实现这样的愿望，尽心尽力做下去，必有后患。"

　　齐宣王问："您能说来听听吗？"

　　孟子说："邹国要与楚国开战，大王认为谁能胜？"

　　齐宣王说："楚国胜。"

　　孟子说："这样说来，国土小的国家本就不能抗衡国土大的国家，人口少的国家本就不能抗衡人口多的国家，实力弱的国家本就不能抗衡实力强的国家。当今天下纵横各千里的国家有九个，齐国只是其中之一。以一服八，与邹国抗衡楚国有什么区别呢？为什么不从根本着手呢。如今，大王只要施行仁政，使天下贤良英才都愿意在大王的朝堂为官，农民都愿意在大王的疆域耕种，商人都愿意在大王的市集交易货物，旅客都愿意途经大王的国境，天下对自己君王不满的人都愿意向大王您来控诉。如果这样，谁能阻挡您一统天下？"

齐宣王说："我有些昏聩糊涂，不能完全理解您说的。请先生辅佐我达成大愿，用更明确易懂的道理教导我。我虽然愚钝，但愿意努力尝试。"

孟子说："没有固定财产和收入却能有持之以恒的道德准则，只有士人能做到。至于一般百姓，如果没有固定财产和收入，也就没有持之以恒的道德准则。如果没有持之以恒的道德准则，必然肆意作恶，无所不为。等到他们犯了罪，然后以此加以刑罚，是陷害百姓。仁德者执掌朝政，陷害百姓的事情怎么能做呢？所以贤明君主在法令上规定百姓拥有的财产数额，一定使之对上能赡养父母，对下能抚育妻儿，年景收成好能衣食无虞，粮食歉收也不至饿死。然后引导他们的心思言行趋向善道，所以百姓遵循这样的引导也比较容易。现在在法令上规定百姓拥有的财产数额，对上不能赡养父母，对下不能抚育妻儿，年景收成好终年疾苦，粮食歉收难免饿死。如此，百姓求生尚且不暇，哪有闲工夫顾及礼义道德？如果大王想实现自己的宏图大愿，何不从根本着手呢？五亩大的宅院，种植桑树，年纪到五十岁的人就可以穿丝绸衣服；饲养鸡、狗、猪等禽畜，不使之错失繁育生长的时令，年纪到七十岁的人就能吃到肉；百亩大的耕地，不因兵役徭役使百姓错失耕种收获时节，八口之家就能免于饥饿；认真兴办学校教育，向百姓反复申明对待父兄长辈应孝顺恭敬，上年纪的人就不会背负重物在路上辛劳。使年迈者都能穿丝绸衣服吃肉食，百姓不饿不寒，然而却不能使天下归附，是不可能的。"

【评】

恒产确实是恒心的基础，正所谓"仓廪实而囹圄空，贤人进而奸民退"（《管子·五辅第十》）。社会的稳定和谐，是以百姓的安居乐业为前提的，这已为千百年来古今中外的历史所证明。

在这里，著者还想谈谈教育的问题。高效且高覆盖率的国民教育，必将极大地提升个人、家庭的经济条件和国家的综合经济实力。而个人、家庭的经济条件和国家综合经济实力的不断提升，将反过来继续促进国民教育的进步。二者互为因果，形成良性循环。鲁迅先生曾说："凡是愚弱的国民，即使体格如何健全，如何茁壮，也只能做毫无意义的示众材料和看客。"（《呐喊·自序》）

梁惠王下

庄暴见孟子①，曰："暴见于王②，王语暴以好乐，暴未有以对也。"曰："好乐何如？"

孟子曰："王之好乐甚，则齐国其庶几乎！"

他日，见于王曰："王尝语庄子以好乐，有诸？"

王变乎色，曰："寡人非能好先王之乐也，直好世俗之乐耳。"

曰："王之好乐甚，则齐其庶几乎！今之乐犹古之乐也。"

曰："可得闻与？"

曰："独乐乐③，与人乐乐，孰乐？"

曰："不若与人。"

曰："与少乐乐，与众乐乐，孰乐？"

曰："不若与众。"

"臣请为王言乐。今王鼓乐于此，百姓闻王钟鼓之声，管籥之音④，举疾首蹙頞而相告曰⑤：'吾王之好鼓乐，夫何使我至于此极也？父子不相见，兄弟妻子离散。'今王田猎于此，百姓闻王车马之音，见羽旄之美，举疾首蹙頞而相告曰：'吾王之好田猎，夫何使我至于此极也？父子不相见，兄弟妻子离散。'此无他，不与民同乐也。今王鼓乐于此，百姓闻王钟鼓之声，管籥之音，举欣欣然有喜色而相告曰：'吾王庶几无疾病与？何以能鼓乐也？'今王田猎于此，百姓闻王车马之音，见羽旄之美，举欣欣然有喜色而相告曰：'吾王庶几无疾病与？何以能田猎也？'此无他，与民同乐也。今王与百姓同乐，则王矣。"

【注】

①庄暴：齐宣王的近臣。

②王：指齐宣王。

③乐（yuè）乐（lè）：前一个"乐"是指欣赏音乐；后一个"乐"是快乐之意。

④管籥（yuè）：古代的两种吹奏乐器。

⑤蹙頞（è）：形容愁眉苦脸的样子。頞，鼻梁。

【译】

庄暴拜会孟子，说："我去拜见大王，大王告诉我他爱好音乐，我不知如何应答。"然后又说："爱好音乐怎么样呢？"

孟子说："如果大王非常爱好音乐，那么齐国的治理就差不多完善了吧！"

之后，孟子拜见齐宣王时说："您曾经告诉庄暴说自己爱好音乐，有这回事吗？"

齐宣王脸色一变，尴尬地说："我不是爱好古代的雅乐，只是爱好世俗流行的音乐而已。"

孟子说："如果大王非常爱好音乐，那么齐国的治理就差不多完善了吧！当今的音乐和古代的音乐是一样的。"

齐宣王说："您能说来听听吗？"

孟子说："独自一人欣赏音乐所体会到的快乐，与别人一起欣赏音乐所体会到的快乐，哪个更快乐？"

齐宣王说："与别人一起欣赏音乐更快乐。"

孟子说："与少数人欣赏音乐所体会到的快乐，与很多人欣赏音乐所体会到的快乐，哪个更快乐？"

齐宣王说："与很多人一起欣赏音乐更快乐。"

孟子说："那我就跟大王说说音乐的事吧。大王演奏音乐，百姓听到鸣钟击鼓之声，笙管笛箫之音，全都头痛不已，皱着眉头奔走相告说：'咱们的大王爱好音乐，却怎么让咱们沦落到这步田地呢？父子不能见面，兄弟妻儿离散。'大王在旷野行猎，百姓听到大王车马发出的声音，看到庄严肃穆的旌旗仪仗，全都头痛不已，皱着眉头奔走相告说：'咱们的大王爱好行猎，却怎么让咱们沦落到这步田地呢？父子不能见面，兄弟妻儿离散。'这没有别的原因，是因为大王没有与民同乐。大王演奏音乐，百姓听到鸣钟击鼓之声，笙管笛箫之音，全都喜形于色奔走相告说：'咱们的大王应该身体很健康吧，要不怎能演奏音乐？'大王在旷野行猎，百姓听到大王车马发出的声音，看到庄严肃穆的旌旗仪仗，全都喜形于色奔走相告说：'咱们的大王应该身体很健康吧，要不怎能外出行猎？'这没有别的原因，是因为大王能与民同乐。如果大王能与民同乐，就能使天下归附。"

【评】

"与民同乐"延伸到社会生活中，也具有十分现实的意义。比如我们做企业，从企业家的角度如果过于强调"共苦"，而忽视"同甘"，就留不住人才，最终使企业发展受损。年轻人加盟企业无非是看重眼前的利益和长远的发展。如果在福利待遇上得不到满足，跳槽是迟早的事情。这是目前很多企业家没有彻底看清想明的，值得深思。

齐宣王问曰："文王之囿方七十里[①]，有诸？"

孟子对曰："于传有之。"

曰："若是其大乎？"

曰："民犹以为小也。"

曰："寡人之囿方四十里，民犹以为大，何也？"

曰："文王之囿方七十里，刍荛者往焉[②]，雉兔者往焉[③]，与民同之。民以为小，不亦宜乎？臣始至于境，问国之大禁[④]，然后敢入。臣闻郊关之内有囿方四十里，杀其麋鹿者如杀人之罪。则是方四十里，为阱于国中[⑤]。民以为大，不亦宜乎？"

【注】

①囿（yòu）：君王豢养动物的园子。

②刍荛（chú ráo）者：割草打柴的人。

③雉兔者：捕鸟猎兽的人。

④大禁：最严厉的法禁。

⑤阱：陷阱。

【译】

齐宣王问孟子："周文王的园林纵横各七十里，真有这回事？"

孟子回答说："史籍中有这样的记载。"

齐宣王说："有这么大吗？"

孟子说："百姓尚且觉得小呢。"

齐宣王说："我的园林纵横各四十里，百姓还觉得大，这是为什么？"

孟子说："周文王的园林纵横各七十里，割草打柴、捕鸟猎兽的人都可以进去，周文王与百姓共享这园林。百姓觉得小，不是很正常吗？我刚到齐国边境，就询问齐国最严厉的法禁是什么，然后才敢进入。我听说齐国都城的郊区有大王纵横各四十里的园林，在园林中杀死麋鹿等同于杀人之罪。如此这纵横各四十里的园林，犹如设置在国境内的陷阱。百姓觉得大，不是很正常吗？"

【评】

本章还是讲"与民同乐"。

齐宣王问曰："交邻国有道乎？"

孟子对曰："有。惟仁者为能以大事小，是故汤事葛①，文王事昆夷②。惟智者为能以小事大，故太王事獯鬻③，勾践事吴④。以大事小者，乐天者也；以小事大者，畏天者也。乐天者保天下，畏天者保其国。《诗》云：'畏天之威，于时保之⑤。'"

　　王曰:"大哉言矣!寡人有疾⑥,寡人好勇。"

　　对曰:"王请无好小勇。夫抚剑疾视曰:'彼恶敢当我哉!'此匹夫之勇,敌一人者也。王请大之!《诗》云:'王赫斯怒,爰整其旅,以遏徂莒,以笃周祜,以对于天下⑦。'此文王之勇也。文王一怒而安天下之民。《书》曰:'天降下民,作之君,作之师,惟曰其助上帝宠之。四方有罪无罪惟我在,天下曷敢有越厥志⑧?'一人衡行于天下⑨,武王耻之⑩。此武王之勇也。而武王亦一怒而安天下之民。今王亦一怒而安天下之民,民惟恐王之不好勇也。"

【注】

　　①汤:即成汤,商代开国之君。葛:夏代的小封国,与成汤所居地比邻。成汤在积蓄实力时曾长期礼遇葛国国君,待条件成熟后,成汤以葛伯不祭祖先、冤杀儿童为名,伐灭葛国,自此开始了灭夏战争。《孟子·滕文公下》第五章详述此事。

　　②文王:即周文王,姬姓,名昌。周王朝奠基者。昆夷:古代商周时期西北少数民族部落。

　　③太王:周文王之祖古公亶(dǎn)父的尊号。獯鬻(xūn yù):亦作"獯粥",我国古代北方少数民族名。

　　④勾践:春秋时越国国君,曾败于吴国,被迫求和,受尽凌辱。返国后重用范蠡、文种,卧薪尝胆使越国国力渐渐恢复起来,最终灭吴雪耻。

　　⑤"畏天之威"两句:出自《诗经·周颂·我将》。

　　⑥疾:病。此处引申为缺点、毛病。

　　⑦"王赫斯怒"五句:出自《诗经·大雅·皇矣》。爰,于是。遏,原文作"按"。徂(cú),往。莒(jǔ),西周诸侯国名。在今山东莒县。笃,巩固。祜(hù),福。

　　⑧"天降下民"六句:《尚书》逸文,伪古文《尚书》篡入《泰

誓上》，作"天佑下民，作之君，作之师。惟其克相上帝，宠绥四方。有罪无罪，予曷敢有越厥志"。

⑨一人：指商纣王。衡：同"横"。

⑩武王：即周武王，姬姓，名发。西周的创建者。

【译】

齐宣王问孟子："与邻国的邦交有什么方法？"

孟子回答说："有。只有仁德的君主能以大国的身份礼遇小国，所以成汤礼遇葛国，周文王礼遇昆夷。只有睿智的君主能以小国的身份侍奉大国，所以周太王侍奉獯鬻，勾践侍奉吴国。以大国的身份礼遇小国，是以顺应天命为乐的君主；以小国的身份侍奉大国，是畏惧天命识时务的君主。以顺应天命为乐的君主能包容护育安定天下，畏惧天命识时务的君主能自保其国。《诗》上说：'敬畏上天的威灵，以保佑国家的安定。'"

齐宣王说："您说得太好了！但我有个缺点，我崇尚勇猛。"

孟子回答说："大王不要崇尚小勇。手扶佩剑怒目而视说：'别人怎么敢阻挡我！'这是匹夫之勇，只能对抗一个人。请大王把它扩大！《诗》上说：'君王勃然一怒，整顿军队出发，遏止了入侵莒国的敌军，增添了周国的福祉，以此来回报天下对周国的期望！'这便是文王之勇。文王一怒而使天下百姓安定。《书》上说：'上天降生人民，并从中崛兴出君王，从中崛兴出导师。君王和导师辅助上天护佑天下黎民。四方百姓中有罪和无罪者，其责任都在我一人，天下谁敢逾越自己的本分？'商纣王横行天下作恶，周武王以此为耻。这是武王的勇猛。武王也是一怒而使天下百姓安定。现在如果大王能一怒而使天下百姓安定，百姓唯恐大王不崇尚勇猛。"

【评】

本章谈"以大事小"和"以小事大"，而主要展开说勇敢。"以小事大"是一种儒家的外交理念，是基于强弱力量对比情况之下小国侍奉大国以保存自身的策略。而在一般人的日常工作生活中，

"以小事大"也有现实意义。个人、企业、机构都难免有大小和强弱之分。我们不能指望人人都能"以大事小",而必须审时度势,作识时务的俊杰。老话说"在哪个山头就唱那个山头的歌",应该根据自己的处境、身份和位置灵活选择与人交往的策略。而说到勇敢,也有上下之分。苏轼在《留侯论》里说:"古之所谓豪杰之士,必有过人之节。人情有所不能忍者,匹夫见辱,拔剑而起,挺身而斗,此不足为勇也。天下有大勇者,卒然临之而不惊,无故加之而不怒,此其所挟持者甚大,而其志甚远也。"大意是:古代人们所谓豪杰的人士,必定有过于常人的气节。常人情感有无法忍受的,普通人被侮辱,就拔出宝剑站起,挺身去决斗,这谈不上勇敢。天下有堪称大勇的人,当突然面临意外时不惊慌失措,当没有理由而受到他人侮辱时也不愤怒,这是因为他们内心怀抱很大,并且他们的志向很远。在此供"尚勇"的朋友们参考。

　　齐宣王见孟子于雪宫^①。王曰:"贤者亦有此乐乎?"
　　孟子对曰:"有。人不得,则非其上矣。不得而非其上者,非也;为民上而不与民同乐者,亦非也。乐民之乐者,民亦乐其乐;忧民之忧者,民亦忧其忧。乐以天下,忧以天下,然而不王者,未之有也。昔者齐景公问于晏子曰^②:'吾欲观于转附、朝儛^③,遵海而南,放于琅邪^④。吾何修而可以比于先王观也?'晏子对曰:'善哉问也!天子适诸侯曰巡狩^⑤。巡狩者,巡所守也。诸侯朝于天子曰述职。述职者,述所职也。无非事者。春省耕而补不足^⑥,秋省敛而助不给。夏谚曰:"吾王不游,吾何以休?吾王不豫^⑦,吾何以助?一游一豫,为诸侯度。"今也不然:师行而粮食,饥者弗食,劳者弗息。睊睊胥谗^⑧,民乃作慝^⑨。方命虐民^⑩,饮食若流。流连荒亡,为诸侯忧。从流下而忘反谓之流,从流上而忘反谓之连,从兽无厌谓之荒,乐酒无厌谓之亡。先王无流连之乐，荒亡之行。惟君所行也。'景公说，大戒于国，出舍于郊。于是始兴发补不足。召大师曰⑪：'为我作君臣相说之乐！'盖《徵招》《角招》是也。其诗曰：'畜君何尤⑫？'畜君者，好君也。"

【注】

①雪宫：齐宣王离宫，旧址位于今山东淄博。

②齐景公：姜姓，吕氏，名杵臼，春秋时期齐国君主。齐灵公之子，齐庄公之弟。晏子：名婴，字仲，谥平，历史上亦称"平仲"或"晏平仲"。齐国贤大夫，历齐灵公、庄公、景公三朝。

③转附、朝儛（wǔ）：皆山名。其地今不详。

④放（fǎng）：至，到。琅邪：即琅邪山，又名"琅邪台"，位于今山东青岛黄岛境内。

⑤适：到，达。

⑥省：视，察。

⑦豫：出游，特指君主秋天出巡。

⑧睊（juàn）睊胥谗：人们都侧目而视，怨声载道。睊，侧目而视的样子。胥，都，全部。谗，诋毁。

⑨慝（tè）：坏，恶。

⑩方命：抗命，违命。

⑪大师：宫廷掌乐太师，执掌宫廷音乐的官员。

⑫畜君：匡正君主的过失。

【译】

齐宣王在雪宫召见孟子。齐宣王问："贤德之人也以此为乐吗？"

孟子回答说："是的。有的人得不到这种快乐，就怨恨君上。得不到就怨恨君上的人，是不对的；居于上位者不与民同乐，也是不对的。以百姓的快乐为乐的国君，百姓也以国君的快乐为乐；以百姓的忧愁为忧的国君，百姓也以国君的忧愁为忧。以天下百姓之乐为乐，以天下百姓之忧为忧，却不能称王于天下，是不可能的。以前齐景公问晏子：'我想去看看转附和朝儛山，沿着海岸向南，到达琅邪台。我要怎么做才能和以前贤君圣王的巡游相提并论呢？'晏子回答说：'大王问得真好！天子到诸侯的国境去叫巡狩。巡狩，就是巡视诸侯国君执守的疆域。诸侯来朝见天子叫述职。述职，就是汇报自己职分内的工作。天子的巡狩和诸侯的述职都是其职分内的公事。春天去视察春耕而抚恤贫困的百姓，秋天去视察收割而补助缺粮的百姓。夏代的谚语说："我们的大王不出游，怎么能让我们有所歇息？我们的大王不出巡，怎么能让我们得到救助？贤君圣王的出游出巡，足以成为诸侯效仿的法度。"现在却不是这样：君王巡游的庞大队伍转输征召大量的粮食，而饥饿的百姓没有吃的，劳苦的百姓得不到休息。人们都侧目而视，怨声载道，百姓乃至为非作歹。君王巡游违背天命祸害百姓，耗费大量粮食给养。沿途流连荒亡，肆意享乐，成了诸侯国君的祸患。顺流而下游乐以至不思归程叫流，逆流而上游乐以至不思归程叫连，没完没了的行猎叫荒，毫无节制的欢饮叫亡。以前的贤君圣王巡游没有流连忘返的享乐，没有猎饮无度的行程。要选择什么样的巡游，您自己定夺吧。'齐景公听罢非常高兴，在都城内筹备好出巡，然后驻扎于都城郊外。于是开始开仓赈济贫困的百姓。还招来掌乐太师说：'为我创作君臣相悦相知的乐曲！'这就是乐曲《徵招》《角招》。歌词说：'匡正君主的过失有什么罪过？'匡正君主的过失，是爱护君主。"

【评】

忠言逆耳，雅量难得。以著者个人的经历，在企业里，最可怕的就是"一言堂"。人非圣贤，没有人会不犯错误，不误判形势，而周围同仁及时的提醒和劝阻殊为重要。如果企业里只有领导一个声音，周围不是喜歌连连就是唯唯诺诺，也就离出问题不远了。人到了一定位置和身份后自然会获得自信，但应时时戒慎自己是不是开始听不进别人的话了，"尺有所短，寸有所长"。历史上因"一言堂"导致的败亡旧事实在太多，为领导者不可不警惕！

此外，企业内的上传下达非常重要，经常下去走走，看看实情也很必要。组织机构越庞大，就越容易闭目塞听，为人蒙蔽。

齐宣王问曰："人皆谓我毁明堂①。毁诸？已乎？"

孟子对曰："夫明堂者，王者之堂也。王欲行王政，则勿毁之矣。"

王曰："王政可得闻与？"

对曰："昔者文王之治岐也②，耕者九一，仕者世禄，关市讥而不征③，泽梁无禁④，罪人不孥⑤。老而无妻曰鳏⑥，老而无夫曰寡，老而无子曰独，幼而无父曰孤。此四者，天下之穷民而无告者。文王发政施仁，必先斯四者。《诗》云：'哿矣富人，哀此茕独⑦。'"

王曰："善哉言乎！"

曰："王如善之，则何为不行？"

王曰："寡人有疾，寡人好货。"

对曰："昔者公刘好货⑧。《诗》云：'乃积乃仓，乃裹餱粮，于橐于囊。思戢用光。弓矢斯张，干戈戚扬，爰方启行⑨。'故居者有积仓，行者有裹囊也⑩，然后可以爰方启行。王如好货，与百姓同之，于王何有？"

王曰："寡人有疾，寡人好色。"

对曰："昔者太王好色，爱厥妃。《诗》云：'古公亶父，来朝走马，率西水浒，至于岐下。爰及姜女，聿来胥宇⑪。'当是时也，内无怨女⑫，外无旷夫⑬。王如好色，与百姓同之，于王何有？"

【注】

①明堂：周天子东巡时在泰山下朝会诸侯的殿宇。当时周王室衰落，根本没机会再在泰山朝会诸侯，明堂为齐国占据，但诸侯没有使用明堂的资格，所以有人建议齐宣王拆掉。

②岐：今陕西岐山，周王朝的发祥地。

③讥：查问。

④泽梁：在水流中用石筑成的拦水捕鱼的坝堰。

⑤孥（nú）：指人的妻子和儿女。

⑥鳏（guān）：无妻或丧妻的男子。

⑦"哿（gě）矣富人"两句：出自《诗经·小雅·正月》。哿，《说文》："哿，可也。"此处引申为能够度日。茕（qióng），孤独无依之意。

⑧公刘：姬姓，名刘。周文王的先祖。

⑨"乃积乃仓"七句：出自《诗经·大雅·公刘》。餱（hóu）粮，干粮。橐（tuó），盛物之器。思，无义。戢（jí），通"辑"，和睦。光，发扬光大。干戈戚扬，都是兵器。

⑩裹囊：指出门在外时放在口袋里的干粮。

⑪"古公亶（dǎn）父"六句：出自《诗经·大雅·绵》。来朝，清早。走马，骑马疾行。率，沿着。浒，水边。爰，乃。姜女，古公亶父之妻。聿，发语词。胥，审查。宇，屋宇。

⑫怨女：到适婚年龄而没有出嫁的女子。

⑬旷夫：到适婚年龄而没有娶妻的男子。

【译】

齐宣王问孟子："大家都劝我拆除周天子在泰山下朝会诸侯用的明堂。是拆呢？还是不拆？"

孟子回答说："明堂是王者的殿宇。如果大王您想施行王道之政，就不要拆除它。"

齐宣王说："您能讲讲王道之政吗？"

孟子回答说："以前周文王治理岐山之地时，对耕种的农户收取九分之一的田赋，做官的人世代承袭俸禄，在关卡和贸易市场只稽查非法货物交易而不征税，不禁止百姓在河湖筑坝捕鱼，对犯罪者不株连其妻子儿女。年老无妻的男人叫鳏夫，年老无夫的女人叫寡妇，年老无子的人叫独老，年幼失去父亲的孩童叫孤儿。这四种人，是天下最困窘却有苦无处说的人。周文王发布政令施行仁政，一定优先抚恤这四种人。《诗》上说：'富人尚可度日，怜悯这些孤苦无依之人。'"

齐宣王说："您说得太好了！"

孟子说："如果大王赞同王道之政，那为什么不去施行？"

齐宣王说："我有个缺点，我喜欢财货金钱。"

孟子回答说："以前公刘喜欢财货金钱。《诗》上说：'露天和仓库都堆满粮食，还带上为远行准备的干粮，放在口袋中。人民安定，张大国威。张弓上箭，拿起武器，阔步向前出发。'所以居家的人，露天和仓库都堆满粮食，行军的人有放在袋中为远行准备的干粮，然后就可以阔步向前出发。大王如果喜欢财货金钱，也能使百姓丰衣足食，那么大王一统天下有什么难的呢？"

齐宣王说："我有个缺点，我喜欢女色。"

孟子回答说："以前周太王喜欢女色，宠爱自己的妃子。《诗》上说：'古公亶父，大清早骑着马疾行，沿着西边河流岸边，一直到岐山脚下。又带着妻子姜氏，一起察看规划这里新的聚留之地。'当时，周太王的治下没有到了适婚年龄还不能婚配的男女。大王如果喜欢女色，也能让百姓都有婚配，那么大王一统天下有什么难的呢？"

【评】

孟子在《梁惠王下》数章中讲的，基本都是"与百姓同之"的道理。居于上位者有所享乐是正常的，但不能漠视下位者的疾苦。如果过分压榨下位者以维持自己的奢侈享乐，首先不是君子之道，其次也会引发矛盾甚至冲突，从而使这样的享乐无法长久。孟子的"仁政"学说是对孔子"仁学"思想的继承和发展。孔子的"仁"是一种含义极广的伦理道德观念，其最基本的精神就是"爱人"。孟子从孔子的"仁学"思想出发，把它扩展为包括思想、政治、经济、文化等各个方面的施政纲领，也就是"仁政"。"仁政"的基本精神同样是对人民有深切的同情和爱心。

　　孟子谓齐宣王曰："王之臣有托其妻子于其友而之楚游者，比其反也，则冻馁其妻子，则如之何？"
　　王曰："弃之。"
　　曰："士师不能治士①，则如之何？"
　　王曰："已之。"
　　曰："四境之内不治，则如之何？"
　　王顾左右而言他。

【注】
　　①士师：古代执掌禁令刑狱的官员。士：在此处指掌管刑狱的官员，即"士师"的下属人员。
【译】
　　孟子对齐宣王说："如果大王有臣属将妻子儿女托付给朋友照顾而自己去楚国出游，等到他回来，他的妻子儿女在受冻挨饿，该怎么办？"
　　齐宣王说："与这样的人绝交。"
　　孟子问："执掌刑狱的士师不能管理他的下属，该怎么办？"
　　齐宣王说："撤免他。"
　　孟子问："国家没有治理好，该怎么办？"
　　齐宣王左顾右盼打岔避开话题。

【评】

本章让著者深有感触。我们做企业，员工不得力不称职，可以撤免更换，但如果领头人有问题，却是没有退路的。纵观中国古代历史，王朝倾颓，臣僚可以改换门庭或隐遁山林，君王却只有"死社稷"，因为他没有退路。每虑及此，都会战战兢兢，如临深渊，如履薄冰，努力进取，在思想、德行和工作能力等诸多方面严格要求自己，绝不敢故步自封，务使自己有所进步，沿着正确的方向前进。

孟子见齐宣王，曰："所谓故国者[①]，非谓有乔木之谓也，有世臣之谓也。王无亲臣矣，昔者所进，今日不知其亡也。"

王曰："吾何以识其不才而舍之？"

曰："国君进贤，如不得已，将使卑逾尊，疏逾戚[②]，可不慎与？左右皆曰贤，未可也；诸大夫皆曰贤，未可也；国人皆曰贤，然后察之；见贤焉，然后用之。左右皆曰不可，勿听；诸大夫皆曰不可，勿听；国人皆曰不可，然后察之；见不可焉，然后去之。左右皆曰可杀，勿听；诸大夫皆曰可杀，勿听；国人皆曰可杀，然后察之；见可杀焉，然后杀之。故曰，国人杀之也。如此，然后可以为民父母。"

【注】

①故国：指历史悠久的国家。

②戚：亲近的人。

【译】

孟子拜见齐宣王，说："所谓历史悠久的国家，不是指这个国家有生长年久、高大粗壮的树木，而是指有累世忠贞贤德的臣属。

大王现在没有亲近信任的臣属，您以前进用的臣属，如今早已不知跑到哪里去了。"

齐宣王说："我怎么才能识别出人的无能而不任用他呢？"

孟子说："国君选拔贤能，如果迫不得已，将任用身份卑微的居于身份高贵者之上，与自己关系疏远的居于与自己关系亲近者之上，怎么能不慎重呢？身边的人都说此人贤能，不可轻信；朝中大夫都说此人贤能，不可轻信；全国的人都说此人贤能，再加以详察；如果确实贤能，然后任用他。身边的人都说此人不能任用，不要听信；朝中大夫都说此人不能任用，不要听信；全国的人都说此人不能任用，再加以详察；如果确实不能任用，然后撤免他。身边的人都说此人该杀，不要听信；朝中大夫都说此人该杀，不要听信；全国的人都说此人该杀，再加以详察；如果确实该杀，然后杀掉他。所以说，是全国人杀了他。这样，才能做百姓的父母之君。"

【评】

本章于识人用人颇有借鉴意义。考察人才，参考的方面越广泛，听取意见的范围越大，保险系数越高。著者认为，在用人问题上，尤其是重要岗位的"方面大员"，保持谨慎，甚至多些疑心是必要的。我们都容易被身边亲近的人所迷惑，当然这些亲近的人并非一定有什么私心或不可告人的目的，但一家之言，未足听信。识人、选人、培养人、任用人是一门大学问，只要用人者有一份"公心"，再加些耐心和细心，就能使人尽其才。

齐宣王问曰："汤放桀，武王伐纣，有诸？"

孟子对曰："于传有之。"

曰："臣弑其君，可乎？"

曰："贼仁者谓之贼[①]，贼义者谓之残，残贼之人谓之一夫[②]。闻诛一夫纣矣，未闻弑君也。"

【注】

①贼：伤害，破坏。

②一夫：指众叛亲离的人，暴君。

【译】

齐宣王问孟子："成汤放逐夏桀，周武王征伐商纣，有这事吗？"

孟子回答说："史籍中有记载。"

齐宣王说："臣属弑君王，这可以吗？"

孟子说："破坏仁德的人称之为贼，破坏道义的人称之为残，破坏仁德道义的人称之为独夫民贼。我听说过诛杀独夫民贼纣，没听说过弑君。"

【评】

本章是孟子"仁政""民本"思想的集中体现，读来让人顿感酣畅淋漓。老话说："德不配位，必有灾殃。"就是说，德性品行差的人如果获得高位，必然会招致灾祸。《易经·解卦》六三爻辞："六三。负且乘，致寇至，贞吝。象曰：'负且乘。亦可丑也。自我致戎。又谁咎也。'"孔颖达疏："乘者，君子之器也。负者，小人之事也。施之于人，即在车骑之上而负于物也，故寇盗知其非己所有，于是竞欲夺之。"意思是卑贱者背着人家的财物，又坐上大马车显耀，就会招致强盗来抢。清圣祖康熙在《日讲易经解义》中说得更直接："此一爻是儆无才德者不宜在高位也。负是担负，乘是乘车。周公系解三爻曰：'天下惟有德者宜在高位。'六三，阴柔不中正，而居下之上，乃无德而窃据高位者，则褫辱所必加，斥逐所必至。虽得之，必失之。"

孟子见齐宣王曰："为巨室，则必使工师求大木①。工师得大木，则王喜，以为能胜其任也。匠人斫而小之②，则王怒，以为不胜其任矣。夫人幼而学之，壮而欲行之。

王曰：'姑舍女所学而从我。'则何如？今有璞玉于此③，虽万镒④，必使玉人雕琢之。至于治国家，则曰：'姑舍女所学而从我。'则何以异于教玉人雕琢玉哉？"

【注】

①工师：古官名。上受司空领导，下为百工之长，专掌营建工程和管理百工等事。

②斫（zhuó）：劈砍。

③璞玉：未经雕琢的玉或包裹在石头中的玉石。

④虽：通"唯"，语首助词。镒（yì）：二十两。

【译】

孟子拜见齐宣王说："营建大房子，就必须派工师去寻找大木料。工师找到大木料，大王必然高兴，认为工师能胜任自己的职责。工匠把大木料砍小了，大王就发怒了，认为工匠不能胜任自己的职责。人年幼开始学习，成年后想践行自己的所学。而大王说：'先把你学的放下听从我的要求。'会怎么样呢？现在有一块未经雕琢的璞玉，价值千万，必须由琢玉的工匠精心雕琢。至于治理国家，却说：'先把你学的放下听从我的要求。'这与不懂琢玉的人教玉匠琢玉有什么区别呢？"

【评】

孟子这番话是在劝喻齐宣王在治理国家时不要"外行领导内行"。那么"外行领导内行"是否一定不可以呢？

领导工作主要是指宏观的驾驭能力，包括决策、计划、沟通、协调、资源分配等等，而不是从事具体的操作。我们通常说的隔行如隔山是指技术领域，对领导工作而言并不受此限制。因为领导科学的原理和方法具有相对的普遍性，关键是看你有没有领导的思路和潜质，是否具备领导的能力和技巧。从这一点上来说，领导是不分外行和内行的，只有领导水平的高低之分。无论对专业知识是否在行，不懂得领导科学和管理艺术都是无法胜任领导岗位的。

内行和外行本来就是相对的，无论在哪个领域，知识与智慧都应该是第一位的。对领导者来说，技术背景固然重要，但并非必不可少，领导能力才是最重要、最稀缺的。作为领导，需要能够抓住大方向，抓住重点，有决策统御能力，高深的专业背景并非必不可少，外行完全有能力胜任领导岗位。外行领导内行虽然可行，但如果不是内行却硬要冒充内行，或者事事大包大揽，结果就可能是成事不足，败事有余。

那么，外行应当怎样领导内行呢？著者认为：一要树立自信。只要树立自信心，不嫉贤妒能，并且心甘情愿地为内行搭建舞台、提供支持，就能让下属各显其能、建功立业。二要尊重内行。不能不懂装懂、摆架子，而是要集思广益，多和下属沟通，虚心听取内行的专业意见。三要充分放权。外行领导者应该懂得抓大放小，领导主要关注的是宏观和整体的把握，至于一些具体的事情，就应该放手让内行去施展才华、各尽所长。四要适当约束。放权让内行大展拳脚，并不代表放任自流，还应当对其适当地加以管束。五要虚心学习。外行领导应当虚心学习业务知识和技能，掌握技术领域中的关键知识点，尽快使自己成为内行，做好教练与导师，甚至成为专家型的领导人，提高自己的人格魅力和决策能力。六要借用外脑。外行领导内行，有时候还需要聘请外部的专家顾问为自己出谋划策，不仅可以提高鉴别下属业务水平的能力，同时也可以提供更多的参考和辅助意见，使自己的决策更加科学、合理。

齐人伐燕[①]，胜之。宣王问曰："或谓寡人勿取，或谓寡人取之。以万乘之国伐万乘之国，五旬而举之，人力不至于此。不取，必有天殃。取之，何如？"

孟子对曰："取之而燕民悦，则取之。古之人有行之者，武王是也^②。取之而燕民不悦，则勿取。古之人有行之者，文王是也^③。以万乘之国伐万乘之国，箪食壶浆以迎王师，岂有他哉？避水火也。如水益深，如火益热，亦运而已矣。"

【注】

①燕：即燕国，周天子分封的姬姓诸侯国，为战国七雄之一。

②武王是也：指周武王顺应形势，伐纣并取而代之。

③文王是也：指周文王审时度势，在条件不成熟时，暗加隐忍，暂时屈从纣王的统治。

【译】

齐国征伐燕国，大获全胜。齐宣王问孟子："有人劝我不要吞并燕国，有人劝我吞并燕国。齐国以万乘兵车的实力征伐同样有万乘兵车实力的燕国，短短五十天就大获全胜，这不是仅靠人力能做到的，必是天命所归。如果不吞并燕国，上天必然会降下灾祸。吞并燕国，怎么样？"

孟子回答说："如果吞并燕国而燕国的百姓高兴，那就吞并它。古人有这么做的，那就是周武王。如果吞并燕国而燕国的百姓不高兴，就不要吞并他。古人有这么做的，那就是周文王。以万乘兵车的实力征伐同样有万乘兵车实力的国家，百姓带着盛满饭的竹篓和装满饮料的壶迎接大王的军队，没有别的原因，就是为了逃避原来水深火热的苦难。如果齐国吞并燕国而使百姓的日子更加困苦，那不过是换了另一个国君而已。"

【评】

本章的内容有其历史背景。公元前321年，燕易王去世，子哙继位。燕王哙昏庸无能，燕相子之专权。公元前316年，燕王哙在鹿毛寿和苏代的劝说下，效仿古代贤君禅让，主动将君位让于子之。子之当国三年，将军市被和太子平发动兵变谋攻子之。燕国大乱，数月间，死者数万人，市被及太子平战死。此时，齐宣王趁燕国内乱，命匡章率"五都之兵"及"北地之众"进攻燕国，仅五十天就攻下燕国的都城，燕王哙被杀，子之被俘后被剁为肉酱。燕国在七国中力量本就较弱，经此打击，势力更为削弱。本章的问答就发生在这样的历史背景下。孟子本意是想劝阻齐宣王不要吞并燕国，见好就收，但没有得到齐宣王的认可。而事态的发展也果如孟子的预料，急转直下了。详细内容请参看本篇下章及《公孙丑下》篇"燕人畔"章的评释。

　　齐人伐燕，取之。诸侯将谋救燕。宣王曰："诸侯多谋伐寡人者，何以待之？"

　　孟子对曰："臣闻七十里为政于天下者，汤是也。未闻以千里畏人者也。《书》曰：'汤一征，自葛始①。'天下信之，东面而征，西夷怨；南面而征，北狄怨，曰：'奚为后我？'民望之，若大旱之望云霓也。归市者不止，耕者不变。诛其君而吊其民②，若时雨降，民大悦。《书》曰：'徯我后，后来其苏③。'今燕虐其民，王往而征之，民以为将拯己于水火之中也，箪食壶浆以迎王师。若杀其父兄，系累其子弟，毁其宗庙，迁其重器，如之何其可也？天下固畏齐之强也，今又倍地而不行仁政④，是动天下之兵也。王速出令，反其旄倪⑤，止其重器，谋于燕众，置君而后去之⑥，则犹可及止也。"

【注】

　　①"汤一征"两句："《滕文公下》作'汤始征，自葛载'，可见这'一'字就是开始的意义。但《滕文公下》没有'《书》曰'字样，因此江声《尚书集注音疏》认为这些都不是《尚书》的文

字。我们则以为若说'天下信之'以下不是《尚书》之文，是可信的，因为文气不和《尚书》相似。而这六个字仍应认为是《尚书》逸文。宋翔凤《孟子赵注补正》云：'《书·序》，汤征诸侯，葛伯不祀，汤始征之，作《汤征》。'郑《注》云：'《汤征》亡。'此引书正是《汤征》之文。"（杨伯峻《孟子译注》）

②吊：慰问。

③"徯（xī）我后"两句：《尚书》逸文，伪古文《尚书》篡入《仲虺之诰》，《十三经注疏》本作"徯予后"（阮校："古本'予'作'我'。"）。徯，等待。后，君王。苏，更生，复活。

④倍地：土地加倍。

⑤旄倪（mào ní）：老人和小孩。

⑥置君：拥立新的国君。

【译】

齐国征伐燕国，将燕国吞并。其他诸侯国君谋划挽救燕国。齐宣王问孟子："很多诸侯国君谋划进攻我，要怎样应对？"

孟子回答说："臣听说有依靠纵横各七十里的地盘统一天下的，这就是成汤。没听过据有纵横各千里的国家却害怕别国的。《书》上说：'成汤的征伐，自葛国开始。'天下人都信任他，他征伐东方，西方的少数民族抱怨；征伐南方，北方的少数民族抱怨，说：'为什么把我们置于后面？'百姓盼望成汤，犹如大旱季节盼望雨云和彩虹。成汤的征伐不惊扰百姓劳作生活，市集中的贸易往来正常，农民也照常下田耕种。诛杀那些暴君而安抚百姓，犹如及时雨降临，百姓非常高兴。《书》上说：'等待我们的大王，他来了，我们就得救了。'如今燕国国君凌虐其百姓，大王发兵征讨，燕国百姓认为能将自己从水深火热之中拯救出来，所以带着盛满饭的竹篓和装满饮料的壶迎接大王的军队。但现在齐国杀害他们的父兄，囚禁他们的子弟，拆毁他们的宗庙祠堂，抢走他们的国家重器，这怎么能行呢？天下原本就畏惧齐国的强大，现在齐国又得到了大一倍的土地且不施行仁政，这是在挑动天下发兵征伐。请大王立刻下令，遣返燕国被囚禁的老人和小孩，归还燕国被劫掠的国家重器，和燕国人商议，为其拥立新的国君然后撤军，这样还来得及避免各诸侯国对齐国的进攻。”

【评】

齐军入燕后，残暴对待燕国人民，引起燕国人民反抗。很快齐国就在赵、魏、韩、楚、秦等国的压力下被迫撤军，而燕国人则拥立公子职，是为燕昭王。此次齐燕之战，齐国并没有捞到多少实际利益，却与燕国结下世仇，也得罪了其他诸侯国，为日后更大的血雨腥风埋下了伏笔。

邹与鲁哄①。穆公问曰②：“吾有司死者三十三人③，而民莫之死也。诛之，则不可胜诛；不诛，则疾视其长上之死而不救，如之何则可也？”

孟子对曰：“凶年饥岁，君之民老弱转乎沟壑，壮者散而之四方者，几千人矣④；而君之仓廪实，府库充，有司莫以告，是上慢而残下也。曾子曰：‘戒之戒之！出乎尔者，反乎尔者也。’夫民今而后得反之也，君无尤焉⑤。君行仁政，斯民亲其上，死其长矣。”

【注】

①哄（hòng）：争斗。

②穆公：即邹穆公，邹国的国君，与孟子同时代。

③有司：有关官员。

④几：近。

⑤尤：责备。

【译】

邹国和鲁国发生冲突。邹穆公问孟子：“我的官吏在这次冲突中死了三十三个，而老百姓却没有一个因为援救他们而死的。如果杀了这些百姓，又杀不过来；不杀，这些人就这样眼睁睁看着自己的官长被杀而不出手相救，我要怎么做才好？"

孟子回答说："粮食歉收的饥荒之年，您的百姓中老弱的死于沟壑荒野，青壮年四散逃荒，这些得有近千人；而您的粮仓堆满粮食，钱库堆满钱财，您的官吏没人向上汇报，这是官长漠视百姓疾苦而残害他们。曾子说过：'要警惕，要警惕！你怎么对待别人，别人就会反过来怎么对待你。'百姓自今而后得以反过来这么对待他们了，您不要责怪百姓。您施行仁政，百姓就会爱护他们的官长，愿意为他们的官长去牺牲性命。"

【评】

邹穆公是邹国最为时人及后人称道的英明君主。传说正是这次与孟子的对话后，邹穆公才改弦更张，开始施行仁政。

滕文公问曰①："滕，小国也，间于齐、楚。事齐乎？事楚乎？"

孟子对曰："是谋非吾所能及也。无已，则有一焉：凿斯池也②，筑斯城也，与民守之，效死而民弗去，则是可为也。"

【注】

①滕文公：滕国国君，与孟子同时代。滕国是春秋战国时代的一个很小的诸侯国，鲁国附庸国，国君姬姓。

②池：护城河。

【译】

滕文公问孟子："滕国是个小国，夹置在齐、楚两个大国之间。我应该投靠侍奉齐国？还是楚国？"

孟子回答说："这不是我能参谋的事情。如果一定要讲，我只有一个建议：深挖护城河，高筑城墙，和百姓一起守卫国家，如果百姓能舍命报效而不逃走，那么就可以有所作为了。"

【评】

本章与下面两章均为滕文公询问如何"以小事大"，评论见后文。

滕文公问曰："齐人将筑薛①，吾甚恐，如之何则可？"

孟子对曰："昔者大王居邠②，狄人侵之，去之岐山之下居焉。非择而取之，不得已也。苟为善，后世子孙必有王者矣。君子创业垂统③，为可继也。若夫成功，则天也。君如彼何哉？强为善而已矣④。"

【注】

①薛：旧址约在今山东滕州官桥镇，是齐国靠近滕国的战略要地。

②邠（bīn）：同"豳"，古地名。在今陕西彬县、旬邑西南一带，为周代先祖发祥之地。

③创业垂统：开创基业，传之子孙。

④强（qiǎng）：竭力，尽力。

【译】

滕文公问孟子："齐国人要加筑薛地的城墙，我很害怕，要怎么办才好？"

孟子回答说："以前周太王定居在邠地，受到狄人侵扰，移居到岐山脚下聚居。不是他愿意选择居住在那里，而是迫不得已。一位君主如果施行仁政，后世子孙中一定会有一统天下的。君子开创基业，传之子孙，正是为了能世代传承下去。至于能否成功，要看天意。您能把齐国怎么样呢？只有尽力施行仁政而已。"

滕文公问曰:"滕,小国也,竭力以事大国,则不得免焉,如之何则可?"

孟子对曰:"昔者大王居邠,狄人侵之。事之以皮币①,不得免焉;事之以犬马,不得免焉;事之以珠玉,不得免焉。乃属其耆老而告之曰②:'狄人之所欲者,吾土地也。吾闻之也:君子不以其所以养人者害人。二三子何患乎无君?我将去之。'去邠,逾梁山③,邑于岐山之下居焉。邠人曰:'仁人也,不可失也。'从之者如归市。或曰:'世守也,非身之所能为也。效死勿去。'君请择于斯二者。"

【注】

①皮币:皮裘和丝织品。

②耆老:六七十岁的老人。

③梁山:位于今陕西乾县,共有三峰,北峰最高。

【译】

滕文公问孟子:"滕国是个小国,竭尽全力侍奉大国,还是难免被欺凌,要怎么办才好?"

孟子回答说:"以前周太王定居在邠地,受到狄人侵扰。他用皮裘丝绸去讨好狄人,还是不能免于欺凌;用良犬名驹去讨好狄人,还是不能免于欺凌;用珠宝玉石去讨好狄人,还是不能免于欺凌。于是太王召集邠地的父老宣布:'狄人真正想要的,是我们的土地。我曾经听说:君子不能因为养育人的东西而使人受侵害。大家何必因为没有君主而忧虑?我要离去了。'太王离开邠地,越过梁山,在岐山脚下建立城邑定居下来。邠地的百姓都说:'他是个仁德之人,我们不能失去他。'追随他的人如同赶集般争先恐后。也有人说:'世代传承下来的基业,不是我个人能决定舍弃的。我会誓死守卫它。'请您从这两条道路中选择一条吧。"

【评】

本章与上两章记载了滕文公与孟子的问答。我们可以发现，孟子在回答滕文公的问题时，与劝喻大国、强国的国君时态度截然不同。齐国、魏国都是大国，他们的着眼点在称霸；滕国是小得可怜的角色，着眼点在生存。如果说，孟子在劝喻梁惠王、齐宣王时，多少有些说客的狡黠和浮夸，那么面对滕文公时，则只有异常的冷峻和现实。

在第一次问答时，孟子就指出，我没有能力为您参谋这样的事情，其实原因很简单，即使深挖护城河，高筑城墙，即使百姓愿意为国君死守，滕国也没法抗衡齐、楚的进攻，最终无非玉石俱焚，更别提百姓能不能真正为国君死守。第二次，齐国加强边界地区薛地的军事部署，滕文公非常紧张。孟子说，您能把齐国怎么样呢？只有自己竭力施行仁政而已。同时，已经委婉地建议滕文公效法周太王，迁移以避祸。第三次则更加直白，在滕文公面前摆出两条道路——要么走，要么死。如果走，倘若有仁政的基础，或许国人还愿意继续追随你；如果死，则"君子不以其所以养人者害人"，您自己死就罢了，别连累国人。

由此可以看出，孟子绝不是不谙世事，更不夸夸其谈，他始终是一个坚定的理想主义者，终生不渝。在战国纷争的环境下，怀抱王道仁政民本的理想，踽踽于乱世，踽踽独行。仅此一点，就足以当得起圣人这一称谓！

鲁平公将出[1]。嬖人臧仓者请曰[2]："他日君出，则必命有司所之。今乘舆已驾矣[3]，有司未知所之。敢请。"

公曰："将见孟子。"

曰："何哉，君所为轻身以先于匹夫者？以为贤乎？礼义由贤者出，而孟子之后丧逾前丧[4]。君无见焉！"

公曰："诺。"

乐正子入见⑤，曰："君奚为不见孟轲也？"

曰："或告寡人曰：'孟子之后丧逾前丧。'是以不往见也。"

曰："何哉，君所谓逾者？前以士，后以大夫；前以三鼎，而后以五鼎与？"

曰："否。谓棺椁衣衾之美也。"

曰："非所谓逾也，贫富不同也。"

乐正子见孟子，曰："克告于君，君为来见也。嬖人有臧仓者沮君⑥，君是以不果来也。"

曰："行或使之，止或尼之⑦。行止，非人所能也。吾之不遇鲁侯，天也。臧氏之子焉能使予不遇哉？"

【注】

①鲁平公：战国时鲁国君主，鲁景公之子。

②嬖（bì）人：被宠爱的人。臧仓：鲁平公的宠臣。

③乘舆：天子、诸侯所乘坐的马车。

④后丧逾前丧：孟子父亲先逝，母亲后逝，但操办母亲丧事的规模超越父亲。

⑤乐正子：传为孟子的弟子。复姓乐正，名克。

⑥沮（jǔ）：阻止。

⑦尼（nì）：阻止。

【译】

鲁平公要出行。一个叫臧仓的宠臣向鲁平公请示道："您以后出行，一定要先通知相关官员您要去哪里。现在您的车驾已经备好，相关官员还不知道您要去哪里。我特此请示。"

鲁平公说："我要去见孟子。"

臧仓说："您为什么降低自己的身份先去拜访一个平民百姓？是认为他贤德吗？贤德之人的行为应该符合礼义原则，但孟子操办母亲丧事的礼仪规模超越于他先逝的父亲。您不要去见他！"

鲁平公说："好吧。"

乐正子去拜见鲁平公，问："您为什么没有去见孟轲呢？"

鲁平公说："有人告诉我说：'孟子操办母亲丧事的礼仪规模超越于他先逝的父亲。'所以我没有去见他。"

乐正子说："您所说的超越是什么意思呢？是指他操办父亲的丧事用士人的礼仪标准，操办母亲的丧事用大夫的礼仪标准？还是指他操办父亲的丧事设三只鼎致祭，操办母亲的丧事设五只鼎致祭？"

鲁平公说："都不是。我是说他为母亲置办的棺椁和衣被过于华美。"

乐正子说："这不是什么超越，只是他前后财力贫富不同。"

乐正子去见孟子，说："我向鲁君讲了，他原本要来见您。但一个叫臧仓的宠臣阻止鲁君见您，所以他没有来。"

孟子说："一个人做一件事必然有什么东西在驱动他，终止做一件事必然有东西在阻止他。做与不做，都不是人力能控制的。我没能和鲁君见面，是天意。姓臧的那个人怎么能让我和鲁君见不到面呢？"

【评】

关于孟子的生平，在早已为世人公认的后出史籍中，都说他在三四岁时丧父。当时，年幼的孟子绝无可能亲自为父亲操办丧事。再结合本章内容，不能不让人怀疑孟子幼年丧父的记载。有学者即认为，传统史籍的记载不可信，孟子的父亲应该是在他成年后去世的，且孟子亲自以"士之礼"主持操办了父亲的丧事。杨伯峻先生在《孟子译注》的导言中详细介绍孟子生平时，也说："关于他的父母，我们知道得很少。"既没有提他幼年丧父，更没有提到著名的"孟母三迁"。著者窃以为，《孟子》本章内容尚不足以彻底推翻孟子幼年丧父的说法。其父的丧礼即使由别人代为操办，孟子年长后也会从他人口中了解当时的礼仪和规制。我们不妨效法杨伯峻先生的做法，姑且存疑，以待贤者。

公孙丑上

公孙丑问曰①："夫子当路于齐②，管仲、晏子之功③，可复许乎④？"

孟子曰："子诚齐人也，知管仲、晏子而已矣。或问乎曾西曰⑤：'吾子与子路孰贤⑥？'曾西蹴然曰⑦：'吾先子之所畏也⑧。'曰：'然则吾子与管仲孰贤？'曾西艴然不悦⑨，曰：'尔何曾比予于管仲？管仲得君如彼其专也，行乎国政如彼其久也，功烈如彼其卑也⑩。尔何曾比予于是？'"曰："管仲，曾西之所不为也，而子为我愿之乎？"

曰："管仲以其君霸，晏子以其君显。管仲、晏子犹不足为与？"

曰："以齐王⑪，由反手也。"

曰："若是，则弟子之惑滋甚。且以文王之德，百年而后崩，犹未洽于天下；武王、周公继之⑫，然后大行。今言王若易然，则文王不足法与？"

曰："文王何可当也？由汤至于武丁⑬，贤圣之君六七作。天下归殷久矣，久则难变也。武丁朝诸侯，有天下，犹运之掌也。纣之去武丁未久也，其故家遗俗，流风善政，犹有存者；又有微子、微仲、王子比干、箕子、胶鬲⑭，皆贤人也，相与辅相之，故久而后失之也。尺地莫非其有也，一民莫非其臣也，然而文王犹方百里起，是以难也。齐人有言曰：'虽有智慧，不如乘势；虽有镃基⑮，不如待时。'今时则易然也。夏后、殷、周之盛，地未有过千里者也，而齐有其地矣；鸡鸣狗吠相闻，而达乎四境，而齐有其民矣。地不改辟矣，民不改聚矣，行仁政而王，莫之能御也。且王者之不作，未有疏于此时者也⑯；民之憔悴于虐政，未有甚于此时者也。饥者易为食，渴者易为饮。孔子曰：'德之流行，速于置邮而传命⑰。'当今之时，万乘之国行仁政，民之悦之，犹解倒悬也[18]。故事半古之人，功必倍之，惟此时为然。"

【注】

①公孙丑：齐国人，孟子的学生。《孟子》一书中记述其言论很多，有《公孙丑》上下两篇。

②当路：执掌政权。

③管仲：姬姓，管氏，名夷吾，字仲。春秋时期齐国相。

④许：《孟子注疏》赵岐注："许，犹兴也。"朱熹《孟子章句集注》："许，犹期也。"期，即期许、期望、期待之意。著者认为朱熹的理解更准确。

⑤曾西：《孟子注疏》赵岐注："曾西，曾子之孙。"焦循《孟子正义》："称'先子'者，谓父，非谓祖父也。"曾西究竟是曾子（曾参）的儿子还是孙子，历来有争论，杨伯峻先生认为曾西是曾子的儿子。著者亦持此论。

⑥吾子：古时对别人的尊称。子路：即仲由，孔子的学生。

⑦蹴（cù）然：局促不安的样子。

⑧吾先子：我已过世的父亲，先父。

⑨艴（fú）然：因愤怒而脸色改变的样子。

⑩功烈：功勋业绩。

⑪以齐王：依靠齐国的力量称王天下。

⑫周公：名旦。文王之子，武王之弟。辅助武王伐纣，助成王定乱，安定天下。

⑬武丁：子姓，名昭，商代贤君，复兴商朝。

⑭微子：是商纣王的庶母兄长。微仲：微子的弟弟，商纣王的庶母兄长。王子比干：商纣王的叔叔。箕子：商纣王的叔叔。胶鬲：商纣王时期的大臣。

⑮镃基：锄头。

⑯疏：事物间距离大，空隙大。

⑰置邮：古代官办驿站，用以传递政令、信件、款项、物品等。

⑱倒悬：人被头下脚上倒吊着，形容人处于极度的痛苦之中。

【译】

公孙丑问孟子："如果老师您执掌齐国的国政，人们能期望管仲、晏子一般的功勋业绩重现吗？"

孟子说："你确实是齐国人，只知道管仲、晏子而已。有人问曾西说：'先生您与子路谁更贤德？'曾西局促不安地说：'子路是先父敬畏的人，我怎么敢比。'那人又问：'那么先生您与管仲谁更贤德？'曾西勃然变色非常不高兴，说：'你竟然拿我与管仲比？管仲得到国君的信任是如此之深，他执掌国政的时间是如此之久，而他取得的成效是如此之小。你竟然拿我与管仲比？'"孟子又说："管仲，曾西不愿做他那样的人，你认为我愿意吗？"

公孙丑说："管仲辅佐国君称霸天下，晏子辅佐国君名扬四海。管仲、晏子尚且不足以效法吗？"

孟子说："依靠齐国的力量称王于天下，易如反掌。"

公孙丑说："倘若如您所说，这让学生的困惑愈发加重了。况且以周文王的德行，接近百岁才去世，在他的有生之年也没有将王道之政遍及天下；武王和周公继承了他的功业，然后王道之政才在天下广为推行。现在您说称王于天下这么容易，难道周文王也不足以效法吗？"

孟子说："周文王当时的实力和条件怎么比得了如今的齐国？商朝自成汤到武丁，贤君圣王出现了六七位。商拥有天下已经很久，时间一久就难以发生变化。武丁使诸侯臣服，据有天下，就像在手掌中运转东西般简单。纣王的时代上距武丁并不远，累世忠贞贤德的臣属和优秀的传统，良好的风气习俗和得当的政策法令，还有存留；又有微子、微仲、王子比干、箕子、胶鬲，他们都是贤德

忠臣，他们共同辅佐纣王，所以又过了很久才亡国。当时没有一尺
土地不属于纣王所有，没有一个百姓不是纣王的臣属，然而周文王
仍然依靠纵横各百里的小国而兴起，所以说周文王当时是非常艰难
的。齐国有句俗话说：'虽然有智慧，也要顺应借助形势；虽然有
锄头，也要等到合适的节令。'如今要推行王道之政就容易了。夏
代、殷商、周朝在最鼎盛时期，也没有地域面积达到纵横各千里的
国家，而如今齐国有这么大的疆域；家家户户间鸡鸣狗叫之声相
闻，人口之稠密在疆域内都是如此，齐国有如此之多的百姓。不需
再开疆拓土，不需再增加人口，施行仁政就能一统天下，没人能阻
挡。而且，没有出现一统天下的王者，从没有像当今在时间上间隔
这么久过；百姓受苛政暴政残害的痛苦，从没有比现在更严重的。
饥饿的人不择食物，口渴的人不择饮料。孔子说：'德政的传布，
比邮驿传递政令还快。'如今，如果有万乘兵车实力规模的大国施
行仁政，百姓的拥戴欢喜，犹如倒吊着的人被解救下来一样。所以
只需付出古人一半的力量，就能成就双倍于古人的功效，只有在当
今时代才能做得到。"

【评】

本章充分说明了"顺势而为，事半功倍"的道理。只要天时、
地利、人和等条件具备，即使起点不高，也能成就大功业。

公孙丑问曰："夫子加齐之卿相，得行道焉，虽由此
霸王，不异矣。如此，则动心否乎？"

孟子曰："否。我四十不动心。"

曰："若是，则夫子过孟贲远矣[1]。"

曰："是不难，告子先我不动心[2]。"

曰："不动心有道乎？"

曰："有。北宫黝之养勇也[3]，不肤桡[4]，不目逃，思
以一豪挫于人，若挞之于市朝。不受于褐宽博[5]，亦不受

于万乘之君。视刺万乘之君，若刺褐夫。无严诸侯⑥，恶声至，必反之。孟施舍之所养勇也⑦，曰：'视不胜犹胜也。量敌而后进，虑胜而后会，是畏三军者也。舍岂能为必胜哉？能无惧而已矣。'孟施舍似曾子⑧，北宫黝似子夏⑨。夫二子之勇，未知其孰贤，然而孟施舍守约也。昔者曾子谓子襄曰⑩：'子好勇乎？吾尝闻大勇于夫子矣：自反而不缩⑪，虽褐宽博，吾不惴焉⑫；自反而缩，虽千万人，吾往矣。'孟施舍之守气，又不如曾子之守约也。"

曰："敢问夫子之不动心与告子之不动心⑬，可得闻与？"

"告子曰：'不得于言，勿求于心；不得于心，勿求于气。'不得于心，勿求于气，可；不得于言，勿求于心，不可。夫志，气之帅也；气，体之充也。夫志至焉，气次焉。故曰：'持其志，无暴其气⑭。'"

"既曰'志至焉，气次焉'，又曰'持其志，无暴其气'者，何也？"

曰："志壹则动气，气壹则动志也。今夫蹶者趋者，是气也，而反动其心。"

"敢问夫子恶乎长？"

曰："我知言，我善养吾浩然之气⑮。"

"敢问何谓浩然之气？"

曰："难言也。其为气也，至大至刚，以直养而无害⑯，则塞于天地之间。其为气也，配义与道；无是，馁也。是集义所生者，非义袭而取之也⑰。行有不慊于心⑱，则馁矣。我故曰，告子未尝知义，以其外之也。必有事焉而勿正⑲，心勿忘，勿助长也。无若宋人然：宋人有闵其苗之不长而揠之者⑳，芒芒然归㉑，谓其人曰：'今日病矣，予助苗长矣。'其子趋而往视之，苗则槁矣。天下之不助苗长者寡矣。以为无益而舍之者，不耘苗者也㉒；助之长者，揠苗者也。非徒无益，而又害之。"

"何谓知言？"

曰："诐辞知其所蔽㉓，淫辞知其所陷㉔，邪辞知其所离㉕，遁辞知其所穷㉖。生于其心，害于其政；发于其政，害于其事。圣人复起，必从吾言矣。"

"宰我、子贡善为说辞㉗，冉牛、闵子、颜渊善言德行㉘。孔子兼之，曰：'我于辞命则不能也。'然则夫子既圣矣乎？"

曰："恶！是何言也！昔者子贡问于孔子曰：'夫子圣矣乎？'孔子曰：'圣则吾不能，我学不厌而教不倦也。'㉙子贡曰：'学不厌，智也；教不倦，仁也。仁且智，夫子既圣矣！'夫圣，孔子不居，是何言也！"

"昔者窃闻之：子夏、子游、子张皆有圣人之一体，冉牛、闵子、颜渊则具体而微。敢问所安。"㉚

曰："姑舍是。"

曰："伯夷、伊尹何如㉛？"

曰："不同道。非其君不事，非其民不使；治则进，乱则退，伯夷也。何事非君，何使非民；治亦进，乱亦进，伊尹也。可以仕则仕，可以止则止，可以久则久，可以速则速，孔子也。皆古圣人也，吾未能有行焉；乃所愿，则学孔子也。"

"伯夷、伊尹于孔子，若是班乎㉜？"

曰："否。自有生民以来，未有孔子也。"

曰："然则有同与？"

曰："有。得百里之地而君之，皆能以朝诸侯，有天下。行一不义、杀一不辜而得天下，皆不为也。是则同。"

曰："敢问其所以异？"

曰："宰我、子贡、有若智足以知圣人㉝。污㉞，不至阿其所好。宰我曰：'以予观于夫子，贤于尧、舜远矣㉟。'子贡曰：'见其礼而知其政，闻其乐而知其德。由百世之后，等百世之王㊱，莫之能违也。自生民以来，未有夫子也。'有若曰：'岂惟民哉？麒麟之于走兽，凤凰之于飞鸟，太山之于丘垤㊲，河海之于行潦㊳，类也。圣人之于民，亦类也。出于其类，拔乎其萃，自生民以来，未有盛于孔子也。'"

【注】

①孟贲（bēn）：战国时卫国人，一说为齐国人，先秦时期著名的勇士。

②告子：身份历来有争议。有说是战国时思想家，曾受教于墨子；有说是孟子的学生。《孟子》一书中记载了一些他的言论。

③北宫黝：齐国勇士。

④挠（náo）：同"挠"，屈服，退缩。

⑤褐宽博：贫贱者所穿的宽大粗布衣服，借指贫贱者。

⑥严：畏惧。

⑦孟施舍：事迹不可考。

⑧曾子：孔子弟子曾参。

⑨子夏：孔子弟子卜商。

⑩子襄：相传为曾子的学生。

⑪缩：直，即有理。

⑫惴：恐惧。此处做动词用，恐吓、吓唬之意。

⑬夫子：指孟子。

⑭暴（pù）：暴露，显露。

⑮浩然：正大豪迈的样子。

⑯直：正直，正义。

⑰袭：突然，突发。

⑱慊（qiè）：快意，满足。

⑲正：目的，目标。

⑳闵：后多作"悯"，担忧，忧虑。揠（yà）：拔。

㉑芒芒然：忙忙碌碌的样子。芒，同"忙"。

㉒耘：清除田间的杂草。

㉓诐（bì）辞：偏颇片面的言辞。

㉔淫辞：浮夸不实的言辞。陷：缺点，过失。

㉕邪辞：不合正道的言辞。离：悖离，违背。

㉖遁辞：敷衍搪塞的言辞。

㉗宰我：孔子弟子宰予。子贡：孔子弟子端木赐。

㉘冉牛：孔子弟子冉耕。闵子：孔子弟子闵损。颜渊：孔子弟子颜回。

㉙"昔者子贡问于孔子曰"五句：《论语·述而第七》："子曰：'若圣与仁，则吾岂敢？抑为之不厌，诲人不倦，则可谓云尔已矣。'"

㉚"昔者窃闻之"四句：赵岐认为："昔者窃闻之……具体而微"一句与上句均为孟子所言，而"敢问所安"是公孙丑的提问，"孟子言昔日窃闻师言也，丑方问欲知孟子之德，故谦辞言窃闻也"。而朱熹认为："此一节，林氏亦以为皆公孙丑之问，是也。"著者认为朱熹的观点是对的。子游，孔子弟子言偃。子张，孔子弟子颛孙师。具体而微，总体的各部分具备而形状或规模较小。

㉛伯夷：商末孤竹君的儿子，与其弟叔齐互相让位，一同逃到周国。武王伐纣建立周朝，二人不满，遂不食周粟，饿死于首阳山。伊尹：商汤之相。

㉜班：《孟子注疏》赵岐注："班，齐等之貌也。"相等，一样。

㉝有若：孔子弟子。

㉞污：卑污。

㉟尧、舜：古代传说中的两位圣君。

㊱等：衡量，比较。

㊲丘垤（dié）：小土堆。

㊳行潦：小水流。

【译】

公孙丑问孟子："老师您如果担任了齐国的卿相，能够推行自己的主张，即使从而成就霸业甚至王业，也不足为奇。倘若如此，您会不会动心？"

孟子说："不会。我四十岁就不会动心了。"

公孙丑说："如果是这样，老师您就远胜于孟贲了。"

孟子说："这并不难，告子开始不动心比我还早。"

公孙丑说："不动心有什么方法吗？"

孟子说："有。北宫黝培养自己勇气的方法是，别人刺他的身体也不退缩，戳他的眼睛也不躲闪，他认为自己哪怕落一点点下风，就像在大庭广众之下遭到鞭挞般受辱。不能容忍卑贱之人的冒犯，也不能容忍万乘大国君主的冒犯。刺杀万乘大国君主，如同刺杀卑贱之人一样。不畏惧诸侯，如果遭到辱骂，必定回骂。而孟施舍培养自己勇气的方法是，他说：'我对待打不过的敌人和打得过的敌人都一样。先分析敌人的实力才进军，觉得能赢再交战，那是畏惧强敌的人。我岂能每战必胜？只是无所畏惧而已。'孟施舍的勇气像曾子，北宫黝的勇气像子夏。我不知道北宫黝和孟施舍的勇气孰优孰劣，但孟施舍的勇气多少还遵循一些原则。以前曾子曾告诉子襄：'您崇尚勇敢吗？我曾经听孔子说过什么是超乎寻常的勇敢：反躬自省发现自己不站在正义一方，即使对方是卑贱之人，我也不会吓唬他；反躬自省发现自己站在正义一方，对方就是有千军万马，我也会勇往直前。'如此，那么孟施舍一味无所畏惧的勇气，又不如曾子以道义作为原则的勇气了。"

公孙丑说："我斗胆请教老师，您的不动心和告子的不动心，能否给我讲讲？"

孟子说："告子说：'如果不能在言语上说服他人，就不必强求振作自己的思想意志继续努力尝试；如果不能在思想上折服他人，就不必强求奋发自己的情绪继续努力尝试。'如果不能在思想上折服他人，就不必强求奋发自己的情绪继续努力尝试，是可以的；不能在言语上说服他人，就不必强求振作自己的思想意志继续努力尝试，是不可以的。因为思想意志，左右着人的情绪；情绪，就蕴含在人的身体里。思想意志树立在哪里，情绪自然随之表现到哪里。所以说：'要坚守思想意志，但不要轻易有情绪反应。'"

公孙丑说："您既说'思想意志树立在哪里，情绪自然随之表现到哪里'，又说'要坚守思想意志，但不要轻易有情绪反应'，这是为什么？"

孟子说："思想意志坚定能触发情绪反应，而情绪反应也会扰乱思想意志。现在那些或意志消沉的人或心浮气盛的人，都是他们的情绪反应在作怪，这样的情绪反而扰乱了他们的思想意志。"

公孙丑说："请问老师您擅长哪些？"

孟子说："我善于分析领会别人的言辞，我善于护养自己的浩然之气。"

公孙丑说："请问什么是浩然之气？"

孟子说："这很难表述。这种气，极其正大刚强，以正义涵养而不以邪恶破坏它，那么就会充塞于天地之间而无处不在。这种气，必须与道德仁义相辅相成；没有道德仁义的辅成，就会消散。它是由正义在内心长期积累而形成的，不是通过偶尔的正义行为就能养成的。自己的行为有不能心安理得之处，那么浩然之气就会消散。所以我说，告子并不明白什么是道义，他认为道义是心外之物。必须努力涵养内在的浩然之气，但不要有功利目的，心中念念不忘，不要违背规律刻意去促其生长。不要像宋国人那样：有个宋国人担忧自己的秧苗不生长而将他们拔高，劳累疲倦地回到家，对家里人说：'今天累坏了，我帮助秧苗长高了。'他儿子赶快到田里去看，秧苗已经枯萎了。天下不帮助秧苗长高的人很少。认为做什么都没用而放弃的，就如同不给田地除草的人；违反规律刻意促其生长的，就如同拔苗助长的人。这样做不但没有好处，反而害了它。"

公孙丑说："您说的善于分析领会别人的言辞是什么意思？"

孟子说："听到偏颇片面的言辞能发现其中的局限，听到浮夸不实的言辞能发现其中的缺陷，听到不合正道的言辞能发现其中的悖逆，听到敷衍搪塞的言辞能发现其中的理屈。这些错误的言辞出现于人的心里，就会危害国家的治理；这些错误的言辞作用于国家的治理，就会危害到具体事务。如果有圣人再度出现，也会认同我说的话。"

公孙丑说："宰我、子贡善于辞令，冉耕、闵损、颜回善于阐述德行。孔子这两方面都擅长，但他说：'我在辞令方面不擅长。'那么老师您既善于分析领会别人的言辞，又善养浩然之气，已经达到圣人的境界了吗？"

孟子说："哎！这是什么话！以前子贡问孔子：'老师您达到圣人的境界了吗？'孔子说：'我达不到圣人的境界，我只是学习而永不满足，育人而永不倦怠。'子贡说：'学习而永不满足，就是睿智；育人而永不倦怠，就是仁德。兼有仁德与睿智，老师您已经是圣人了呀！'圣人的称号，孔子都不敢自居，你刚才说的是什么话！"

公孙丑说："我之前听说：子夏、子游、子张都具备孔子某些方面的能力，冉耕、闵损、颜回则每一方面都具备一些但又存在很大差距。请问您属于哪一类？"

孟子说："先不说这个。"

公孙丑说："伯夷、伊尹是什么样的人？"

孟子说："他们不一样。不是他认同的君主就不去侍奉，不是他认同的百姓就不去使唤；天下政治清明就出仕做官，天下政治暗弱就出世隐居，这是伯夷。任何君主都可以侍奉，任何百姓都可以使唤；天下政治清明出仕做官，天下政治暗弱也出仕做官，这是伊尹。应该出仕就出仕，应该辞官就辞官，应该等待就等待，应该马上离开就马上离开，这是孔子。他们都是古代的圣人，我都没有做到；至于说我的心愿，那是向孔子学习。"

公孙丑说："伯夷、伊尹和孔子比，是一样的吗？"

孟子说："不是。自有人类以来，没人能比得了孔子。"

公孙丑说："那么他们三个人有相同的地方吗？"

孟子说："有。如果让他们得到一块纵横各百里的土地而为国君，都能以此为基础使各方诸侯朝觐，并一统天下。做一件不符合道义的事，杀一个无罪的人而能得到天下，都不会去做。他们在这一点上是一样的。"

公孙丑说："请问他们之间的不同是什么？"

孟子说："宰我、子贡、有若的智慧都足以识别圣人。即使他们有些瑕疵，但不至于阿谀奉承自己亲近的人。宰我说：'从我的角度看孔子，比尧、舜贤德多了。'子贡说：'观察一个国家的礼法就知道它的政治状况，听一个国家的音乐就知道它的道德水平。即使一百代以后，来评价这其间的一百代君主，也没有一个能违背孔子学说的。自有人类以来，没人能比得了孔子。'有若说：'难道只是人有高下之分吗？麒麟对于走兽，凤凰对于飞鸟，泰山对于小土丘，河海对于溪流，本是同类。而圣人与普通人，也是同类。皆同类而生，但卓然超越于同类之上，自有人类以来，没有人比孔子更伟大。'"

【评】

对本章中"勇""言""心""气"等概念的理解历来争论极大，历代大儒学者各执己见，弄得后代学人莫衷一是，一头雾水。本章的内容不仅是经学史上经义训诂学争论的阵地，也是儒家哲学命题争论的焦点。著者在本章的理解翻译中借鉴了诸多先贤的研究成果，也分享了一些自己的学习心得。文责自负，就教于方家。

说到勇敢，孔子和子贡说的与孟子异曲同工——"勇而无礼则乱"（《论语·泰伯第八》）；"君子有勇而无义为乱，小人有勇而无义为盗"，"恶勇而无礼者"，"恶不孙以为勇者"（《论语·阳货第十七》）。勇敢是要有原则的，这原则就是礼义，在当代，还要遵守法律。否则，必定引发祸患。

孟子曰："以力假仁者霸，霸必有大国；以德行仁者王，王不待大^①。汤以七十里，文王以百里。以力服人者，非心服也，力不赡也^②；以德服人者，中心悦而诚服也，如七十子之服孔子也。《诗》云：'自西自东，自南自北，无思不服^③。'此之谓也。"

【注】

①待：需要。

②赡：充足。

③"自西自东"三句：出自《诗经·大雅·文王有声》。

【译】

孟子说："依靠实力假借仁义之名的国家可以称霸，要称霸必须凭借强大的国力；依靠德行施行仁政的国家可以一统天下，一统天下不需要凭借强大的国力。成汤凭借纵横各七十里的国家，周文王凭借纵横各一百里的国家。以实力迫使人屈服，屈服者并非心悦诚服，而是实力不足以反抗；以德行悦服别人的，归附者心悦诚服，就像孔子七十多位最主要的学生对他的心悦诚服一样。《诗》上说：'从西从东，从南从北，无不心悦诚服。'就是这个意思。"

【评】

霸道以力服人，王道以德服人。儒家纯讲以德服人，法家纯讲以力服人。而荀子则已经开始试图糅合王道和霸道。著者认为，汉宣帝的一段话值得深思："汉家自有制度，本以霸王道杂之。"（《汉书·元帝纪》）一味强横霸道，以力服人，是头痛医头、脚痛医脚的短期行为；一味优容宽厚，以德服人，也难免远水不解近渴。

孟子曰："仁则荣，不仁则辱。今恶辱而居不仁，是犹恶湿而居下也。如恶之，莫如贵德而尊士，贤者在位，能者在职。国家闲暇^①，及是时明其政刑。虽大国，必畏之矣。《诗》云：'迨天之未阴雨，彻彼桑土，绸缪牖户。今此下民，或敢侮予^②？'孔子曰：'为此诗者，其知道乎^③！能治其国家，谁敢侮之？'今国家闲暇，及是时般乐怠敖^④，是自求祸也。祸福无不自己求之者。《诗》云：'永言配命，自求多福^⑤。'《太甲》曰：'天作孽，犹可违；自作孽，不可活^⑥。'此之谓也。"

【注】

①闲暇：平安无事。

②"迨天之未阴雨"五句：出自《诗经·豳风·鸱鸮》。桑土，《毛传》："桑土，桑根也。"此句指桑根之皮。绸缪，缠结之意。

③知道：明晓道理。

④般乐怠敖：肆意享乐，怠惰骄横。

⑤"永言配命"两句：出自《诗经·大雅·文王》。

⑥"天作孽"四句：《尚书》逸文，伪古文《尚书》篡入《太甲中》，其中，"不可活"作"不可逭（huàn）"。

【译】

孟子说："君主施行仁政会赢得荣耀，君主不施行仁政会招致羞辱。现在的君主不想招致羞辱却自甘于不仁，这就如同怕潮湿却居于地势低洼之地。如果不想招致羞辱，不如崇奉仁德而尊重贤士，使贤德者当政，有才能者掌权。国家太平无事时，趁机整治完善政令刑罚。即使实力强大的国家，也会畏惧这样的国家。《诗》上说：'在还没有阴天下雨之前，剥取桑树的根皮，牢牢捆绑好窗户和房门。你们这些人，谁敢欺侮我？'孔子说：'创作这首诗的人，明晓道理呀！能治理好自己的国家，谁敢欺侮他？'现在的君主正值国家太平无事，却趁机肆意享乐，怠惰骄横，是自求祸患。祸患和福祉没有不是自找的。《诗》上说：'经常反思自己的言行是否合乎天命，自己寻求更大的福祉。'《太甲》上说：'上天降下的灾祸，还能躲避；自找的灾祸，无处可逃。'就是这个意思。"

【评】

《左传·襄公二十三年》上说："祸福无门，唯人所召。"真是至理名言。居安思危、未雨绸缪都是人生智慧。老话说，种什么瓜，结什么果。

孟子曰："尊贤使能，俊杰在位，则天下之士皆悦，而愿立于其朝矣。市，廛而不征^①，法而不廛^②，则天下之商皆悦，而愿藏于其市矣。关，讥而不征，则天下之旅皆悦，而愿出于其路矣。耕者，助而不税^③，则天下之农皆悦，而愿耕于其野矣。廛，无夫里之布^④，则天下之民皆悦，而愿为之氓矣。信能行此五者，则邻国之民仰之若父母矣。率其子弟，攻其父母，自有生民以来，未有能济者也^⑤。如此，则无敌于天下。无敌于天下者，天吏也^⑥。然而不王者，未之有也。"

【注】

①廛（chán）而不征：货物储藏在市场中不征税。

②法而不廛：国家依法收购滞销货物。

③助而不税：根据周代"井田制"，井田属周天子所有，由各诸侯领主管理使用并向周天子缴纳一定的赋税。各诸侯领主再分配给庶民使用。庶民集体耕种井田，周边为私田，中间为公田。公田由使用私田的庶民无偿"助耕"，收成作为田赋归诸侯领主，而私田的收成全部归耕种的庶民，不再征收赋税。助而不税，就是百姓只尽无偿助耕公田的义务，而不再另行负担赋税。

④夫里之布：夫布、里布的统称。是古代的两种税收种类，大致相当于后世的劳役税和土地税。布，指钱币。

⑤济：成功。

⑥天吏：奉上天之命治理人民的人。

【译】

孟子说："尊重贤德之士，任用有才干的能人，让杰出的人才执政掌权，那么天下的士人都会高兴，愿意到这个国家来做官从政。在市场上，给商人的货物提供储藏地而不征税，商人滞销的货物由国家依法收购以防止积压，那么天下的商人都会高兴，愿意把货物储藏到这个国家的市场。关卡，只稽查而不征税，那么天下的旅客都会高兴，愿意取道这个国家的疆域。农民只尽无偿助耕公田的义务，而不再另行负担赋税，那么天下的农人都会高兴，愿意到这个国家来耕田种地。百姓的居住地，不征收额外的劳役税和土地税，那么天下的百姓都会高兴，愿意移居到这个国家。能真正做到这五点，那么邻国的百姓就会像子女仰慕父母般地仰慕这个国家的君主。邻国如果进攻这个国家，就如同率领着别人的子女去进攻他们的父母，自有人类那天起，没有能成功的。如果是这样，就能无敌于天下。无敌于天下的人，就是奉上天之命治理人民的人。这样的人却不能一统天下，是不可能的。"

【评】

《诗经·大雅·卷阿》："凤凰鸣矣，于彼高冈。梧桐生矣，于彼朝阳。"也就是"栽下梧桐树引来金凤凰"的意思。我们做事业，想引来人才加盟助力，也须如此。

孟子曰："人皆有不忍人之心。先王有不忍人之心，斯有不忍人之政矣。以不忍人之心，行不忍人之政，治天下可运之掌上。所以谓人皆有不忍人之心者，今人乍见孺子将入于井①，皆有怵惕恻隐之心②。非所以内交于孺子之父母也，非所以要誉于乡党朋友也，非恶其声而然也。由是观之，无恻隐之心，非人也；无羞恶之心③，非人也；无辞让之心，非人也；无是非之心，非人也。恻隐之心，仁之端也；羞恶之心，义之端也；辞让之心，礼之端也；是非之心，智之端也。人之有是四端也，犹其有四体也④。有是四端而自谓不能者，自贼者也⑤；谓其君不能者，贼其君者也。凡有四端于我者，知皆扩而充之矣，若火之始然，泉之始达。苟能充之，足以保四海；苟不充之，不足以事父母。"

【注】

①孺子：儿童，小孩。
②怵惕：惊恐。
③羞恶：因各种不善而感到羞耻。
④四体：人的四肢。
⑤贼：伤害。

【译】

孟子说："每个人都有怜悯同情他人的心。以前的贤君圣王有怜悯同情他人的心，所以有怜悯同情他人的政治。用怜悯同情他人的心，施行怜悯同情他人的政治，治理天下就如同在手掌中运转东西般容易。之所以说每个人都有怜悯同情他人的心，是因为当人突然看到小孩马上要掉进井里，都会产生惊恐同情的感情。这不是因为想结交这个小孩的父母，不是想在邻里朋友间博取声誉，不是因为不爱听这个小孩的哭闹声才会这么做。由此看来，没有怜悯同情他人的心，就不能成其为人；没有因各种不善而感到羞耻的心，就不能成其为人；没有谦逊推让的心，就不能成其为人；没有是非曲直的心，就不能成其为人。怜悯同情他人的心，是仁德的起点；因各种不善而感到羞耻的心，是道义的起点；谦逊推让的心，是礼法的起点；是非曲直的心，是智慧的起点。人具有这四个起点，犹如具有身体四肢。有这四个起点却自认为不能将其发扬光大、推而广之的人，是在坑害他自己；认为自己的君主不能将其发扬光大、推而广之的人，是在坑害自己的君主。凡是具备这四个起点的人，如果能将其发扬光大、推而广之，就如同火焰初燃，而必将燃成大火，泉水初淌，而必将汇为狂流。如果能将其发扬光大、推而广之，就足以护育安定天下；如果不能将其发扬光大、推而广之，连自己的父母也不能奉养。"

【评】

孟子以"仁义"为最高道德原则，提出了以仁、义、礼、智为基本内容的道德规范体系。与孔子的"天生德于予"，把道德来源归之于"天命"不同，孟子强调仁、义、礼、智这些基本道德是人心固有的，源于人类与生俱来的心理体验。孟子在本章指出：人都有"恻隐之心"，即真诚的同情心理，如见到别人的小孩面临落井的危险而去救助，并非出自个人名利的追求。这是"仁"德的开端。"羞恶之心"是"义"德的开端，"辞让之心"是"礼"德的开端，"是非之心"是"智"德的开端。孟子认为，是否具有"恻隐之心""羞恶之心""辞让之心""是非之心"是人与动物的根本区别。孟子反复强调，因为人皆有"四心"，所以易于产生"四德"——"仁义礼智，非由外铄我也，我固有之也，弗思耳矣。故曰：'求则得之，舍则失之。'或相倍蓰而无算者，不能尽其才者也。"(《孟子·告子上》)意思是说，个人仁义礼智的道德，不是由于外界环境的影响而形成的，而是个人内心固有的。如果向自己的内心求索，就能获得这些美德。人与人之间之所以有仁义礼智上的差别，不是由于"四心"的不同，而是有人"尽其才"，即向内心求善，而有人却"不能尽其才"，即向内心求善不够。孟子把"四心"作为"四德"的道德心理基础，并把这种"不虑而知"的"良知"和"不学而能"的"良能"合称为"良心"，形成了他的道德起源论。孟子借助人们质朴的道德情感来解释道德来源，便于人们对道德的理解和接受，在道德实践上具有很大的意义。孟子的性善论、仁义论、仁政论等都与"四端"说有关，是围绕"四端"说展开的。可以说，"四端"说的提出，标志着孟子思想的成熟。

　　孟子曰："矢人岂不仁于函人哉①？矢人唯恐不伤人，函人唯恐伤人。巫匠亦然②，故术不可不慎也。孔子曰：'里仁为美。择不处仁，焉得智③？'夫仁，天之尊爵也，人之安宅也。莫之御而不仁，是不智也。不仁、不智，无礼、无义，人役也④。人役而耻为役，由弓人而耻为弓⑤，矢人而耻为矢也。如耻之，莫如为仁。仁者如射⑥，射者正己而后发。发而不中，不怨胜己者，反求诸己而已矣。"

【注】

　　①矢人：制作箭的匠人。函人：制作铠甲的匠人。

　　②巫：行巫术的人，也给人治病，春秋以后，医道渐从巫术中分出。匠：早期古汉语中专指木匠。

　　③"里仁为美"三句：出自《论语·里仁第四》。

　　④人役：给别人做仆役的人。

　　⑤由：通"犹"。

　　⑥射：射箭比赛。

【译】

孟子说："制作箭的匠人难道就不如制作铠甲的匠人仁慈吗？制作箭的匠人唯恐自己制作的箭不能伤人，制作铠甲的匠人唯恐自己制作的铠甲经不住武器的打击而使人受伤。"巫医和木匠的关系也是如此，巫医为人治病，唯恐人死了，自己没了生意；而木匠做棺材，唯恐人痊愈了，自己没了生意。可见一个人选择谋生之术不能不谨慎。孔子说：'居住在有仁者所居之地，与仁人为邻是一件美好的事情。不选择居于仁者所居之地，怎么能算有智慧？'仁德，是上天最尊贵的爵位，是人最安逸的住所。没有外来的阻力，却不行仁德之道，是不明智的。没有仁、智、礼、义的德行，只能做别人的仆役。做别人的仆役却以被役使为耻，就如同制作弓的匠人以制作弓为耻，制作箭的匠人以制作箭为耻。如果真以之为耻，不如去施行仁德之道。施行仁德之道就像参加射箭比赛，射手先端正自己的姿势而后发射箭枝。如果发射了却没有射中靶心，不埋怨比自己射得准的，而是从自己身上找原因而已。"

【评】

孟子在本章强调了孔子"为仁由己，而由人乎哉"（《论语·颜渊第十二》）的观点。"反求诸己"是孟子的重要思想，也就是凡事都要从自己身上找原因，而不是责怪别人。孟子在《离娄上》篇中还说："爱人不亲反其仁，治人不治反其智，礼人不答反其敬。行有不得者，皆反求诸己……"

孟子曰："子路①，人告之以有过则喜。禹闻善言则拜。大舜有大焉，善与人同。舍己从人，乐取于人以为善。自耕稼、陶、渔以至为帝，无非取于人者。取诸人以为善，是与人为善者也②。故君子莫大乎与人为善。"

【注】

①子路：孔子弟子仲由，字子路。

②与人为善：跟人一同做好事。现在泛指善意地帮助他人。

【译】

孟子说："子路，别人指出他的过错就会高兴。禹听到别人有益的言谈就会给这些人行礼。伟大的舜更杰出之处，在于他能与别人共同趋向善道。摒弃自己的缺点错误去学习别人的优点长处，乐于学习别人的优点长处来促进自己行善。从种庄稼、制陶器、打鱼为生，到成为帝王，舜没有一处优点和能力不是从别人身上学习得来的。从别人身上学习优点长处来促进自己行善，是和别人一起行善。所以说，君子最了不起的德行就是能和别人一起行善。"

【评】

闻过则喜、从善如流的人，肯定能出类拔萃。这需要雅量，更需要永不自满，自强不息。

孟子曰："伯夷，非其君不事，非其友不友。不立于恶人之朝，不与恶人言。立于恶人之朝，与恶人言，如以朝衣朝冠坐于涂炭①。推恶恶之心，思与乡人立，其冠不正，望望然去之②，若将浼焉③。是故诸侯虽有善其辞命而至者④，不受也。不受也者，是亦不屑就已。柳下惠⑤，不羞污君⑥，不卑小官⑦。进不隐贤⑧，必以其道。遗佚而不怨⑨，厄穷而不悯⑩。故曰：'尔为尔，我为我，虽袒裼裸裎于我侧⑪，尔焉能浼我哉？'故由由然与之偕而不自失焉⑫，援而止之而止。援而止之而止者，是亦不屑去已。"

孟子曰："伯夷隘，柳下惠不恭。隘与不恭，君子不由也⑬。"

【注】

①涂炭：烂泥和炭灰，比喻肮脏的地方。

②望望然：不屑一顾的样子。朱熹："望望，去而不顾之貌。"

③洗（měi）：污染。

④辞命：言辞，文辞。

⑤柳下惠：展氏，名获。遵守中国传统道德的典范。

⑥污君：无道之君。

⑦不卑小官：不在乎做小官。

⑧进不隐贤：从政不故意隐瞒自己的才能。

⑨遗佚：放弃。此处引申为被弃之不用。

⑩悯：忧愁。

⑪袒裼（xī）裸裎（chéng）：赤身露体。

⑫由由然：怡然自得的样子。

⑬由：蹈行，践履。

【译】

孟子说："伯夷，不是他认可的君主不去侍奉，不是他认可的人不去结交。不在坏人的朝廷里做官，不和坏人说话。在坏人的朝廷里做官，和坏人说话，在他看来就如同穿戴着正式的礼服礼冠坐在烂泥炭灰上。他将这种憎恨丑恶的心态推而广之，想象到和普通人站在一起，那人帽子没有戴正，他也会不屑一顾地走开，好像会受到那人的沾污。所以虽然有诸侯国君用恭敬的言辞来招纳他，他也不接受。他不接受，是因为不屑于屈就。柳下惠，不以侍奉无道之君为耻，不在乎做小官。从政不故意隐瞒自己的才能，而坚持自己做人做事的原则。被弃之不用也不怨恨，艰难困苦也不忧愁。所以他说：'你是你，我是我，即使有人赤身露体站在我旁边，岂能沾污我半分呢？'所以他怡然自得与所有人在一起而不会有丝毫不自在，任何人拉着他留下就会留下。拉着他留下就会留下，是因为他认为没必要离开。"孟子又说："伯夷狭隘，柳下惠做人做事太随便。狭隘和太随便，君子都不会去做。"

【评】

本章大部分内容在《孟子·万章下》"伯夷目不视恶色"章有重文。孟子在此是强调为人处世的原则，他认为，伯夷过于偏颇，而柳下惠又有失原则性。著者认为，中庸思想最强调的就是"过犹不及"，这对于我们为人处世有极大的借鉴意义，把握适度、适当的原则，稍有通融，才能游刃有余。本章亦是孟子中庸思想的具体体现。

公孙丑下

孟子曰："天时不如地利，地利不如人和。三里之城，七里之郭^①，环而攻之而不胜。夫环而攻之，必有得天时者矣；然而不胜者，是天时不如地利也。城非不高也，池非不深也，兵革非不坚利也^②，米粟非不多也；委而去之^③，是地利不如人和也。故曰：域民不以封疆之界^④，固国不以山谿之险，威天下不以兵革之利。得道者多助，失道者寡助。寡助之至，亲戚畔之^⑤；多助之至，天下顺之。以天下之所顺，攻亲戚之所畔；故君子有不战^⑥，战必胜矣。"

【注】

①郭：外城，即内城外围修筑的又一层城墙。

②兵革：兵器甲胄。

③委：丢弃，抛弃。

④域：局限，限制。

⑤畔：通"叛"。

⑥有：或，或者。

【译】

孟子说："天时不如地利，地利不如人和。比如有一座内城纵横各只有三里，外城纵横各只有七里的小城，进攻者四面包围进攻却不能得胜。进攻者围城进攻，必然有获得天时优势的时机；然而却不能取胜，是因为进攻者拥有的天时优势不如防守者拥有的地利优势大。城墙不是不高，护城河不是不深，兵刃甲胄不是不锋利坚固，城内囤积的粮食不是不多；但如果守城的人弃城而逃，那是地利优势不如人民的团结一致、同仇敌忾。所以说：管束人民不是靠国家的疆界范围；保卫国家不是靠山川地形的险要，震慑天下不是靠军事力量的强大。施行仁政的君主能得到人民巨大的支持和帮助，不施行仁政、倒行逆施的君主只能得到很小的支持和帮助。这种支持和帮助小到极致时，连他的亲戚都会背叛他；这种支持和帮助大到极致时，天下都会归附他。天下尽皆归附的君主，去进攻连亲戚都已背叛了他的君主；所以君子不战则已，战则必胜。"

【评】

天时、地利、人和，三者间是相辅相成的递进关系，也是不可偏废的关系。即使拥有人和之利，而天时、地利不到位，草率行动也足以招致失败。

孟子将朝王，王使人来曰："寡人如就见者也[1]，有寒疾，不可以风。朝，将视朝，不识可使寡人得见乎？"

对曰："不幸而有疾，不能造朝。"

明日，出吊于东郭氏[2]。公孙丑曰："昔者辞以病，今日吊，或者不可乎？"

曰："昔者疾，今日愈，如之何不吊？"

王使人问疾，医来。孟仲子对曰[3]："昔者有王命，有采薪之忧[4]，不能造朝。今病小愈，趋造于朝，我不识能至否乎。"使数人要于路[5]，曰："请必无归，而造于朝！"

不得已而之景丑氏宿焉[6]。景子曰："内则父子，外则君臣，人之大伦也。父子主恩，君臣主敬。丑见王之敬子也，未见所以敬王也。"

曰："恶！是何言也！齐人无以仁义与王言者，岂以仁义为不美也？其心曰'是何足与言仁义也'云尔，则不敬莫大乎是。我非尧、舜之道，不敢以陈于王前，故齐人莫如我敬王也。"

景子曰："否，非此之谓也。礼曰：'父召，无诺[7]；君命召，不俟驾。'固将朝也，闻王命而遂不果，宜与夫礼若不相似然。"

曰："岂谓是与？曾子曰：'晋、楚之富，不可及也。彼以其富，我以吾仁；彼以其爵，我以吾义，吾何慊乎哉⑧？'夫岂不义而曾子言之？是或一道也。天下有达尊三：爵一，齿一，德一。朝廷莫如爵，乡党莫如齿，辅世长民莫如德⑨。恶得有其一以慢其二哉？故将大有为之君，必有所不召之臣。欲有谋焉，则就之。其尊德乐道，不如是不足与有为也。故汤之于伊尹，学焉而后臣之，故不劳而王；桓公之于管仲，学焉而后臣之，故不劳而霸。今天下地丑德齐⑩，莫能相尚，无他，好臣其所教，而不好臣其所受教。汤之于伊尹，桓公之于管仲，则不敢召。管仲且犹不可召，而况不为管仲者乎？"

【注】

①如：应该，应当。就见：主动去拜访。

②吊：吊丧，祭奠死者，慰问遭到丧事者。

③孟仲子：传为孟子的同族弟弟。

④采薪之忧：称病的婉辞。

⑤要于路：在路上拦截。

⑥景丑氏：事迹不可考。

⑦诺：答应的声音，表示同意。

⑧慊（qiàn）：不足，少。

⑨辅世长民：辅佐君主治理百姓。

⑩地丑德齐：土地面积相同，道德水平一样。丑，相同。

【译】

孟子要去朝见齐王，齐王恰巧派人来传话说："我本应该来拜访，但受寒生病了，不能见风。明早，我将临朝听政，不知我能在朝堂上见到您吗？"

孟子回复说："真是不幸，我也生病了，不能去朝堂。"

第二天，孟子出门去东郭氏家吊丧。公孙丑说："昨天以生病为由谢绝了齐王召见，今天去吊丧，这样似乎不行吧？"

孟子说："昨天病了，今天好了，为什么不去吊丧？"

齐王派人来探望孟子的病情，还派了医生同来。孟仲子回复说："昨天大王有命令，但他病了，不能去朝堂。今天病情稍有好转，已经急匆匆赶往朝堂了，我不知能不能赶到。"孟仲子派了好几个人在孟子归家可能走的道路上等着他，告诉孟子："请您千万别回家，一定要去朝堂！"

孟子不得已去了景丑氏家借宿。景子说："在家里有父子关系，在家外有君臣关系，这是人最重要的伦常。父子关系最讲慈爱，君臣关系最讲恭敬。我看到了齐王对您的恭敬，没有看到您是如何恭敬齐王的。"

孟子说："哎！这是什么话！齐国没有一个向齐王进言仁义之道的人，难道是他们认为仁义之道不好吗？只不过是他们心里想着'这样的王怎么配与之谈论仁义之道'罢了，这才是最大的不恭敬。至于我，不是尧、舜之道，不敢陈奏于君主之前，所以齐国人中没人比我更恭敬齐王的。"

景子说："不是，我不是指这个。礼法上说：'父亲召唤，不待嘴上答应就立刻起身去侍奉；君主召唤，不待马车备好就出发去觐见。'您本来就准备去朝见齐王，接到齐王的召见命令却不去了，这与礼法的规定似乎有些不相符吧。"

孟子说："您难道是指这个？曾子说：'晋国和楚国的财富，我比不上。他有他的财富，我有我的仁德；他有他的爵位，我有我的道义，我为何要觉得比他少了什么呢？'难道这些话没有道理，曾子却会说吗？那么这话大概是有些道理的。天下公认为尊贵的东西有三样：爵位是其一，年龄是其一，德行是其一。在朝廷中爵位上下最重要，在乡里年龄大小最重要，辅佐君主治理百姓德行高低最重要。怎么能因为爵位的高贵，就轻慢年高和德劭呢？所以将要大有所为的君主，一定有他征召不来的臣属。君主想有所谋划，就主动去求教。君主应该尊崇德行喜好仁义，他做不到这样就不值得辅佐他有所作为。所以成汤对待伊尹，先向他学习然后招纳他为臣属，因此没费大力气就一统天下；齐桓公对待管仲，先向他学习然后招纳他为臣属，所以没费大力气就称霸诸侯。当今天下，各国疆域大小基本相同，道德水平也差不多，却没有能称雄的，这没有别的原因，各国君主都喜欢任用听自己话的臣属，而不喜欢任用能给自己教诲的臣属。成汤对待伊尹，齐桓公对待管仲，就不敢召唤他们问话。管仲尚且不可以召唤问话，何况不屑做管仲的人呢？"

【评】

孟子和孔子都是很有性格的人。《论语·阳货第十七》上也记载了孔子的一个故事，有个叫孺悲的人想拜见孔子，孔子不喜欢这个人，就以身体不适为由婉拒。送信的人刚走出房门，孔子就取出瑟琴边弹边唱，还刻意让送信的人听见。人才难免有些脾气，或者说是傲骨。三国时期，刘备三顾茅庐延请诸葛亮的故事脍炙人口。我们在生活工作中，对待人才要多些尊重，多些耐心，多些雅量。而恃才傲物者也当反思，毕竟，每个人都要有舞台才能展示才华，如果傲物到没人敢用，天大的本事也只能自娱自乐了。

陈臻问曰[①]："前日于齐，王馈兼金一百而不受[②]；于宋，馈七十镒而受；于薛，馈五十镒而受。前日之不受是，则今日之受非也；今日之受是，则前日之不受非也。夫子必居一于此矣。"

孟子曰："皆是也。当在宋也，予将有远行，行者必以赆[③]，辞曰：'馈赆。'予何为不受？当在薛也，予有戒心，辞曰：'闻戒。故为兵馈之。'予何为不受？若于齐，则未有处也。无处而馈之，是货之也[④]。焉有君子而可以货取乎？"

【注】

①陈臻：孟子的学生。

②兼金：价值倍于常金的好金子。古代金银铜通称金，本章所言"金"，应为铜。

③赆（jìn）：临别时赠送给远行人的路费、礼物。

④货：原意为买进卖出，此处引申为收买。

【译】

陈臻问孟子："之前在齐国，齐王馈赠兼金一百镒您不接受；在宋国，宋君馈赠七十镒您接受了；在薛国，薛君馈赠五十镒您也接受了。如果之前不接受齐王馈赠是对的，那么现在接受宋君和薛君馈赠就是错的；如果现在接受宋君和薛君馈赠是对的，那么之前不接受齐王馈赠就是错的。老师您的决定必然有一方面是错的。"

孟子说："我的决定都是对的。在宋国时，我准备远行，对出门的人应该馈赠路费盘缠，所以宋君说：'送给您路费。'我为什么不接受呢？在薛国时，我担心不安全需要有所戒备，所以薛君说：'我听说您担心不安全需要有所戒备，送您些钱购置武器。'我为什么不接受呢？而在齐国时，没有任何理由。没有任何理由却给我馈赠，是收买我。君子怎么可以用钱财收买呢？"

【评】

《增广贤文》里有这样一句："君子爱财，取之有道；小人放利，不顾天理。悖入亦悖出，害人终害己。"人追求荣华富贵，本无可厚非，但使用的手段，走的路径却须斟酌思量。孔子说："富贵是人都想要的，不用正当的方法取得，君子不去享受；贫贱是人都厌恶的，不用正当的方法摆脱，君子不去做。"（《论语·里仁第四》）孔子还说："吃粗食，喝清水，枕着自己的胳膊睡觉，快乐就在其中。行不义之事而富贵，于我就像浮云一样毫无意义。"（《论语·述而第七》）这些名言，都值得我们细细思量，"悖入悖出"的事例，在历史上现实中都不少。

孟子之平陆^①，谓其大夫曰："子之持戟之士，一日而三失伍^②，则去之否乎？"

曰："不待三。"

"然则子之失伍也亦多矣。凶年饥岁，子之民，老羸转于沟壑^③，壮者散而之四方者，几千人矣。"

曰："此非距心之所得为也^④。"

曰："今有受人之牛羊而为之牧之者，则必为之求牧与刍矣^⑤。求牧与刍而不得，则反诸其人乎？抑亦立而视其死与？"

曰："此则距心之罪也。"

他日，见于王曰："王之为都者，臣知五人焉。知其罪者，惟孔距心。"为王诵之。

王曰："此则寡人之罪也。"

【注】

①平陆：战国时期齐国的平陆邑，故地在今山东汶上。

②失伍：掉队。

③羸（léi）：衰弱。

④距心：平陆守邑大夫孔距心。

⑤刍：喂养牲畜的草料。

【译】

孟子到平陆邑，对守邑大夫说："您的士兵，一天中三次掉队，会不会开除他呢？"

守邑大夫说："不会等到三次，我就会开除他。"

孟子说："但是您自己失职的次数也很多呀。粮食歉收的饥荒之年，您治下的百姓，年老体衰的死于沟壑荒野，青壮年四散逃荒，这些得有近千人。"

守邑大夫说："这不是我力所能及的。"

孟子说："现在有个受别人委托帮忙放牧牛羊的人，那么他就必须要为这些牛羊寻找牧场和草料。如果找不到牧场和草料，那么是把牛羊还给主人呢？还是眼睁睁看着这些牛羊死掉？"

守邑大夫说："这是我的罪过。"

过了些日子，孟子拜会齐王说："大王属下的守邑大夫，我认识五个。知道自己罪过的，只有孔距心。"孟子于是把与孔距心的对话复述给齐王。

齐王说："这是我的罪过。"

【评】

《论语·泰伯第八》："子曰：'不在其位，不谋其政。'"那么，在其位就要谋其政，任其职就要尽其责。尸位素餐者，懒政怠职者，其危害同样巨大。

孟子谓蚔鼃曰[①]："子之辞灵丘而请士师，似也，为其可以言也。今既数月矣，未可以言与？"蚔鼃谏于王而不用，致为臣而去[②]。

齐人曰："所以为蚔鼃，则善矣；所以自为，则吾不知也。"公都子以告[③]。

曰："吾闻之也：有官守者，不得其职则去；有言责者，不得其言则去。我无官守，我无言责也，则吾进退，岂不绰绰然有余裕哉？"

【注】

①蚔鼃（chí wā）：人名。齐国大夫。

②致为臣：即辞去官职。致，归还，交还。为臣，指臣位，官职。

③公都子：孟子的学生。

【译】

孟子对蚳鼃说："您推辞掉灵丘邑宰的官职而请求做执掌刑狱的士师，这么做好像很有道理，因为士师可以向国君进言。现在您担任士师已经好几个月了，还不能向国君进言吗？"蚳鼃向齐王进谏但没有被接受，于是辞官而去。

齐国有人说："孟子给蚳鼃提的意见很好；他自己会怎么做，我就不知道了。"公都子把这些话告诉了孟子。

孟子说："我听说：有官位职守的人，不能尽职尽责就辞官；有向君主进言劝谏职责的人，如果不被君主采纳接受就辞官。我没有官位职守，也没有进言劝谏的职责，那么我去留进退的余地，岂不是绰绰有余吗？"

【评】

孟子本章还是谈在其位，谋其政。他认为，蚳鼃身为士师，身负劝谏之责，劝谏不被接受，辞职而去是其本分；而自己不在其位，无官守和言责，所以去留进退的余地很大。

孟子为卿于齐，出吊于滕，王使盖大夫王驩为辅行①。王驩朝暮见，反齐、滕之路，未尝与之言行事也。

公孙丑曰："齐卿之位，不为小矣；齐、滕之路，不为近矣。反之而未尝与言行事，何也？"

曰："夫既或治之，予何言哉？"

【注】

①盖：盖邑，春秋战国时齐邑，旧址约在今山东沂源中庄镇盖冶村。王驩（huān）：字子敖，齐王的宠臣。辅行：副使。

【译】

孟子在齐国担任国卿，奉命出使滕国去吊丧，齐王命令盖邑守邑大夫王驩为副使一同前往。王驩与孟子朝夕相见，往返齐国和滕国的一路，孟子没有和他谈过一句有关此次出使的公事。

公孙丑说："齐国国卿的官位，不算小了；往返齐国和滕国的旅程，不算近了。但从齐国到滕国往返一趟却没有和他谈过一句有关此次出使的公事。这是为什么？"

孟子说："他已经全部包办代替了，我还说什么呢？"

【评】

"恃宠而骄"者是大害，这种人不仅成不了大器，还会搅乱关系，败坏领导的声望。作为领导者，必须防范这样的人。

孟子自齐葬于鲁①，反于齐，止于嬴②。充虞请曰③："前日不知虞之不肖，使虞敦匠事④。严⑤，虞不敢请。今愿窃有请也：木若以美然。"

曰："古者棺椁无度，中古棺七寸，椁称之。自天子达于庶人，非直为观美也，然后尽于人心。不得⑥，不可以为悦；无财，不可以为悦。得之为有财⑦，古之人皆用之，吾何为独不然？且比化者⑧，无使土亲肤⑨，于人心独无恔乎⑩？吾闻之也：君子不以天下俭其亲。"

【注】

①葬：指孟子为母亲办丧事。

②嬴：嬴邑，齐国领地，旧址约在今山东莱芜。

③充虞：孟子的学生。

④敦：治。

⑤严：紧密。此处引申为时间紧迫。

⑥不得：传统古注皆解为不符合礼法规定，从之。

⑦为：和，与，表示并列关系。

⑧比：为，替。化：死亡。

⑨亲：靠近，碰到。

⑩快（xiào）：畅快。

【译】

孟子从齐国到鲁国归葬母亲，在返回齐国的路上，中途停留在嬴邑。充虞问孟子："前几天承蒙您抬爱，让我监督棺椁的制造。当时时间紧迫，我不敢向您请教。现在想斗胆请教：棺木似乎太华美了。"

孟子说："上古棺椁的规制没有规定，中古规定棺厚七寸，椁厚则与棺厚相适应。上到天子下到百姓，精制棺椁并不是仅仅为了观感上的华丽，更是为了充分表达孝子的一片孝心。不符合礼法规定，不能使用高档木料，就不能让孝子称心；符合礼法规定，但没有足够的财力置办高档木料，也不能让孝子称心。符合礼法规定又有足够的财力，古人都会使用高档木料为父母制作棺椁，我为什么不这样做呢？况且安葬逝者，难道只是不让亲人的遗体接触到土壤，却不顾及孝子的一点点拳拳之心吗？我听说过：君子不会因为任何事而俭省为父母的花费。"

【评】

古人讲"事死如事生"，也讲"事父母能竭其力"，所以中国有厚葬之风。这种传统使得豪华奢侈的陵墓比比皆是，遗风传承至今，而著者却联想到唐寅那首《桃花庵》中的一句："不见五陵豪杰墓，无花无酒锄作田。"人在世时，无论身份多么尊贵；去世后，无论陵墓多么奢华，最终都难逃荒烟漫草。所以，"不以天下俭其亲"，更应该是在父母在世时呀！

沈同以其私问曰①："燕可伐与？"

孟子曰："可。子哙不得与人燕②，子之不得受燕于子哙。有仕于此，而子悦之，不告于王而私与之吾子之禄爵；夫士也，亦无王命而私受之于子，则可乎？何以异于是？"

齐人伐燕。或问曰："劝齐伐燕，有诸？"

曰："未也。沈同问：'燕可伐与？'吾应之曰：'可。'彼然而伐之也。彼如曰：'孰可以伐之？'则将应之曰：'为天吏，则可以伐之。'今有杀人者，或问之曰：'人可杀与？'则将应之曰：'可。'彼如曰：'孰可以杀之？'则将应之曰：'为士师，则可以杀之。'今以燕伐燕，何为劝之哉？"

【注】

①沈同：应为齐国大臣，事迹无考。私：私人身份。

②子哙不得与人燕：前321年，燕易王去世，子哙继位。燕王哙昏庸无能，燕相子之专权。前316年，燕王哙主动将君位让于子之，由此引发燕国大乱。

【译】

沈同以私人身份问孟子："可以讨伐燕国吗？"

孟子说："可以。子哙不能擅自把燕国的君位让给别人，而子之也不能擅自从子哙手中接受燕国的君位。比如有个士人，您非常欣赏他，就不征得齐王的同意而私自将自己的官位俸禄转让给他；而这个士人，也没有征得齐王的同意而私自接受您的转让，这样可以吗？现在燕国的情况与此有什么区别呢？"

齐国真的出兵讨伐燕国。有人问孟子："您曾经劝齐国讨伐燕国，有这事吗？"

孟子说："没有。沈同问我：'可以讨伐燕国吗？'我回答说：'可以。'他们就发兵讨伐了。如果他接着问：'谁可以讨伐燕国？'我就会回答说：'奉上天之命治理人民的人，就可以讨伐燕国。'比如有个杀人犯，有人问我：'可以杀这个人吗？'我就回答说：'可以。'如果他接着问：'谁可以杀他？'我就会回答：'如果是士师，就可以杀他。'现在是暴虐的齐国讨伐同样暴虐的燕国，我为什么要去劝齐伐燕呢？"

【评】

《孟子》全书中有关此次齐国伐燕事件有多章记载。从齐国出兵之前，到齐军最终被迫从燕国撤走，孟子与齐国君臣就此有多次问答。我们从中不难看出，孟子讲德政、仁政，但是对自己身处的大环境有极其深刻和准确的认识，摆事实讲道理，帮对方权衡利弊，但绝不莽撞进谏，说话点到为止。可以说，孟子是非常老练的政治家和外交家。

燕人畔。王曰："吾甚惭于孟子。"

陈贾曰①："王无患焉。王自以为与周公孰仁且智？"

王曰："恶！是何言也！"

曰："周公使管叔监殷，管叔以殷畔②。知而使之，是不仁也；不知而使之，是不智也。仁智，周公未之尽也，而况于王乎？贾请见而解之。"

见孟子，问曰："周公何人也？"

曰："古圣人也。"

曰："使管叔监殷，管叔以殷畔也，有诸？"

曰："然。"

曰："周公知其将畔而使之与？"

曰："不知也。"

"然则圣人且有过与？"

曰："周公，弟也；管叔，兄也。周公之过，不亦宜乎？且古之君子，过则改之；今之君子，过则顺之。古之君子，其过也，如日月之食，民皆见之；及其更也，民皆仰之。今之君子，岂徒顺之，又从为之辞。"

【注】

①陈贾：齐国大夫。

②周公使管叔监殷，管叔以殷畔：管叔是周文王之子，周武王的弟弟，姬姓，名鲜，周朝诸侯国管国国君。因受封管国，故称"管叔"或"管叔鲜"。周武王灭商建周后，管叔鲜与蔡叔度、霍叔处协助、监督商纣王之子武庚，一同治理商朝遗民，史称"三监"。周武王死后，其子周成王继位。周成王年幼，由周公旦摄政。管叔鲜与蔡叔度、霍叔处不满周公旦摄政，于是挟持武庚发动叛乱，史称"三监之乱"。不久，周公旦平定叛乱，诛杀管叔鲜，管国灭亡。

【译】

燕国人举国反抗齐国的吞并。齐宣王说："我非常愧对孟子。"

陈贾说："大王不要烦恼。大王自认为和周公相比谁更仁德睿智？"

齐宣王说："哎！这是什么话！"

陈贾说："周公任命管叔监督治理殷商遗民，而管叔挟殷商遗民反叛。如果周公预见到管叔的阴谋依然任用他监督治理殷商遗民，是不仁德；如果周公没有预见到管叔的阴谋而任用他监督治理殷商遗民，是不睿智。仁德和睿智，周公也不能做到十全十美，何况大王您呢？我请求去见孟子解释一下。"

陈贾去拜见孟子，问道："周公是什么样的人？"

孟子说："古代的圣人。"

陈贾说："周公任命管叔监督治理殷商遗民，而管叔挟殷商遗民反叛，有这事吗？"

孟子说："有。"

陈贾说："周公是预见到管叔会反叛还任用他吗？"

孟子说："周公没有预见到。"

陈贾说："那么圣人也会犯错误吗？"

孟子说："周公，是弟弟；管叔，是兄长。周公犯这样的错误，难道不是正常的吗？而且古代的君子，犯了错误就改正；当今的君子，犯了错误就听之任之。古代君子的错误，如日月的亏蚀，百姓都能看到；等他改正了错误，百姓都仰慕他。当今的君子，犯了错误岂止听之任之，还要文过饰非。"

【评】

文过饰非是极其愚蠢的行为。错了就错了，改正就好。其实人们的眼睛是雪亮的，别人会发现我们的错误，就像别人的错误在我们眼中也无所遁形一样，死不承认好比掩耳盗铃，自欺欺人。为了圆一个谎言，就要说几个甚至更多的谎言，最终于事无补，还可能让事情持续恶化而不可收拾。

孟子致为臣而归。王就见孟子，曰："前日愿见而不可得，得侍同朝，甚喜。今又弃寡人而归，不识可以继此而得见乎？"

对曰："不敢请耳，固所愿也。"

他日，王谓时子曰①："我欲中国而授孟子室②，养弟子以万钟③，使诸大夫国人皆有所矜式④。子盍为我言之？"

时子因陈子而以告孟子⑤，陈子以时子之言告孟子。

孟子曰："然。夫时子恶知其不可也？如使予欲富，辞十万而受万，是为欲富乎？季孙曰⑥：'异哉子叔疑⑦！使己为政，不用，则亦已矣，又使其子弟为卿。人亦孰不欲富贵？而独于富贵之中有私龙断焉⑧。'古之为市也，以其所有易其所无者，有司者治之耳。有贱丈夫焉，必求龙断而登之，以左右望而罔市利。人皆以为贱，故从而征之。征商，自此贱丈夫始矣。"

【注】

①时子：齐国大臣。

②中国：京师，京城。

③钟：中国古代计量单位，其具体标准历代争论很大。

④矜式：敬重和效法。

⑤陈子：可能指孟子的学生陈臻。

⑥季孙：事迹不详。

⑦子叔疑：事迹不详。

⑧龙断：本意为独立的高地，后引申为独占其利。龙，通"垄"。

【译】

孟子辞官。齐王去拜访孟子，说："之前想见您而不可得，后来得到您的辅佐和您同在朝堂，非常高兴。现在您又抛下我归乡，不知今后还有机会见面吗？"

孟子回答说："我不敢主动求见罢了，但我当然希望能再见到您。"

过了一段时间，齐王对时子说："我想在都城送孟子一套宅院，提供万钟粮食供养他的学生，使我国的官员和百姓都有所尊崇和效法。您何不代我去和孟子谈谈？"

时子托陈子将齐王的意思转达给孟子，陈子把时子说的告诉了孟子。

孟子说："是这样啊。时子哪里明白不可以这么做呀。如果我想发财，却辞受十万钟的俸禄而接受万钟的赏赐，这是想发财吗？季孙说：'子叔疑真是奇怪！自己想从政，没人任用，那就算了，又让自己的弟弟子侄们去做卿相。谁不想做官发财？唯独他想在做官发财中独揽利益。'古代的贸易市场，就是用自己有的东西换取自己没有的东西，相关国家机构加以管理而已。有这么一个卑鄙小人，一定要找个高坡站上去，左顾右盼观察行情多方渔利。大家都认为这个人很卑鄙，相关国家机构因此对他征收税款。国家向商人征收税款，就是从这个卑鄙小人开始的。"

【评】

孟子在齐国多年，与齐国君臣有很密切的交往。但无论是从推广自己思想的角度，还是具体事情的劝喻方面，都不是很成功。孟子此次辞官，大有孔子所谓"用之则行，舍之则藏"（《论语·述而第七》）的意味。人在为人处世方面，进退有度是很难的，在特定的环境下，选择退和舍往往需要更大的勇气和智慧。

对于齐王开出的"万钟"这样一笔大价码，孟子为什么不为所动呢？著者认为，首先，孟子并不相信齐王的话。与其交往多年，他深知此人的风格。如果有此决心和胸怀，孟子也不至于辞官而去。其次，即使齐王真会兑现自己的承诺，也将使孟子及其追随者处于风口浪尖之上，因"龙断"而犯众怒，成为众矢之的。一时的风光却可能带来灭顶之灾。孟子的婉拒，体现的是审时度势、沉稳理性的睿智。人在逆境中更不能为一时的眼前利益所蒙蔽，孟子做出了最明智的选择。

孟子去齐，宿于昼①。有欲为王留行者，坐而言。不应，隐几而卧②。客不悦曰："弟子齐宿而后敢言③，夫子卧而不听，请勿复敢见矣。"

曰："坐！我明语子。昔者鲁缪公无人乎子思之侧④，则不能安子思；泄柳、申详⑤，无人乎缪公之侧，则不能安其身。子为长者虑，而不及子思。子绝长者乎？长者绝子乎？"

【注】

①昼：昼邑，齐国领地，应该离齐国都城临淄很近。

②隐几：靠着几案。

③齐宿：即斋宿，在祭祀或典礼前，先一日斋戒独宿，表示虔诚。

④鲁缪公：即鲁穆公，是战国初期鲁国著名的贤明君主，曾以崇礼礼敬孔子的孙子子思。子思：即孔伋，字子思。孔鲤之子，孔子的孙子。

⑤泄柳、申详：鲁穆公时期的贤人。

【译】

孟子离开齐国，在昼邑留宿。有个想替齐王挽留孟子的人找到孟子，端坐和孟子说话。孟子不回答，靠着几案躺着。来客很不高兴地说："我先一日就斋戒独宿后才敢和您说话，您躺着不听我说，以后再不敢与您见面了。"

孟子说："坐下！我明白地告诉您。以前鲁缪公如果不是在子思身边安排贤人，子思就不会安心留下；泄柳和申详，如果不是有子思这样的贤人在鲁缪公身边为之庇护，也不能在鲁国安身。您现在给我这个老人出主意让我主动留下，却无视子思为什么能安心留下。您不去劝谏齐王改变态度，反而来劝我主动留下，是您弃绝了我这个老人呢？还是我这个老人弃绝了您呢？"

【评】

孟子在本章的表现看似对客人有迁怒之嫌，但在当时的情况下，也是他表达对齐王不满的正常反应。再结合下章的内容，我们不难发现，孟子这么做，也是希望客人能去劝说齐王挽留自己。

孟子去齐。尹士语人曰①："不识王之不可以为汤、武，则是不明也；识其不可，然且至，则是干泽也②。千里而见王，不遇故去，三宿而后出昼，是何濡滞也③？士则兹不悦。"高子以告④。

曰："夫尹士恶知予哉？千里而见王，是予所欲也；不遇故去，岂予所欲哉？予不得已也。予三宿而出昼，于予心犹以为速，王庶几改之⑤。王如改诸，则必反予。夫出昼而王不予追也，予然后浩然有归志。予虽然，岂舍王哉？王由足用为善。王如用予，则岂徒齐民安，天下之民举安。王庶几改之，予日望之。予岂若是小丈夫然哉？谏于其君而不受，则怒，悻悻然见于其面，去则穷日之力而后宿哉^⑥？"

尹士闻之曰："士诚小人也。"

【注】

①尹士：事迹不可考。

②干泽：即干禄，指追求做官挣俸禄。

③濡滞：迟延，迟缓。

④高子：孟子的学生。

⑤庶几：也许会，也许可以。

⑥穷日之力：在一天时间内全力以赴。

【译】

孟子离开齐国。尹士对人说："如果孟子不知道齐王不能做成汤、周武王，是不明智；如果知道他不能，还到齐国来，就是贪图官位俸禄。不远千里来见齐王，不得志所以离去，在昼邑滞留了三天才离开，为何如此拖延？这让我更加不高兴。"高子把尹士的话告诉了孟子。

孟子说："尹士怎么会理解我呢？我不远千里来见齐王，是我的本意；不得志所以离开，岂是我的本意？我是不得已而为之。我在昼邑滞留了三天才离开，但心里觉得还是离开得太快了，齐王也许会改变态度。如果齐王能改变态度，那么一定会召回我。我离开昼邑但齐王并没有来召回我，之后我才义无反顾下定回乡的决心。即使如此，我难道就放弃齐王了吗？齐王还是能够施行善政的。齐王如果任用我，那么岂止能使齐国的百姓安定，全天下百姓都能安定。齐王也许会改变态度，我每天都在盼望着。我岂是那种志向器量狭小的人呢？向国君劝谏不被接受，就发怒了，怨恨失意的神情挂在脸上，离开时在一天时间内全力以赴赶路后才留宿？"

尹士听到孟子说的这些话后说："我真是个小人。"

【评】

孟子此番表白，让人看到了一个活生生的孟子、真实的孟子。这番话背后是一颗志向高远、器量宏大的大丈夫之心，是一颗坚忍之心。苏轼在《晁错论》中说："古之立大事者，不唯有超世之才，亦必有坚忍不拔之志。"可以说，"坚忍之心"是成功不可或缺的条件。

有这样一颗"坚忍之心"，在修身、治学、做事上才能有所收获。我们面对困难、逆境，或者不愿意去做的事，或者不愿意去见的人，有了这样的心，才能去面对。人只有在一次次不情愿的面对中才能成长，只有在不得已的逼迫下才能壮大。"坚忍之心"才是"强者之心"。

孟子去齐。充虞路问曰："夫子若有不豫色然^①。前日虞闻诸夫子曰：'君子不怨天，不尤人。'"

曰："彼一时，此一时也^②。五百年必有王者兴，其间必有名世者^③。由周而来，七百有余岁矣。以其数则过矣，以其时考之则可矣。夫天，未欲平治天下也；如欲平治天下，当今之世，舍我其谁也？吾何为不豫哉？"

【注】

①不豫：不高兴。

②彼一时，此一时也：赵岐注："彼时前圣贤之出，是其时也，今此时亦是其一时也。"译文据此。

③名世者：闻名于世的人，指旷世之才。

【译】

孟子离开齐国。充虞在路上问孟子："老师您好像有些不高兴的神情。我之前听您说过：'君子不怨恨上天，不归罪他人。'"

孟子说："那时是出现贤君圣王的时代，现在也是出现贤君圣王的时代。每过五百年必有贤君圣王兴起，这中间必有旷世之才出现辅佐贤君圣王。自周朝建立以来，已经七百多年了。年数超过了五百年，但分析当今的形势，则正是应该出现贤君圣王和辅佐他的旷世之才的时机。上天，还没有准备让天下太平；如果上天想让天下太平，在当今这个时代，除了我还会有谁？我为什么要不高兴？"

【评】

人在逆境中更需审时度势，有蛰伏待机的坚忍之心。在逆境中耐得住寂寞，不丧失进取之心，才能在时机成熟时东山再起。

孟子去齐，居休①。公孙丑问曰："仕而不受禄，古之道乎？"

曰："非也。于崇②，吾得见王，退而有去志，不欲变，故不受也。继而有师命③，不可以请。久于齐，非我志也。"

【注】

①休：地名。旧址约在今山东滕州大坞镇休城村。

②崇：地名。旧址约在今山东泗水华村镇。

③师命：发生战争。

【译】

孟子离开齐国，住在休地。公孙丑问孟子："做官却不接受俸禄，是古代先贤的习俗吗？"

孟子说："不是。在崇地，我见到齐王，辞别后就已萌生去意，我不想改变决定，所以不再接受俸禄。接着齐国发生战事，不便立刻请求辞官。在齐国待这么久，不是我的本意。"

【评】

　　孟子要离开齐国的心意已久，自下定决心后即不再接受齐王的俸禄，准备尽快离开。但之后突遭齐燕之战，孟子不便在齐国遭遇战事时离去，所以又滞留了好几年。依本章孟子师生的对话，极有可能的是，孟子在崇地见到齐王并决心离去后，好几年没有接受齐王的俸禄。这也证明，孟子确是他自己所说的非"欲富"者。

滕文公上

滕文公为世子[①]，将之楚，过宋而见孟子。孟子道性善，言必称尧、舜。

世子自楚反，复见孟子。孟子曰："世子疑吾言乎？夫道一而已矣。成覸谓齐景公曰[②]：'彼丈夫也，我丈夫也，吾何畏彼哉？'颜渊曰：'舜何人也？予何人也？有为者亦若是。'公明仪曰[③]：'文王我师也，周公岂欺我哉？'今滕，绝长补短，将五十里也，犹可以为善国。《书》曰：'若药不瞑眩，厥疾不瘳[④]。'"

【注】

①世子：古代帝王、诸侯的继承人，储君。

②成覸（jiàn）：春秋时期齐国的勇士，又称成庆、成荆。

③公明仪：曾子的学生。传说他是个卓越的音乐家，曾"对牛弹琴"，典故见《牟子理惑论》。

④"若药不瞑眩"两句：《尚书》逸文，伪古文《尚书》篡入《说命上》，今本作"若药弗瞑眩，厥疾弗瘳"。瘳（chōu），治愈。

【译】

滕文公还在做世子时，要到楚国去，途径宋国时见到了孟子。孟子给他讲人性本善的思想，言谈话语总是提到尧和舜。

世子从楚国返回滕国，又来见孟子。孟子说："世子是对我上次和您讲的有什么疑虑吗？真理只有这一个罢了。成覸对齐景公说：'他是男子汉，我也是男子汉，我为什么要畏惧他呢？'颜回说：'舜是什么人？我是什么人？努力进取的人都能成为舜那样的伟人。'公明仪说：'周公说，文王是我效法的榜样，周公难道会欺骗我吗？'现在的滕国，如果将边界截长补短拼成正方形，也能差不多达到纵横各五十里，一样可以治理得很好。《书》上说：'如果药物没让人头晕目眩，病就好不了。'"

【评】

每个人都具备成为"尧舜"的潜质，关键看自己是不是努力进取。孟子在本章是在激励还是世子的滕文公发奋图强，有所作为。

本章的理解和翻译，存在很大分歧。著者的翻译采用朱熹的观点——朱熹《孟子章句集注》："有为者亦若是，言人能有为，则皆如舜也。"所以著者将颜回的话翻译为："舜是什么人？我是什么人？努力进取的人都能成为舜那样的伟人。"朱熹《孟子章句集注》："文王我师也，盖周公之言。公明仪亦以文王为必可师，故诵周公之言，而叹其不我欺也。"所以著者将公明仪的话翻译为："周公说，文王是我效法的榜样，周公难道会欺骗我吗？"

滕定公薨①。世子谓然友曰②："昔者孟子尝与我言于宋，于心终不忘。今也不幸至于大故，吾欲使子问于孟子，然后行事。"然友之邹问于孟子。

孟子曰："不亦善乎！亲丧，固所自尽也③。曾子曰：'生，事之以礼；死，葬之以礼，祭之以礼，可谓孝矣④。'诸侯之礼，吾未之学也；虽然，吾尝闻之矣。三年之丧，齐疏之服⑤，饘粥之食⑥，自天子达于庶人，三代共之。"

然友反命，定为三年之丧。父兄百官皆不欲，曰："吾宗国鲁先君莫之行，吾先君亦莫之行也，至于子之身而反之，不可。且《志》曰⑦：'丧祭从先祖。'"曰："吾有所受之也。"

谓然友曰："吾他日未尝学问，好驰马试剑。今也父兄百官不我足也，恐其不能尽于大事，子为我问孟子。"然友复之邹问孟子。

孟子曰："然。不可以他求者也。孔子曰：'君薨，听于冢宰⑧。歠粥⑨，面深墨。即位而哭，百官有司，莫敢不哀，先之也。'上有好者，下必有甚焉者矣。'君子之德，风也；小人之德，草也。草尚之风，必偃^⑩。’是在世子。”

然友反命。世子曰：“然。是诚在我。”

五月居庐^⑪，未有命戒^⑫。百官族人可，谓曰知。及至葬，四方来观之，颜色之戚，哭泣之哀，吊者大悦。

【注】

①滕定公：滕国国君，滕文公之父。

②然友：滕文公的老师。

③自尽：孝子自己要尽心竭力。

④“生”六句：出自《论语·为政第二》：“子曰：‘生，事之以礼；死，葬之以礼，祭之以礼。’”

⑤齐疏之服：即齐衰（cuī），是古代服丧“五服”（斩衰、齐衰、大功、小功、缌麻）中的第二等，孝子要穿着以粗麻布制成，衣裳分制，缘边部分缝缉整齐的衣服，以表达对逝去父母的哀痛，相当于后世所说的“披麻戴孝”。

⑥饘（zhān）粥之食：喝稠粥。饘，稠。

⑦《志》：“赵岐《注》云：‘志，记也。《周礼》，小史掌邦国之志。’焦循《正义》云：‘小史所掌之志，记世系昭穆之事，容有“丧祭从先祖”云云，故赵氏引以为证，实不知为何书也。’王夫之《孟子稗疏》以‘且志’为‘古书名，杂编古今雅俗共称之成说以汇记之。’恐是臆说。”（杨伯峻《孟子译注》）

⑧冢宰：职官名。周制，为百官之长，六卿之首。

⑨歠（chuò）：饮，喝。

⑩“君子之德”六句：《论语·颜渊第十二》：“君子之德风，小人之德草。草上之风，必偃。”

⑪庐：古人为父母办丧事期间在墓旁建的茅棚，孝子在葬礼举行前要住在里面。

⑫命戒：发布政令。根据周礼，君主去世，继位君主服丧三年，不问政事，百官三年内听命于冢宰。

【译】

滕定公去世了。世子对老师然友说："以前孟子曾在宋国给我讲过很多道理，我始终忘不了他的教诲。现在不幸遭逢父丧，我想请您去请教孟子，然后再办丧事。"然友于是到邹国去向孟子请教。

孟子说："世子能这么做很好呀！孝子对父母的丧事本应竭尽全力。曾子说：'父母在世，按照正当的礼法侍奉；父母去世了，按照正当的礼法安葬，按照正当的礼法祭祀，就可以说是尽孝了。'诸侯国君适用的丧礼，我没有学过；但是，我曾听说过一些。应该守丧三年，守丧期间穿齐衰的丧服，日常只喝粥，这样的礼法自天子到普通百姓都适用，夏、商、周三代都是如此。"

然友回到滕国复命，世子决定服丧三年。滕国的国君亲族和官员都不想让储君服丧三年，说："我们的同姓宗国鲁国历代国君都没有实行过三年之丧，我们滕国的历代国君也没有实行过三年之丧，现在到您这一代却要改变祖制，这样不行。而且《志》上说：'丧礼和祭礼要遵循先祖之制。'"然后又说："我们的丧礼和祭礼制度就是这样传承下来的。"

世子对然友说："我之前没有用心于学问，只喜欢骑马狂飙练剑习武。现在亲族和官员都对我要实行三年之丧不满，我恐怕不能完全按照自己的意愿举行丧礼，您帮我去请教孟子。"然友再次去邹国向孟子请教。

孟子说："确实。世子的最终决定是不能由别人左右的。孔子说：'国君逝世，继位者将政事全部委托给冢宰。喝粥，脸色黯淡，参加葬礼时痛哭，国中官员没人会不悲痛，因为继位君主做了表率。'居于上位者有什么喜欢的东西，其下属必然更甚于此。'君子之德，如风；小人之德，如草。草被风吹拂，必定倒伏。'这要由世子自己决定。"

然友回到滕国复命。世子说:"没错。这要由我自己决定。"

世子在丧庐中住了五个月,这期间没有发布一道政令。滕国的官员和国君亲族都赞成,认为世子知礼守礼。举行葬礼时,四方之人来参加,世子神情悲戚,哭泣哀痛,来吊丧的人都非常满意。

【评】

孟子是一个非常通权达变的人。战国时期,周代的礼仪早已破坏殆尽。针对滕文公请教自己父亲的丧礼规制,孟子先建议完全按照古礼要求举行,在行不通时也并不一味固执。通权达变是一个人为人处世的关键,在不破坏根本原则的情况下,不妨做些变通。当然,原则不能破坏。

滕文公问为国。

孟子曰:"民事不可缓也①。《诗》云:'昼尔于茅,宵尔索绹;亟其乘屋,其始播百谷②。'民之为道也,有恒产者有恒心,无恒产者无恒心。苟无恒心,放辟邪侈,无不为已。及陷乎罪,然后从而刑之,是罔民也。焉有仁人在位,罔民而可为也?是故贤君必恭俭礼下,取于民有制③。阳虎曰④:'为富不仁矣,为仁不富矣。'夏后氏五十而贡,殷人七十而助,周人百亩而彻⑤,其实皆什一也⑥。彻者,彻也;助者,藉也。龙子曰⑦:'治地莫善于助,莫不善于贡。贡者挍数岁之中以为常⑧。乐岁,粒米狼戾,多取之而不为虐,则寡取之;凶年,粪其田而不足,则必取盈焉。为民父母,使民盼盼然⑨,将终岁勤动,不得以养其父母,又称贷而益之,使老稚转乎沟壑,恶在其为民父母也?'夫世禄⑩,滕固行之矣。《诗》云:'雨我公田,遂及我私⑪。'惟助为有公田。由此观之,虽周亦助也。设为庠序学校以教之⑫:庠者,养也;校者,教也;序者,射也。夏曰校，殷曰序，周曰庠，学则三代共之，皆所以明人伦也。人伦明于上，小民亲于下。有王者起，必来取法，是为王者师也。《诗》云：'周虽旧邦，其命惟新⑬。'文王之谓也。子力行之，亦以新子之国。"

使毕战问井地⑭。

孟子曰："子之君将行仁政，选择而使子，子必勉之！夫仁政，必自经界始⑮。经界不正，井地不钧⑯，谷禄不平⑰。是故暴君污吏必慢其经界⑱。经界既正，分田制禄可坐而定也。夫滕壤地褊小，将为君子焉⑲，将为野人焉⑳。无君子莫治野人，无野人莫养君子。请野九一而助，国中什一使自赋。卿以下必有圭田㉑，圭田五十亩，余夫二十五亩。死徙无出乡，乡田同井，出入相友，守望相助，疾病相扶持，则百姓亲睦。方里而井，井九百亩，其中为公田。八家皆私百亩，同养公田。公事毕，然后敢治私事，所以别野人也。此其大略也。若夫润泽之㉒，则在君与子矣。"

【注】

①缓：怠慢。

②"昼尔于茅"四句：出自《诗经·豳风·七月》。于，去。茅，取茅。索，编绞。绹（táo），绳索。乘，治。

③取于民有制：向百姓征收赋税有固定的制度。

④阳虎：姬姓，阳氏，名虎，字货。春秋后期鲁国人，季孙氏的家臣，曾长期把持鲁国国政，与孔子同时代。

⑤"夏后氏五十而贡"三句："贡、助、彻"是中国夏、商、周时期的赋税制度。后世解释颇多异说。一般认为，贡的起源最早。相传禹别九州，任土作贡，在大禹治水以后，四方部落已经开始贡献各地特产。助法即藉法，是民众出力役以耕种公田的一种方法。这种赋税制度以井田制下公田和私田的划分为前提条件。农民自耕

私田以维持生计，共耕公田以提供剩余劳动产品由贵族获取。关于彻法的解释分歧最多，不少专家认为彻指实物地租而言，与古代的什一之税的制度是一致的，跟作为劳役地租的"助"有很大不同。彻法是西周春秋时代推行于王畿和各诸侯国的一种普遍性的赋税制度，当然也不排除贡、助两法并存。有人认为，从贡、助、彻的逐步变化，可以推断出封建生产关系在逐步发展。也有人认为，贡、助、彻是孟子的臆造。

⑥什一：十税一，十分之一的税率。

⑦龙子：事迹不详。

⑧挍（jiào）：同"校"。

⑨盻（xì）盻然：劳苦而不得休息。

⑩世禄：官员世代享有的分封土地及其上的赋税收入。

⑪"雨我公田"两句：出自《诗经·小雅·大田》。

⑫庠序学校：中国古代由政府设立用以教化百姓的地方学校。

⑬"周虽旧邦"两句：出自《诗经·大雅·文王》。

⑭毕战：滕国大臣。井地：井田。

⑮经界：划分土地范围。

⑯钧：通"均"。

⑰谷禄：俸禄。此处指用作官员俸禄而收取的田赋。

⑱慢其经界：故意打乱田地的界限。

⑲君子：此处指统治者，即君主和官员。

⑳野人：指村野之人，农夫。

㉑圭田：古代卿、大夫、士供祭祀用的田地，收取这些田地的田赋以供祭祀之用。

㉒润泽：本意为滋润，使不干枯，此处引申为修改、调整。

【译】

滕文公向孟子请教治理国家的问题。

孟子说："涉及百姓利益的事不可怠慢。《诗》上说：'白天去割茅草，晚上把绳搓好；抓紧修缮房屋，要开始播种谷物了。'百姓中有一种普遍现象，有稳定财产和收入的人就有持之以恒的道德准则，没有稳定财产和收入的人就没有持之以恒的道德准则。如果没有持之以恒的道德准则，就会放荡奸邪，无恶不作。等到他们犯了罪，然后加以刑罚，是陷害百姓。仁德者主政怎么能干出陷害百姓的事呢？所以贤德君主一定会勤政节俭礼遇臣属，向百姓征收赋税有固定的制度。阳虎说：'要发财就不能仁义，要仁义就不能发财。'夏朝每户授田五十亩而实行贡赋法，商朝每户授田七十亩而实行助赋法，周朝每户授田一百亩而实行彻赋法，其实质都是十分之一的税率。所谓彻，就是通的意思；所谓助，就是借助的意思。龙子说：'田赋制度没有比助赋法更好的，没有比贡赋法更糟的。贡赋法是不论丰欠，取几年收成的平均数为标准。丰年，粮食收获丰盈，本来多收田赋也不算害民，却按历年平均数而不多收；灾年，百姓的收入连支付田地来年施肥的花销都不够，却按历年平均数而足额征收。作为牧养百姓的父母之君，让百姓劳苦而不得休息，一年到头操劳，却连父母都奉养不起，还要举债来补齐应交的赋税，使得老人孩子死于沟壑荒野，这怎么能做牧养百姓的父母之君呢？'官员享有世袭土地及其上的赋税收入，滕国本早已实行了。《诗》上说：'雨水先浇润公田，再浇润我的私田。'只有公田制才能实行助赋法。由此可见，周朝也是实行助赋法的。此外，国家要设立地方学校教化百姓：所谓庠，就是教养的意思；所谓校，就是教导的意思；所谓序，就是教授射箭礼仪的意思。夏朝叫校，商朝叫序，周朝叫庠，学的叫法夏、商、周三代一样，都是为了彰明君臣、父子、夫妇、兄弟、朋友及各种尊卑长幼关系。君臣、父子、夫妇、兄弟、朋友及各种尊卑长幼关系在上层人士中得到彰明，下层百姓之间就会亲近和睦。如果有一统天下的贤君圣王兴起，一定会效法于此，这样就成为了贤君圣王的老师。《诗》上说：'周虽然是古老的邦国，但至文王之世，秉承上天赋予的新使命，国家焕然一新。'这是在称颂周文王的事迹。您如果努力践行，也能使滕国焕然一新。"

滕文公派毕战向孟子请教井田制。

孟子说："您的国君要施行仁政，选择您来问我，您一定要努力呀！施行仁政，一定要从划定田地的界限开始。田地的界限划分不正确，井田的大小就不均匀，作为俸禄而收取的田赋就会不公平。所以暴君和贪官污吏一定会故意打乱田地的界限。田地的界限划分正确，分配井田，制定俸禄标准，就可以轻而易举地完成。滕国的土地狭小，也要供养国君和官员，还要供养百姓。没有国君和官员就没人来治理百姓，没有百姓就没人来供养国君和官员。我建议农村地区实行九分抽一的助赋法，城镇百姓则自行缴纳其收入十分之一的赋税。卿相以下的官员一定要授予供祭祀用度的圭田，每人授圭田五十亩，其家族中没有分配圭田资格的男子授田二十五亩。百姓安葬和搬家都不离开本乡范围，共同耕种井田的各家各户，日常生活互相友爱，警戒盗贼互相援助，有人生病互相照顾，这样，百姓之间亲近和睦。划分边长一里的田地为一井田，一井田是九百亩，最中间一块的一百亩是公田。外围八块共八百亩地由八户人分别占有，八户人共同助耕公田。耕种完公田，然后才敢各自耕种自己的私田，这就是区别对待官员和百姓的方法。这是井田制的大致情况。至于具体的更改修订，那就是滕君和您的事情了。"

【评】

本章是研究古代井田制度的重要史料。但著者认为，井田制应该仅是一种乌托邦式的理想制度。由于地理环境、气候因素，特别是政治因素，这种制度可能从未得到过真正的实施。

有为神农之言者许行①，自楚之滕，踵门而告文公曰②："远方之人闻君行仁政，愿受一廛而为氓。"

文公与之处。其徒数十人，皆衣褐，捆屦、织席以为食^③。

陈良之徒陈相与其弟辛^④，负耒耜而自宋之滕^⑤，曰："闻君行圣人之政，是亦圣人也，愿为圣人氓。"

陈相见许行而大悦，尽弃其学而学焉。

陈相见孟子，道许行之言曰："滕君，则诚贤君也；虽然，未闻道也。贤者与民并耕而食，饔飧而治^⑥。今也滕有仓廪府库，则是厉民而以自养也^⑦，恶得贤？"

孟子曰："许子必种粟而后食乎？"

曰："然。"

"许子必织布而后衣乎？"

曰："否。许子衣褐。"

"许子冠乎？"

曰："冠。"

曰："奚冠？"

曰："冠素。"

曰："自织之与？"

曰："否。以粟易之。"

曰："许子奚为不自织？"

曰："害于耕。"

曰："许子以釜甑爨^⑧，以铁耕乎？"

曰："然。"

"自为之与？"

曰："否。以粟易之。"

"以粟易械器者，不为厉陶冶^⑨；陶冶亦以其械器易粟者，岂为厉农夫哉？且许子何不为陶冶，舍皆取诸其宫中而用之^⑩？何为纷纷然与百工交易？何许子之不惮烦？"

曰："百工之事，固不可耕且为也。"

"然则治天下独可耕且为与？有大人之事，有小人之事。且一人之身，而百工之所为备。如必自为而后用之，是率天下而路也⑪。故曰：或劳心，或劳力；劳心者治人，劳力者治于人；治于人者食人⑫，治人者食于人，天下之通义也。当尧之时，天下犹未平，洪水横流，泛滥于天下。草木畅茂，禽兽繁殖，五谷不登，禽兽逼人，兽蹄鸟迹之道，交于中国。尧独忧之，举舜而敷治焉⑬。舜使益掌火⑭，益烈山泽而焚之⑮，禽兽逃匿。禹疏九河⑯，瀹济、漯⑰，而注诸海；决汝、汉，排淮、泗，而注之江⑱，然后中国可得而食也。当是时也，禹八年于外，三过其门而不入，虽欲耕，得乎？后稷教民稼穑⑲，树艺五谷，五谷熟而民人育。人之有道也，饱食、暖衣、逸居而无教，则近于禽兽。圣人有忧之，使契为司徒⑳，教以人伦：父子有亲，君臣有义，夫妇有别，长幼有叙，朋友有信。放勋曰㉑：'劳之来之，匡之直之，辅之翼之，使自得之，又从而振德之。'圣人之忧民如此，而暇耕乎？尧以不得舜为己忧，舜以不得禹、皋陶为己忧㉒。夫以百亩之不易为己忧者，农夫也。分人以财谓之惠，教人以善谓之忠，为天下得人者谓之仁。是故以天下与人易，为天下得人难。孔子曰：'大哉尧之为君！惟天为大，惟尧则之，荡荡乎民无能名焉！君哉舜也！巍巍乎有天下而不与焉㉓！'尧、舜之治天下，岂无所用其心哉？亦不用于耕耳。吾闻用夏变夷者㉔，未闻变于夷者也。陈良，楚产也，悦周公、仲尼之道，北学于中国。北方之学者，未能或之先也。彼所谓豪杰之士也。子之兄弟事之数十年，师死而遂倍之㉕。昔者孔子没，三年之外，门人治任将归㉖，入揖于子贡，相向而哭，皆失声，然后归。子贡反，筑室于场㉗，独居三年，然后归。他日，子夏、子张、子游以有若似圣人，欲以所事孔子事之，强曾子。曾子曰：'不可。江、汉以

濯之㉘，秋阳以暴之，皓皓乎不可尚已。'今也南蛮鴂舌
之人㉙，非先王之道，子倍子之师而学之，亦异于曾子矣。
吾闻出于幽谷迁于乔木者，未闻下乔木而入于幽谷者。
《鲁颂》曰：'戎狄是膺，荆、舒是惩㉚。'周公方且膺之，
子是之学，亦为不善变矣。"

"从许子之道，则市贾不贰㉛，国中无伪。虽使五尺之
童适市，莫之或欺。布帛长短同，则贾相若；麻缕丝絮轻
重同，则贾相若；五谷多寡同，则贾相若；屦大小同，则
贾相若。"

曰："夫物之不齐，物之情也；或相倍蓰㉜，或相什百㉝，
或相千万。子比而同之，是乱天下也。巨屦小屦同贾，人
岂为之哉？从许子之道，相率而为伪者也，恶能治国家？"

【注】

①神农之言：战国时的思想流派，又称"农家"或"农家流"，
是先秦时期反映农业生产和农民思想的学术流派，奉神农为祖师，
主张劝耕桑，以足衣食。其代表人物即是本章中提到的许行。许
行：战国时代农家的代表人物。

②踵门：主动登门。

③屦（jù）：用麻、葛做成的鞋。

④陈良：楚国人，儒家门徒，相传是屈原的老师。

⑤耒耜（lěi sì）：一种耕地时用的翻土农具。

⑥饔飧（yōng sūn）：早饭为饔，晚饭为飧。此处作动词用，
即做饭。

⑦厉民：损害人民。

⑧釜（fǔ）：锅。甑（zèng）：蒸饭用的一种瓦器。爨（cuàn）：
烧火做饭。

⑨陶冶：烧造陶器、冶炼金属。

⑩舍：《孟子注疏》赵岐注："舍者，止也。止不肯皆自取之其宫宅中而用之……"即"不肯"之意。宫：住房。唐陆德明《经典释文》卷二十九："古者贵贱同称宫。秦汉以来，惟王者所居称宫焉。"

⑪路：朱熹《孟子章句集注》："路，谓奔走道路，无时休息也。"

⑫食（sì）：作动词用，拿东西给人吃。此处为供养之意。

⑬敷治：全面治理。

⑭益：传说中的古代人物，据传曾辅助大禹治水。

⑮烈：焚烧。

⑯禹：上古传说中的圣贤帝王，治水有功。

⑰瀹（yuè）：疏浚。济：济水，古河名。发源于今河南济源，流经河南、山东入渤海。漯（tà）："古漯水当出今山东朝城县境。自宋代黄河决口于商胡，朝城绝流，旧迹遂尔湮没。"（杨伯峻《孟子译注》）

⑱"决汝、汉"三句："此句古今争论最多，原因就在于除汉水外（源出陕西之嶓冢山，经老河口，正支东流至汉阳入于长江），汝与淮、泗都不入江。邹汉勋、萧穆等人为此均有详细考证，我们以为孟子不过申述禹治水之功，未必字字实在，所以不必拘泥。"（杨伯峻《孟子译注》）

⑲后稷：传说中尧、舜时期掌管农业的官员，周朝始祖。稼穑（sè）：春耕为稼，秋收为穑，即播种与收获，泛指农业劳动。

⑳契（xiè）：商朝先祖，《史记·殷本纪》记载，舜曾任命契为司徒。

㉑放勋：即尧，号放勋。曰："臧琳《经义杂记》引孙奭《孟子音义》并按赵岐《注》语，谓此'曰'字乃'日'字之误，是也。惟字误已久，译文仍用'曰'字。"（杨伯峻《孟子译注》）

㉒皋陶（gāo yáo）：中国上古传说中的人物，被认为是中国司

法鼻祖，与尧、舜、禹并称"上古四圣"。

㉓"大哉尧之为君"六句：《论语·泰伯第八》："子曰：'大哉尧之为君也！巍巍乎！唯天为大，唯尧则之。荡荡乎！民无能名焉。巍巍乎其有成功也，焕乎其有文章！'"《论语·泰伯第八》："子曰：'巍巍乎！舜禹之有天下也，而不与焉。'"

㉔用夏变夷：用中原诸夏的先进文化改变偏远部族的落后文化。夏，指古代中原地区周王朝所分封的各诸侯国。夷，指中原地区以外的少数民族。

㉕倍：通"背"，背叛。

㉖治任：整理行装。

㉗筑室于场：在坟墓边建造房屋。

㉘濯（zhuó）：洗涤。

㉙南蛮：南方的蛮人。此处是孟子对许行（楚国人）的蔑称。鴃（jué）舌：比喻语言难懂。鴃，伯劳鸟。

㉚"戎狄是膺（yīng）"两句：出自《诗经·鲁颂·閟宫》。膺，讨伐之意。

㉛市贾不贰：买卖不二价，形容买卖不欺骗人。

㉜倍蓰（xǐ）：一倍或五倍。蓰，五倍。

㉝什百：十倍或百倍。

【译】

有一个学习践行农家流叫许行的人，从楚国来到滕国，登门拜见滕文公说："我这个从遥远楚国来的人听说您施行仁政，希望您赐给我一处住所，让我做您的子民。"

滕文公赐给他一处住所。他的学生几十人，都穿粗麻衣服，以制鞋、织席谋生。

陈良的学生陈相和弟弟陈辛，带着农具从宋国来到滕国，对滕文公说："听说您施行圣人的仁政，那么，您也是圣人，我们愿意做圣人的子民。"

陈相结识许行后非常高兴，完全抛弃了以前的学说而向许行学习。

陈相见到孟子，转述许行的话说："滕君，确实是个贤君；但是，还没有领悟真理。贤君要与百姓一起耕作自食其力，自己做饭吃，还要治理国家。现在滕国有粮库和金库装着百姓缴纳的钱粮，这是损害百姓来奉养自己，怎么称得上贤明呢？"

孟子说："许子一定亲自耕种庄稼才吃饭吗？"

陈相说："对。"

孟子说："许子一定亲自织布才穿衣吗？"

陈相说："不是。许子只穿粗麻衣。"

孟子说："许子戴帽子吗？"

陈相说："戴。"

孟子说："什么样的帽子？"

陈相说："白色的帽子。"

孟子问："是他亲自织的吗？"

陈相说："不是。是用粟米换的。"

孟子说："许子为什么不亲自织呢？"

陈相说："那会妨碍耕种庄稼。"

孟子说："许子用锅、甑做饭，用铁器耕地吗？"

陈相说："是的。"

孟子说："锅、甑和铁器是他自己制作的吗？"

陈相说："不是。是用粟米换的。"

孟子说："如果用粟米交换器物的，不算损害制陶炼铁的人；那么制陶炼铁的人用自己生产的器物交换粟米，难道就是损害农夫吗？而且许子为什么不自己制陶炼铁，不把自己制作的器物放在家里随时取用？为什么还这样逐一与各类工匠交易？为什么许子这么不嫌麻烦？"

陈相说："工匠的工作，本来就不能在耕作的同时兼任。"

　　孟子说："那么就只有治理天下能在耕作的同时兼任吗？天下有君主官员要做的事，有平民百姓要做的事。而且一个人，需要各种工匠生产各类产品才能满足需求。如果一定要自己生产制作才使用，那是带领天下人疲于奔命。所以说：有人劳费脑力，有人劳费体力；劳费脑力的人治理人，劳费体力的人被人治理；被人治理的人供养人，治理别人的人被人供养，这是天下通行的准则。尧的时代，天下尚未太平，洪水横行，泛滥肆虐于各地。杂草树木茂盛，猛禽野兽大量繁育，而庄稼却无法成熟，猛禽野兽威胁人的生存，中原地区到处都是他们的踪迹。尧对此非常忧虑，他任用舜来全面治理洪水。舜派益掌管火政，益焚烧山地沼泽中的杂草树木，猛禽野兽纷纷逃窜藏匿起来。禹疏浚九条河道，疏通了济水和漯水，使之流入大海；挖掘汝水、汉水，疏通淮水、泗水，使之流入长江，然后中原地区才适于耕种粮食。当时，禹出外治水八年，三次路过自己的家而没有进去，禹即使想亲自耕作，能行吗？后稷教导百姓春种秋收，种植粮食，粮食成熟了，就可以养育百姓。百姓中有一种普遍现象，吃饱、穿暖、居住安逸但没有接受教化，就会和动物差不多。圣人又为此忧虑，任命契为司徒，用人与人、人与社会相互关系中须遵循的准则和规范来教导人民：父子间有骨肉之亲，君臣间有忠敬之义，夫妻间有内外之别，长幼间有尊卑之序，朋友间有诚信之道。尧说：'督促他们，纠正他们，帮助他们，使他们发现自己本性中的善，再进一步教化他们将本性中的善发扬光大。'圣人如此为民操劳，有闲暇时间耕作吗？尧因为还没得到舜这样的贤人而忧虑，舜因为还没得到禹、皋陶这样的贤人而忧虑。因为田地没有耕作好而忧虑的，是农夫。将财富分给别人是给人恩惠，教导劝喻别人向善是对人诚心尽力，为天下百姓举用贤才是对百姓仁爱。所以，把天下让给别人容易，为天下百姓举用贤才难。孔子说：'尧作为君王真是伟大呀！天道至为广大，他能遵行之。尧施于百姓的恩泽是如此广博啊！百姓都不知该如何称颂他。舜真是圣君！伟大呀！他得到天下，完全是因高尚的德行而获得禅让，而没有刻意参与争夺。'尧、舜治理天下，岂能不花费心思吗？只是这心思没有用在耕作上而已。我听说过用中原华夏的先进改变偏远部族的落后的，没听说过用偏远部族的落后改变中原华夏的先进的。陈良是楚国人，心悦诚服于周公和孔子的学说北上到中原华夏来学习。北方的学者都没有能超过他的。他就是人们所说的豪杰之士。你们兄弟追随他学习数十年，老师去世了就背叛他。以前孔子去世，他的学生们守丧三年之后，收拾整理行装准备回去，去子贡那里行礼告别，大家面对面哭泣，都痛哭失声，随后才回去。子贡回到孔子的墓地修建房屋，又在此独居了三年，然后才回去。后来，子夏、子张、子游因为有若长得像孔子，想以尊奉孔子的礼仪来尊奉有若，他们勉强曾子同意。曾子说：'不能这样。如同用长江、汉水的水洗涤过，经夏天的烈日曝晒过，孔子的高洁是无人能比的。'现在，一个南方的蛮子，说话都让人听不懂，却来非难我中原古代贤君圣王的治世之道，你们背叛自己的老师而向他学习，真是和曾子不一样。我听说过雀鸟离开偏僻幽暗的山谷迁徙到高大树木上的，没听说过离开高大树木迁徙到偏僻幽暗山谷的。《鲁颂》上说：'征讨西戎北狄，严惩楚国、舒国。'周公尚且要征讨楚国这样的南蛮，你却要向他学习，真是每况愈下了。"

陈相说："遵循许子的学说，那么市场里商品的价格一致，到处都没有欺诈。即使让小孩子去买东西，也没人会去欺骗他。布和丝绸的长度相同，价格就一样；麻线、丝绵的重量相同，价格就一样；粮食的多少相同，价格就一样；鞋的大小相同，价格就一样。"

孟子说："物品的种类质量不同，这是物品的自然属性；其价格有的相差一倍五倍，有的相差十倍百倍，有的相差千倍万倍。你硬把它们混同一致，是扰乱天下。原料贵重、做工精致的鞋和原料便宜、做工粗糙的鞋卖同样的价格，难道会有人肯干吗？遵循许子的学说，会使人们争先恐后地趋向虚伪，这怎么能治理国家？"

【评】

本章是孟子对"农家"观点的全面批驳。这不禁使著者想到当今世界上存在的一股复古之风，著者称之为"因噎废食复古风"。随着社会的发展，出现一些问题和矛盾在所难免，比如诚信精神的缺失，又比如社会阶层间的矛盾，再比如唯利是图思想的泛滥等等。面对这些问题，有人全面否定社会发展中的积极成就，片面强调其消极结果，并提出，唯有使社会回到原始状态，方能解决这一切矛盾。其实，这类"小国寡民"式的乌托邦思想古已有之。但历史发展的潮流浩浩荡荡，任何人都无法阻挡。只有积极进取，与时俱进，才能以持续不断的发展解决阶段性矛盾。还有一些人，则选择消极避世。比如近些年非常时髦的"终南山隐士"现象。人在红尘，难免烦恼，这种"小隐隐于野"更多的是噱头和谈资，人总要在红尘中修行，自然，也必有回归社会的一天，躲是躲不开的。

墨者夷之①，因徐辟而求见孟子②。孟子曰："吾固愿见，今吾尚病，病愈，我且往见，夷子不来！"

他日又求见孟子。孟子曰："吾今则可以见矣。不直③，则道不见；我且直之。吾闻夷子墨者，墨之治丧也，以薄为其道也。夷子思以易天下，岂以为非是而不贵也？然而夷子葬其亲厚，则是以所贱事亲也。"

徐子以告夷子。夷子曰："儒者之道，古之人'若保赤子④'，此言何谓也？之则以为爱无差等，施由亲始。"

徐子以告孟子。孟子曰："夫夷子，信以为人之亲其兄之子为若亲其邻之赤子乎？彼有取尔也。赤子匍匐将入井，非赤子之罪也。且天之生物也，使之一本⑤，而夷子二本故也⑥。盖上世尝有不葬其亲者，其亲死，则举而委之于壑。他日过之，狐狸食之，蝇蚋姑嘬之⑦。其颡有泚⑧，睨而不视。夫泚也，非为人泚，中心达于面目。盖归反虆梩而掩之⑨。掩之诚是也，则孝子仁人之掩其亲，亦必有道矣。"

徐子以告夷子。夷子怃然，为间曰⑩："命之矣⑪。"

【注】

①墨者夷之：信奉墨子学说叫夷之的人。

②徐辟：孟子的学生。

③直：直言，即坦率地说。

④"若保赤子"：出自《尚书·周书·康诰》。如爱护婴儿般爱护自己的臣民。赤子，婴儿。

⑤一本：指人只遗传于自己的父母，与自己直系亲属的亲情和对他人的爱有等差之别。

⑥二本：指墨家学说强调平等普遍的"兼爱"，否认人的爱有厚薄亲疏，否定人对自己直系亲属的亲情优于对其他人的爱，犹如说人的血缘传承并非唯一。

⑦蚋（ruì）：一种蚊子。姑：通"盬（gǔ）"，用嘴吸吮。

⑧颡（sǎng）：额头。泚（cǐ）：汗。

⑨虆（léi）：藤条编的盛土的筐。梩（sì）：同"耜"，挖土工具。

⑩为间：一会儿。

⑪命：教导，教诲。

【译】

有一个信奉墨子学说叫夷之的人，托徐辟带话想求见孟子。孟子说："我本是愿意见他的，但我正在生病，等我病好了，就去拜会他，夷子不必过来！"

过了几天，夷之再次求见孟子。孟子说："我现在可以见他。但如果我不坦率地把话说明白，那么真理就不会明晰；我就直说吧。我听说夷子是墨家学说的信徒，墨家学说对于置办丧礼，以薄葬为其原则。夷子一直想以薄葬原则来变革天下，大概是认为不薄葬就不值得尊崇吧？但夷子安葬自己父母时是厚葬，这是用自己鄙夷的方式来侍奉父母。"

徐辟把孟子的话转述给夷子。夷子说："儒家学说认为，'古代的贤君圣王如爱护婴儿般爱护自己的臣民'，这话是什么意思？我认为人应该博爱而没有厚薄亲疏的差别，只是要先从对父母的爱开始施行。"

徐辟把夷子的话转述给孟子。孟子说："夷子真的认为人爱自己的侄子会和爱邻居家的小孩子一样吗？他是在断章取义罢了。婴儿在地上爬，马上要掉进井里，这不是婴儿的过错，每个人都会毫不犹豫地去救护，是因为人皆有恻隐不忍之心，而不是说人对待自己的孩子和别人的孩子有同等的爱。而且上天化育万物，使之唯一的根源，而夷子却认为有两个根源所以主张兼爱。大概上古有不埋葬父母的，他的父母去世后，就抬着扔到沟里。过了些日子又经过那里，看到狐狸正在啃食尸体，苍蝇蚊蚋正用嘴吸食尸体。那人额头上流汗，斜眼瞟着而不敢直视。这人流汗，不是流给别人看的，而是他自己内心的真情实感表现在了脸上。大概他回家就拿了盛土的筐和挖土工具返回去将尸体掩埋了。掩埋尸体确实是对的，那么孝子仁人埋葬父母，也是有规矩原则的。"

徐辟把孟子的话转述给了夷子。夷子怅然若失，沉默了一会儿说："我甘心受教了。"

【评】

本章是儒家思想与墨家思想的一次辩论，也是后世研究墨家思想的重要史料。其中，对"且天之生物也，使之一本，而夷子二本故也"一句的理解，历代以来争论极大。著者采用的是最传统的方式。

在先秦诸子中，没有人反对孝道，只是儒家的倡导更加用力罢了。譬如儒、墨两家都提出"爱人"的口号，墨子说"兼爱"，即不分厚薄亲疏地爱所有人；孔子则说"泛爱众"，也就是博爱众生。两者似乎并不矛盾。但儒者倡导的"爱"是有差等的。他们把爱父母、爱兄弟置于爱的核心位置。如孔子"泛爱众"的观点是这样表述的："子曰：'弟子入则孝，出则弟，谨而信，泛爱众而亲仁。行有余力，则以学文。'"（《论语·学而第一》）即是说，年轻人在家中要孝顺父母，出门在外要敬爱兄长；言行谨慎，诚实守信，博爱大众并亲近仁者；行有余力，就学习文化知识。话说得很有条理：爱总是从最亲近的家人开始的，孝、悌则是"泛爱众"的练习与准备。依此顺序，才能做到"老吾老以及人之老，幼吾幼以及人之幼"（《孟子·梁惠王上》）。反之，一个连生养自己的父母都不爱的人，却口口声声"泛爱众"，岂不是自欺欺人？著者认为，墨家的"兼爱"理想当然也非常美好，但实行起来难度很大。儒家理论则更具实践性。在孟子的仁爱学说中，不但摆正了亲人和他人的关系，还将"物"（包括动物、植物及一切物质）也纳入其中，"君子之于物也，爱之而弗仁；于民也，仁之而弗亲。亲亲而仁民，仁民而爱物"（《孟子·尽心上》）。也就是说，君子对于万物，爱惜却不必用仁德对待；对百姓，用仁德对待却不必亲如家人。君子亲爱自己的亲人，由此推广到仁爱百姓，再扩展到爱惜万物。

滕文公下

陈代曰[1]:"不见诸侯，宜若小然[2]；今一见之，大则以王，小则以霸。且《志》曰:'枉尺而直寻[3]。'宜若可为也。"

孟子曰:"昔齐景公田[4]，招虞人以旌，不至，将杀之[5]。志士不忘在沟壑，勇士不忘丧其元。孔子奚取焉？取非其招不往也。如不待其招而往，何哉？且夫枉尺而直寻者，以利言也。如以利，则枉寻直尺而利，亦可为与？昔者赵简子使王良与嬖奚乘[6]，终日而不获一禽。嬖奚反命曰:'天下之贱工也。'或以告王良。良曰:'请复之。'强而后可，一朝而获十禽。嬖奚反命曰:'天下之良工也。'简子曰:'我使掌与女乘[7]。'谓王良。良不可，曰:'吾为之范我驰驱[8]，终日不获一；为之诡遇[9]，一朝而获十。《诗》云:"不失其驰，舍矢如破[10]。"我不贯与小人乘[11]，请辞。'御者且羞与射者比，比而得禽兽，虽若丘陵，弗为也。如枉道而从彼，何也？且子过矣，枉己者，未有能直人者也。"

【注】

①陈代:孟子的学生。

②宜若小然:似乎有些狭隘了。

③枉尺而直寻:弯曲一尺，伸直一寻。比喻在小处委屈一些，以求得较大的好处。寻，古代长度单位。一般为八尺。

④田:田猎。

⑤"招虞人以旌"三句:《左传》昭公二十年云:'齐侯田于沛，招虞人以弓，不进，公使执之。辞曰:"昔我先君之田也，旃以招大夫，弓以招士，皮冠以招虞人。臣不见皮冠，故不敢进。"乃舍之。仲尼曰:"守道不如守官，君子韪之。"'案《左传》所载

与孟子所言虽有所不同，但大体一致。古代君王有所召唤，一定有相当的事物以见信。旌是召唤大夫用的，弓是召唤士用的，若是召唤虞人（守苑囿之吏），只能用皮冠。"（杨伯峻《孟子译注》）虞人，古代掌管山泽苑囿田猎的职官。旌，用羽毛装饰的旗子。

⑥赵简子：春秋时期晋国赵氏家族的宗主赵鞅。王良：春秋时期晋国人，以善于驾驶马车闻名。嬖奚：齐景公的宠臣名奚的人。

⑦我使掌与女乘：我让他专职给你驾车。

⑧范我驰驱：按照规矩法度驾车奔驰。

⑨诡遇：违反规矩法度驾车。后引申为用不正当的手段去追求、取得某种东西。

⑩"不失其驰"两句：出自《诗经·小雅·车攻》。

⑪贯：通"惯"。

【译】

陈代说："不去晋见诸侯，似乎有些狭隘了；只要您去晋见诸侯，往大里说，能一统天下，往小里说，也能称霸于诸侯。而且《志》上说：'弯曲一尺，伸直一寻。'这似乎可以做。"

孟子说："以前齐景公田猎，用旌旗召唤管理猎场的官员，那人不受召唤，齐景公要杀他，但他因为这么做符合礼法而毫不惧怕。志向远大、节操高尚的人不怕因坚守道义死无葬身之地，勇敢的人不怕因坚守道义被砍头。孔子赞许取法这个猎场官员什么呢？就是赞许取法他不接受不合乎礼法的召唤。如果我连召唤都没有就主动前往，那算怎么回事呢？况且所谓'弯曲一尺，伸直一寻'，是站在自己获利的角度而言。如果站在自己获利的角度，那么'弯曲一寻，伸直一尺'，也能干吗？以前赵简子派王良给宠臣奚驾车去狩猎，奚一整天没打到一只鸟。奚向赵简子复命说：'王良是个差劲的车夫。'有人把这话转告给了王良。王良说："恳请再来一次。"奚勉强同意，结果一早上就猎获了十只鸟。奚向赵简子复命说：'王良是个高明的车夫。'赵简子说：'我让他专职给你驾车。'赵简子告诉王良这事。王良不同意，说：'我按照规矩法度驾车拉着他奔驰，他一整天没有猎获一只；我违反规矩法度驾车，他一早上就猎获十只。《诗》上说："不违反驾车奔驰的规矩法度，射出的箭就能命中目标。"我不习惯给卑鄙之人驾车，请准许我拒绝。'驾车的人尚且羞与卑鄙的射手为伍，与卑鄙的射手为伍捕到猎物，即使猎物堆积如山，他也不会去做。如果我违背正道屈从那些诸侯，为什么要这样做？而且你错了，自己违背正道的人，是不能以正道匡正别人的。"

【评】

本章最发人深省的是"枉己者，未有能直人者也"一句。打铁要靠自身硬！一个丧失原则底线趋奉迎合的人，是断然不能匡正别人的。《论语·子路第十三》："子曰：'其身正，不令而行；其不正，虽令不从。'"

景春曰①："公孙衍、张仪岂不诚大丈夫哉②？一怒而诸侯惧，安居而天下熄③。"

孟子曰："是焉得为大丈夫乎？子未学礼乎？丈夫之冠也，父命之；女子之嫁也，母命之，往送之门，戒之曰：'往之女家④，必敬必戒，无违夫子⑤！'以顺为正者，妾妇之道也。居天下之广居⑥，立天下之正位，行天下之大道。得志与民由之⑦，不得志独行其道。富贵不能淫⑧，贫贱不能移，威武不能屈，此之谓大丈夫。"

【注】

①景春：传为战国时期的纵横家。

②公孙衍：战国时期纵横学派的代表人物之一，主张诸国合纵抗秦。张仪：战国时期著名的纵横家、外交家和谋略家。张仪首

创连横的外交策略，被秦惠王封相。张仪出使游说各诸侯国，以"横"破"纵"，使各国纷纷由合纵抗秦转变为连横亲秦。

③熄：安定，平定。

④女家：指女儿出嫁的夫家。女，同"汝"。

⑤夫子：丈夫。

⑥广居：与下文的"正位""大道"，朱熹《孟子章句集注》："广居，仁也；正位，礼也；大道，义也。"

⑦由：蹈行，践履。

⑧淫：放纵，恣肆。

【译】

景春说："公孙衍、张仪难道不是真正的大丈夫吗？他们一旦发怒诸侯们都害怕，他们一旦消停下来，天下就没有战事。"

孟子说："这哪里是什么大丈夫呀？您没有学过礼法吗？男子举行冠礼时，父亲要教导他；女子出嫁时，母亲要嘱咐她，把她送到家门口，告诫她说：'嫁到夫家，一定要恭敬谨慎，不要违背丈夫！'以顺从为本分，是女子为人处世的原则。居于天下最宽敞的宫殿——仁，处在天下最恰当的位置——礼，走在天下最光辉的大路——义。能够施展自己的抱负就与百姓共同践行，不能施展自己的抱负就独自坚持自己的原则。富贵不能使之放纵，贫贱不能使之变节，强暴武力不能使之屈从，这才是大丈夫。"

【评】

本章大概是《孟子》全书最脍炙人口的片段。著者每次重温这段经典时都不禁热血沸腾，心潮澎湃。下面，与读者分享一段著者日常读书时的收获——南宋末文人谢枋得写的一封信中的片段，或许可以完美诠释孟子所谓的"大丈夫精神"，这封信即《与李养吾书》："大丈夫行事，论是非，不论利害；论逆顺，不论成败；论万世，不论一生。志之所在，气亦随之；气之所在，天地鬼神亦随之。愿养吾亦自珍重。儒者常谈所谓'为天地立心，为生民立极，为去圣继绝学，为万世开太平'，正在我辈人承当，不可使天下后世谓程、朱之士皆大言无当也。"（《叠山集·卷二》）大意是：大丈夫做事，只考虑是非，不考虑自己的利害得失；只考虑对错，不考虑自己的成败利钝；只考虑千秋万世，不考虑自己的一生一世。人的志向在哪里，他的灵魂就会随着在哪里；人的灵魂在哪里，天地鬼神就会随着在哪里。愿养吾您好自珍重。儒士经常谈论所谓"为天下树立仁义礼智的道德规范，为百姓确定生命的真正意义，为先贤们接续已经衰落的学问，为千秋万代开辟太平的基业"，正是我们这些人应该承担的责任，不能让当今天下和后世子孙说这些通过科举做官的儒士都是说大话不中用。

其中，"为天地立心，为生民立极，为去圣继绝学，为万世开太平"是北宋大儒张载的话，被冯友兰先生称为"横渠四句"（原文为："为天地立心，为生民立道，为往圣继绝学，为万世开太平。"见《张载集·拾遗·近思录拾遗》）。

而谢枋得最终也践行了自己说的，他在南宋末年带领义军在江东抗元，最终在大都绝食殉难。

周霄问曰[①]："古之君子仕乎？"

孟子曰："仕。《传》曰：'孔子三月无君，则皇皇如也，出疆必载质[②]。'公明仪曰：'古之人三月无君则吊[③]。'"

"三月无君则吊，不以急乎？"

曰："士之失位也，犹诸侯之失国家也。《礼》曰：'诸侯耕助，以供粢盛[④]；夫人蚕缲[⑤]，以为衣服。牺牲不成[⑥]，粢盛不絜[⑦]，衣服不备，不敢以祭。惟士无田，则亦不祭。'牲杀、器皿、衣服不备，不敢以祭，则不敢以宴，亦不足吊乎？"

"出疆必载质，何也？"

曰："士之仕也，犹农夫之耕也，农夫岂为出疆舍其未耜哉？”

曰：“晋国亦仕国也⑧，未尝闻仕如此其急。仕如此其急也，君子之难仕，何也？”

曰：“丈夫生而愿为之有室，女子生而愿为之有家。父母之心，人皆有之。不待父母之命、媒妁之言⑨，钻穴隙相窥，逾墙相从，则父母国人皆贱之。古之人未尝不欲仕也，又恶不由其道。不由其道而往者，与钻穴隙之类也。”

【注】

①周霄：魏国人。

②质：通“贽”，古代初次相见时馈赠的见面礼。

③吊：本意为悼念死者，引申为慰问。

④粢盛（zī chéng）：盛在祭器内以供祭祀的谷物。

⑤蚕缫（sāo）：养蚕缫丝。

⑥牺牲：供祭祀用的纯色全体牲畜。

⑦絜：通“潔”，清洁。

⑧晋国：指魏国。

⑨媒妁：媒人。

【译】

周霄问孟子：“古代的君子做官吗？”

孟子说：“做官。《传》上说：‘孔子如果三个月没有国君任用他为官，就会彷徨不安，失去官职离开一个国家的疆域，一定会带着准备拜见其他国君的见面礼。’公明仪说：‘古代的人如果三个月没有国君任用他为官，就要去安慰他。’”

周霄说：“如果三个月没有国君任用他为官，就要去安慰他，不是太着急了吗？”

孟子说：“士人失去官职，犹如诸侯失去国家。《礼》上说：‘诸侯参加亲耕礼，以提供祭祀用的谷物；诸侯的夫人参加亲蚕礼，以提供制作祭服用的丝绸。献祭的牲畜不肥壮，供祭祀的谷物不洁净，祭服不齐备，不敢用于祭祀。士人如果因没有官职而没有专供祭祀用度的圭田，那么也不能举行祭礼。'献祭的牲畜、祭具、祭服不齐备，就不能举行祭礼，也不能举行宴会，还不该得到别人的安慰吗？"

周霄说："离开一个国家的疆域，一定会带着准备拜见其他国君的见面礼，这是为什么？"

孟子说："士人做官，就像农夫耕作，农夫难道离开一个国家就丢掉他的农具吗？"

周霄说："魏国也是个有官可做的国家，没听说过这么着急做官的。如果做官如此急迫，君子又不轻易做官，这是为什么？"

孟子说："男子自出生父母就期盼着给他找到妻室，女子自出生父母就期盼着给她找到婆家。父母的心情，人皆如此。但没有父母的同意，媒人的说和，就穿墙洞缝隙互相窥视，爬墙私自幽会，那么父母和社会都会鄙视他们。古代的士人不是不想做官，是厌恶用不遵循礼法的手段得到官职。用不遵循礼法的手段得到官职，与男女穿墙洞缝隙是一样的。"

【评】

"学而优则仕"，出仕为官是儒家思想的一贯传统，因此儒家非常看重从政。但孟子在本章中提醒读书人，"不由其道"去谋取官职是可耻的。

彭更问曰①："后车数十乘，从者数百人，以传食于诸侯②，不以泰乎③？"

孟子曰："非其道，则一箪食不可受于人；如其道，则舜受尧之天下，不以为泰，子以为泰乎？"

曰："否。士无事而食，不可也。"

曰："子不通功易事④，以羡补不足⑤，则农有余粟，女有余布；子如通之，则梓匠轮舆皆得食于子⑥。于此有人焉，入则孝，出则悌，守先王之道，以待后之学者，而不得食于子。子何尊梓匠轮舆而轻为仁义者哉？"

曰："梓匠轮舆，其志将以求食也；君子之为道也，其志亦将以求食与？"

曰："子何以其志为哉？其有功于子，可食而食之矣。且子食志乎？食功乎？"

曰："食志。"

曰："有人于此，毁瓦画墁⑦，其志将以求食也，则子食之乎？"

曰："否。"

曰："然则子非食志也，食功也。"

【注】

①彭更：孟子的学生。

②传食：辗转各处受人供养。

③泰：极大。此处引申为过分。

④通功易事：分工合作，互通有无。

⑤羡：剩余。

⑥梓匠轮舆：木工和车匠。

⑦毁瓦画墁：打碎屋瓦，涂乱墙饰。比喻无功而有害的行为。

【译】

彭更问孟子说："跟随的马车有数十辆，随从有数百人，辗转于诸侯间受其供养，这样不过分吗？"

孟子说："如果不是应得的，即使一竹篓饭也不能接受；如果是应得的，舜接受尧禅让的天下，也不觉得过分，你以为这样过分吗？"

彭更说："我不认为舜过分。我是说士人无所事事吃白食，是不可以的。"

孟子说："如果你不分工合作，互通有无，以盈余弥补不足，那么农夫就有多余的粮食，织布的女子有多余的布帛；如果你互通有无，那么不耕作织布的木工车匠也能得到衣食。有这样一个人，孝敬长辈，敬爱兄长，恪守古代贤君圣王的仁义之道，并以此教导年轻后生，却从你那里得不到衣食。你为什么尊崇木工车匠而轻视仁义之士呢？"

彭更说："木工车匠，他们的目的就是挣口饭吃；君子修持德行，其目的也是为了挣口饭吃吗？"

孟子说："你何必讨论人的目的呢？有人为你做出了贡献，可以给饭吃就给他饭吃。再说，你是根据人的目的给饭吃呢？还是根据人所做的事给饭吃呢？"

彭更说："根据人的目的。"

孟子说："有这样一个人，打碎屋瓦，涂乱墙饰，他的目的就是为了挣口饭吃，那么你会给他饭吃吗？"

彭更说："不会。"

孟子说："既然这样，那么你就不是根据人的目的，而是根据人所做的事给饭吃了。"

【评】

本章牵涉目的与效果的关系问题。在我们今天看来，他们师生之间所谈论的这个问题并不复杂。学生彭更是从目的来看问题，解决问题。孟子则是从实际功绩，也就是效果来看问题，解决问题。有点近似于我们今天所说的不听大话、空话，只看工作实绩。当然，上升到理论的高度，目的与效果的问题是一对哲学范畴。著者认为，还是要追求二者的统一，也就是主观目的与客观效果统一：无论是好心办错事，还是做了好事但"目的不纯"，都是错误的。只不过，在生活和工作的实践中，不可能事事都能做到二者的绝对统一。

万章问曰①："宋，小国也。今将行王政，齐、楚恶而伐之，则如之何？"

孟子曰："汤居亳②，与葛为邻，葛伯放而不祀③。汤使人问之曰：'何为不祀？'曰：'无以供牺牲也。'汤使遗之牛羊。葛伯食之，又不以祀。汤又使人问之曰：'何为不祀？'曰：'无以供粢盛也。'汤使亳众往为之耕，老弱馈食。葛伯率其民，要其有酒食黍稻者夺之，不授者杀之。有童子以黍肉饷④，杀而夺之。《书》曰：'葛伯仇饷⑤。'此之谓也。为其杀是童子而征之，四海之内皆曰：'非富天下也，为匹夫匹妇复仇也。''汤始征，自葛载⑥'，十一征而无敌于天下。东面而征，西夷怨；南面而征，北狄怨，曰：'奚为后我？'民之望之，若大旱之望雨也。归市者弗止，芸者不变，诛其君，吊其民，如时雨降。民大悦。《书》曰：'徯我后，后来其无罚⑦。''有攸不惟臣⑧，东征，绥厥士女，篚厥玄黄⑨，绍我周王见休，惟臣附于大邑周。'其君子实玄黄于篚以迎其君子，其小人箪食壶浆以迎其小人，救民于水火之中，取其残而已矣。《太誓》曰：'我武惟扬，侵于之疆，则取于残，杀伐用张，于汤有光⑩。'不行王政云尔，苟行王政，四海之内皆举首而望之，欲以为君。齐、楚虽大，何畏焉？"

【注】

①万章：孟子的学生。

②亳（bó）：成汤灭夏前的都城，旧址约在今河南商丘。

③放：放纵。

④饷（xiǎng）：用酒食慰劳。

⑤"葛伯仇饷"：《尚书》逸文，伪古文《尚书》篡入《仲虺之诰》。

⑥"汤始征"两句：见本书《梁惠王下》篇"齐人伐燕，取之"章注①。

⑦"徯我后"两句：《尚书》逸文，伪古文《尚书》篡入《太甲中》，作"徯我后，后来无罚"。徯，等待。后，君主。

⑧攸：攸国。

⑨篚（fěi）：用作动词，装筐。玄黄：丝帛。

⑩"我武惟扬"五句：《尚书》逸文，伪古文《尚书》篡入《泰誓中》，作"我武惟扬，侵于之疆，取彼凶残，我伐用张，于汤有光"。于，通"邘"，古国名。

【译】

万章问孟子："宋国，是一个小国家。如今想施行王道之政，齐国和楚国不希望看到宋国施行王道之政因而起兵进攻它，该怎么办？"

孟子说："成汤住在亳地，与葛国比邻，葛国国君放肆无忌不祭祀祖先。成汤派人去问他：'为什么不祭祀祖先？'葛国国君说：'我没有供祭祀用的牲畜。'成汤派人送去牛羊。葛国国君把牛羊吃了，仍然不祭祀祖先。成汤又派人去问他：'为什么不祭祀祖先？'葛国国君说：'我没有供祭祀用的谷物。'成汤派亳地的百姓替葛国耕作，年老体弱者给耕作的人送饭。葛国国君却率领自己的百姓，在路上拦截送饭人抢走他们带的食物，不肯交出的就杀害他们。有一个小男孩儿去送饭和肉，葛国国君杀死孩子抢走他带的食物。《书》上说：'葛国国君仇恨送饭者。'说的就是这个事情。成汤因为那个男孩子被杀而征伐葛国，天下人都说：'汤不是贪图天下的财富，是为平民百姓报仇。''成汤的征伐，自葛国开始'，经过十一次征伐而天下无人能够抵抗。他征伐东方，西方的少数民族抱怨；征伐南方，北方的少数民族抱怨，说：'为什么把我们置于后面？'百姓盼望成汤，犹如大旱季节盼望下雨。成汤的征伐不惊扰百姓劳作生活，市集中的贸易往来正常，农民也照常下田耕种。诛杀那些暴君而安抚百姓，犹如及时雨降临，百姓非常高兴。《书》上说：'等待我们的大王，他来了，我们就不受折磨了。'又说：'攸国不臣服，周王于是向东征伐，安抚那里的百姓，那里的人们都把捆扎好的黑色、黄色丝绸盛满筐子，希望被引见给周王而承受福祉，大家都想做大周国的臣民。'攸国的官员把捆扎好的黑色、黄色丝绸盛满筐子迎接周国的官员，攸国的百姓带着盛满饭的竹篓和装满饮料的壶迎接周国的士兵，周王东征是将百姓从水深火热中拯救出来，而诛杀无道的暴君罢了。《泰誓》上说：'振奋我们的军威，攻入邢国疆域，诛杀那暴君，我们的征伐威震四方，比成汤的功绩还要辉煌。'宋国不施行王道之政则已，一旦施行王道之政，天下都翘首期盼他来做自己的君主。齐国、楚国虽然强大，有什么可怕的？"

【评】

"王道"和"仁政"是孟子继承于孔子思想的理论"发明"，他还为此提出"仁者无敌"的概念（《孟子·梁惠王上》），并在《孟子》一书中多次提及。孟子主张"王道"，即所谓德治仁政。他认为只要国家的治理者自身道德高尚、关爱人民，就能够感化天下的百姓，使人们心悦诚服，从而自觉地归顺其统治。孟子反复强调"以德治国"的重要性；当然，他也不否定"依法治国"。至于它们之间的关系，孟子说："徒善不足以为政，徒法不能以自行"（《孟子·离娄上》），即，只有善良的本心尚不足以治民施政，只有严密的法度也不能使之自行实施，因为法律是要靠人去执行的。对于一个健全的社会来说，道德与法律、德治与法治恰似车之两轮、鸟之双翼，它们都不可或缺，两者相辅相成，不能偏废。孟子的"仁者无敌"，不仅讲治国者的修养，其中的道理也同样适用于每一个人。就个人而言，道德人格的魅力也具有强大的感召力。

人们常说"榜样的力量是无穷的",就是这个道理。表面看上去,道德似乎很脆弱,它的作用好像很有限,以德服人不如以力服人显得有力量、有实效。但从长远看,只有仁德者能服人心。诚如孟子所言:"以力服人者,非心服也,力不赡也;以德服人者,中心悦而诚服也,如七十子之服孔子也。"(《孟子·公孙丑上》)。

　　孟子谓戴不胜曰[1]:"子欲子之王之善与?我明告子。有楚大夫于此,欲其子之齐语也,则使齐人傅诸[2]?使楚人傅诸?"

　　曰:"使齐人傅之。"

　　曰:"一齐人傅之,众楚人咻之[3],虽日挞而求其齐也,不可得矣;引而置之庄、岳之间数年[4],虽日挞而求其楚,亦不可得矣。子谓薛居州[4],善士也,使之居于王所。在于王所者,长幼卑尊,皆薛居州也,王谁与为不善?在王所者,长幼卑尊,皆非薛居州也,王谁与为善?一薛居州,独如宋王何?"

【注】

①戴不胜:传为宋国大臣。

②傅:教导。

③咻(xiū):吵,乱说话,喧哗。

④庄:街名。岳:里名。都在齐国境内。

⑤薛居州:传为宋国的贤士,事迹不可考。

【译】

　　孟子对戴不胜说:"您希望自己的君主向好的方向发展吗?我明白地讲给您听。如果有一位楚国的大夫,想让他的儿子学说齐国话,那么是让齐国人教他?还是让楚国人教他?"

　　戴不胜说:"让齐国人教他。"

孟子说："一个齐国人教他说齐国话，一群楚国人在他边上喋喋不休地说楚国话，即使天天鞭挞逼着他学齐国话，他也学不好；把他带到齐国的闹市街巷住几年，即使天天鞭挞逼着他说楚国话，他也说不好。您说薛居州是个贤士，让他住在王宫里。如果王宫中，无论年长者、年幼者，还是卑贱者、尊贵者，都是薛居州这样的贤士，那么国君能跟着谁做不善的事？如果王宫中，无论年长者、年幼者，还是卑贱者、尊贵者，都不是薛居州这样的贤士，那么国君能跟着谁做善事？一个薛居州，能把宋王如何呢？"

【评】

"近朱者赤，近墨者黑；声和则响清，形正则影直。"环境对人的影响是巨大的。《孔子家语》卷四上记载了孔子和曾子的一段对话，发人深省——孔子曰："吾死之后，则商也日益，赐也日损。"曾子曰："何谓也？"子曰："商也好与贤己者处，赐也好说不若己者。不知其子视其父，不知其人视其友，不知其君视其所使，不知其地视其草木。故曰：与善人居，如入芝兰之室，久而不闻其香，即与之化矣。与不善人居，如入鲍鱼之肆，久而不闻其臭，亦与之化矣。丹之所藏者赤，漆之所藏者黑，是以君子必慎其所与处者焉。"大意是，孔子说："我死之后，卜商会日益进步，端木赐会日益退步。"曾子说："您是什么意思？"孔子说："卜商喜欢和比自己强的人交往，端木赐喜欢谈论不如自己的人。不了解儿子，就看他的父亲如何；不了解一个人，就看他的朋友如何；不了解君主，就看他任用的那些人如何；不了解一块土地的地性，就看它上面长什么草木。所以说和贤士相处，就像进入了种着芝草兰花的房间，时间久了就闻不到香气，因为已经与这样的环境融为一体了。和坏人相处，就像进入了卖腌鱼的店铺，时间久了就闻不到臭味，也是因为已经与这样的环境融为一体了。放朱砂的地方是红的，放黑漆的地方是黑的，所以君子一定要谨慎选择交往的对象。"

公孙丑问曰:"不见诸侯,何义?"

孟子曰:"古者不为臣不见。段干木逾垣而辟之^①,泄柳闭门而不内^②,是皆已甚。迫,斯可以见矣。阳货欲见孔子而恶无礼,大夫有赐于士,不得受于其家,则往拜其门。阳货瞰孔子之亡也,而馈孔子蒸豚;孔子亦瞰其亡也,而往拜之。当是时,阳货先,岂得不见?曾子曰:'胁肩谄笑^③,病于夏畦^④。'子路曰:'未同而言,观其色赧赧然^⑤,非由之所知也。'由是观之,则君子之所养可知已矣。"

【注】

①段干木:战国前期的贤士。垣(yuán):墙。

②内:"纳"的古字,收入,放进。

③胁肩谄笑:端着肩膀,谄媚地笑。

④夏畦(qí):指夏天炎热天气中在田里耕作。畦,古代称田五十亩为一畦。

⑤赧(nǎn)赧然:惭愧脸红的样子。

【译】

公孙丑问孟子:"不去晋见诸侯国君,这里有什么道理?"

孟子说:"古时如果一个人不是诸侯国君的臣属,就不去晋见他。魏文侯主动去见段干木,段干木跳墙躲避,鲁缪公主动去见泄柳,泄柳关闭大门不让进,这都有些过分了。如果特别迫切地要与之见面,也就见了。阳货想让孔子来见自己又怕被人认为无礼,根据礼法,大夫对士人有所馈赠,士人没有在家当面接受,就要到大夫家去回拜答谢。阳货于是趁着孔子不在家时,派人馈赠给孔子一头蒸熟的小猪;孔子也趁着阳货不在家时,去回拜。当时,如果阳货先主动去见孔子,孔子怎么会不见他呢?曾子说:'端着肩膀,谄媚地笑着,比大夏天炎热天气中在田里耕作还辛苦。'子路说：'与某人志不同道不合，却勉强和他说话，脸上显出难为情的神情，我不能理解这样的人。'这样看来，君子所修持的德行操守就一清二楚了。"

【评】

领导者应该礼贤下士，但人才也不可过于拘泥。毛遂自荐并不丢面子，关键是自己能否胜任。人本事再大，没有平台也是枉然。

戴盈之曰[①]："什一，去关市之征，今兹未能。请轻之，以待来年，然后已，何如？"

孟子曰："今有人日攘其邻之鸡者[②]，或告之曰：'是非君子之道。'曰：'请损之，月攘一鸡，以待来年，然后已。'如知其非义，斯速已矣，何待来年？"

【注】

①戴盈之：宋国大夫。

②攘（rǎng）：偷盗。

【译】

戴盈之说："只征收十分之一的税，废除关卡的过境税和市场的交易税，现在不能马上实行。我去请求国君适度减少过境税和交易税，等到明年，再停止征收，这样如何？"

孟子说："现在有个人每天都要偷邻居一只鸡，有人跟他说：'这不是君子应该做的。'他说：'那就少偷些，改为每个月偷一只，等到明年，再停止偷。'如果知道这件事不符合道义，就应马上停止，为何要等到明年？"

【评】

做好事必须"见善如不及"，而遇到坏事则必须"见不善如探汤"。坏事应该立刻停止，不能姑息迁延。北宋高隐林逋《省心录》有一句名言："为善如负重登山，志虽已确，而力犹恐不及；

为恶如乘骏马走坡，虽不加鞭策，而足亦不能制。"迁善去恶唯恐不及，改正错误不能拖延。

公都子曰："外人皆称夫子好辩，敢问何也？"

孟子曰："予岂好辩哉？予不得已也。天下之生久矣，一治一乱。当尧之时，水逆行泛滥于中国，蛇龙居之，民无所定，下者为巢，上者为营窟^①。《书》曰：'洚水警余^②。'洚水者，洪水也。使禹治之。禹掘地而注之海，驱蛇龙而放之菹^③，水由地中行，江、淮、河、汉是也。险阻既远，鸟兽之害人者消，然后人得平土而居之。尧、舜既没，圣人之道衰，暴君代作，坏宫室以为污池^④，民无所安息，弃田以为园囿，使民不得衣食。邪说暴行又作，园囿、污池、沛泽多而禽兽至^⑤。及纣之身，天下又大乱。周公相武王诛纣，伐奄三年讨其君^⑥，驱飞廉于海隅而戮之^⑦，灭国者五十，驱虎豹犀象而远之，天下大悦。《书》曰：'丕显哉，文王谟！丕承哉，武王烈！佑启我后人，咸以正无缺^⑧。'世衰道微，邪说暴行有作，臣弑其君者有之，子弑其父者有之。孔子惧，作《春秋》。《春秋》，天子之事也，是故孔子曰：'知我者，其惟《春秋》乎；罪我者，其惟《春秋》乎。'圣王不作，诸侯放恣，处士横议^⑨，杨朱、墨翟之言盈天下^⑩。天下之言，不归杨则归墨。杨氏为我，是无君也；墨氏兼爱，是无父也。无父无君，是禽兽也。公明仪曰：'庖有肥肉，厩有肥马，民有饥色，野有饿莩，此率兽而食人也。'杨、墨之道不息，孔子之道不著，是邪说诬民，充塞仁义也^⑪。仁义充塞，则率兽食人，人将相食。吾为此惧，闲先圣之道^⑫，距杨、墨，放淫辞，邪说者不得作。作于其心，害于其事；作于其事，害于其政。圣人复起，不易吾言矣。昔者禹抑洪水，而天下平；周公兼夷狄，驱猛兽，而百姓宁；孔子成《春秋》，而乱臣贼子惧。《诗》云：'戎狄是膺，荆、舒是惩，则莫我敢承。'无父无君，是周公所膺也。我亦欲正人心，息邪说，距诐行，放淫辞，以承三圣者。岂好辩哉？予不得已也。能言距杨、墨者，圣人之徒也。"

【注】

①营窟：上古时掘地或累土而成的住所，一说是相连的洞穴。

②"洚（jiàng）水警余"：《尚书》逸文。

③菹（jù）：水草丛生的沼泽地带。

④污池：水池。

⑤沛泽：沼泽。

⑥奄：奄国，商末周初山东曲阜之东的一个小国，后为周成王所灭。本章中孟子将伐奄国的史迹归为周公辅佐武王完成的。

⑦飞廉：亦作"蜚廉"，商纣王时期的重臣，以善于行走而为纣王效力。

⑧"丕显哉"六句：《尚书》逸文，伪古文《尚书》篡入《君牙》，其中，"无缺"作"罔缺"。

⑨处士：本指有才德而隐居不仕的人，后亦泛指未做过官的士人。

⑩杨朱：战国初思想家，主张"贵己""重生""人人不损一毫"的思想。墨翟（dí）：即墨子，春秋末期战国初思想家，创立墨家学说，在先秦时期影响很大。他提出了"兼爱""非攻""尚贤"等思想。

⑪充塞：闭塞，阻绝。

⑫闲：本意为栅栏，这里引申为保护、捍卫。

【译】

公都子说："别人都说老师您喜欢与人辩论，请问这是为什么？"

孟子说："我哪里是喜欢辩论，我是不得已而为之。人类社会诞生很久了，这其间有太平盛世，有乱世。尧的时代，河流倒灌洪水泛滥，大地成了龙蛇盘踞的天下，百姓无处安身，身处洼地的人在树上搭起窝棚居住，身处高地的人掘洞挖穴居住。《书》上说：'洚水警示我们。'洚水，就是洪水。派遣禹治理洪水。禹疏通河道使河水东流入海，驱离蛇龙将他们赶进沼泽，河水在固定的河道奔流，长江、淮水、黄河、汉水便是如此。水患解除了，害人的鸟兽也消失了，然后人才得以在平原地区定居下来。尧、舜去世后，圣人的治国之道衰微了，暴君层出不穷，他们毁坏房屋挖成深潭，使百姓无处居住，破坏农田辟为园林，使百姓缺衣少穿。邪恶的学说和残暴的行径也随之猖獗，园林、深潭、沼泽遍布，禽兽又回来占据了人居住劳作的土地。到商纣王的时代，天下再次大乱。周公辅佐周武王诛杀商纣王，征伐奄国三年而诛杀了其国君，将飞廉驱逐到海边并杀了他，灭亡的国家有五十个，将虎、豹、犀牛、大象远远驱离人居住的地区，天下百姓欢欣鼓舞。《书》上说：'多么辉煌啊，文王的谋略！后继有人啊，武王的功业！扶助、启迪我们后人，都正确完美没有欠缺。'之后，太平盛世和仁义之道衰微，邪恶的学说和残暴的行径再次猖獗，有臣属杀害君主的，有儿子杀害父亲的。孔子对此非常忧虑，著作了《春秋》。作《春秋》，本是天子的权限，但孔子迫不得已做了，所以孔子说：'如果有人能了解我，大概就是因为《春秋》这部著作吧；如果有人责骂我，大概就是因为《春秋》这部著作吧。'贤君圣王没有出现，各诸侯国君肆意妄为，没有官职的士人妄自议论，杨朱、墨翟的学说充斥天下。全天下的言论，不是属于杨朱一派就是属于墨翟一派。杨氏主张一切只为自己，是目无君上；墨氏主张无差等的博爱，是目无父母。目无父母，目无君上，那是禽兽。公明仪说：'厨房里有肥美的肉食，马厩里有壮硕的骏马，百姓却面有饥色，田野里有饿死者的尸骸，这是带领着野兽吃人。'杨朱和墨翟的学说不被灭亡，孔子的学说不能发扬光大，这是邪恶的言论在欺骗百姓，从而阻挠仁义之道的发扬光大。仁义之道的发扬光大遭到阻挠，就会出现带领着野兽吃人的景象，百姓也将相互残杀以对方的尸身为食。我对此非常忧虑，于是捍卫古代圣人的理论，抵制杨朱、墨翟的学说，遏止邪僻荒诞的言论，使持邪恶言论的人不能得势。邪恶的思想产生于人的心里，就会危害人的行为；人的行为被邪恶的思想危害，就会危害国家的治理。如果有圣人再次出现，也会认同我说的话。以前禹遏止了洪水，天下就太平了；周公归化了少数民族，驱离猛兽，百姓就安宁了；孔子著作了《春秋》，叛乱之臣、忤逆之子就畏惧了。《诗》上说：'征讨西戎北狄，严惩楚国、舒国，没人敢抗拒我。'目无父母，目无君上，是周公要讨伐的。我也想匡正人的思想，消灭邪恶的学说，抵制偏激的行为，遏止邪僻荒诞的言论，以继承大禹、周公、孔子三位古代圣人的伟大事业。我哪里是喜欢辩论，我是迫不得已而为之。能用语言抵制杨朱、墨翟学说的，是圣人的信徒。"

【评】

先秦时期的诸子百家，为了树立自己的理论和学说，除了阐发一己观点，还不免和其他门派发生争论和摩擦，这个时候辩论艺术就显得很重要了，不会辩论，就休想让自己的学术立足。哪怕是天生口吃的韩非子，虽然不能口辩，也要在字里行间显示其恢宏的雄辩之才。其他如墨家、纵横家、名家、道家莫不如此，尤其是儒家的孟子，以"好辩"闻名天下。唐代大家韩愈在《进学解》一文中说："昔者孟轲好辩，孔道以明。"是对孟子"好辩"最中肯的评价。想阐发理论，推广思想，高超的辩才是必不可少的。

匡章曰[①]："陈仲子岂不诚廉士哉[②]？居于陵[③]，三日不食，耳无闻，目无见也。井上有李，螬食实者过半矣[④]，匍匐往，将食之，三咽，然后耳有闻，目有见。"

孟子曰："于齐国之士，吾必以仲子为巨擘焉^⑤。虽然，仲子恶能廉？充仲子之操^⑥，则蚓而后可者也。夫蚓，上食槁壤^⑦，下饮黄泉。仲子所居之室，伯夷之所筑与？抑亦盗跖之所筑与^⑧？所食之粟，伯夷之所树与？抑亦盗跖之所树与？是未可知也。"

曰："是何伤哉？彼身织屦，妻辟纑^⑨，以易之也。"

曰："仲子，齐之世家也。兄戴，盖禄万钟。以兄之禄为不义之禄而不食也，以兄之室为不义之室而不居也，辟兄离母，处于於陵。他日归，则有馈其兄生鹅者，己频顣曰^⑩：'恶用是鶂鶂者为哉^⑪？'他日，其母杀是鹅也，与之食之。其兄自外至，曰：'是鶂鶂之肉也。'出而哇之^⑫。以母则不食，以妻则食之；以兄之室则弗居，以於陵则居之，是尚为能充其类也乎？若仲子者，蚓而后充其操者也。"

【注】

①匡章：战国时期齐国将领。

②陈仲子：战国时期齐国著名隐士。

③於陵：地名。

④蠐（cáo）：即蛴（qí）蠐，金龟子的幼虫。

⑤巨擘：本意大拇指，引申为杰出人物。

⑥充：塞满，注满。此处引申为尽全力践行。

⑦槁壤：干土，后引申为粗鄙的食物。

⑧盗跖（zhí）：传说中春秋时期的大盗。

⑨辟纑（bì lú）：制作麻线。

⑩频顣（cù）：皱眉。

⑪鶂（yì）鶂：鹅鸣声。

⑫哇：呕吐。

【译】

匡章说："陈仲子难道不是真正清廉的人吗？居住在於陵，曾经三天没有饭吃，以至耳朵听不见，眼睛看不见。井台上有一个李子，被蛴螬吃掉了一半，他爬过去拿起来吃，咽了三口才吃下去，然后耳朵才能听见，眼睛才能看见。"

孟子说："在齐国的人物里，我肯定会把陈仲子当作首屈一指的。但是，他怎么能称为清廉呢？要把他标榜的节操做到极致，只有变成蚯蚓之后才行。蚯蚓，在地面吃干土，在地面下喝黄泉。陈仲子住的房子，是伯夷那样清廉的人造的呢？还是盗跖那样的强盗造的呢？他吃的粟米，是伯夷那样清廉的人种的呢？还是盗跖那样的强盗种的呢？这些都是未知数。"

匡章说："这有什么妨碍呢？他自己织麻鞋，他妻子制作麻线，然后交换来的。"

孟子说："陈仲子是齐国的世家大族。他的兄长陈戴，在封地盖邑有万钟之多的俸禄。他认为兄长的俸禄是不义之财而不用，认为他兄长的房屋是不义之产而不住，避开兄长离开母亲，住在於陵。有一天回家，有个人给他兄长送来一只活鹅，他自己皱眉说：'要这嘎嘎叫的东西有什么用？'过了几天，他母亲杀了那只鹅，给他吃。他兄长从外面回到家看见，说：'这就是那嘎嘎叫的东西的肉。'陈仲子马上出去把吃的鹅肉全吐了。因为是母亲提供的食物就不吃，因为是妻子提供的食物就吃；因为是兄长的房子就不住，因为房子在於陵就住，这是把清廉做到极致了吗？像陈仲子这样的人，只有变成蚯蚓后才能把他自己标榜的操守做到极致。"

【评】

孟子对陈仲子的"廉"非常不以为然，因为他的行为太极端了。所以孟子讽刺他说，要做到他标榜的那样，除非把人先变成蚯蚓，只吃泥土，喝地下水。而真正要用这种"廉"的标准来衡量，就是陈仲子本人也做不到。陈仲子的行为只能算是沽名钓誉，用今天流行的话说就是"装"，也就是虚伪。朱熹在《孟子章句集注》中引范氏的话说："仲子避兄离母，无亲戚、君臣、上下，是无人伦也，岂有无人伦而可以为廉哉？"一个连基本人伦都不讲的人，还谈什么清廉呢！

离娄上

孟子曰："离娄之明①，公输子之巧②，不以规矩③，不能成方员④；师旷之聪⑤，不以六律⑥，不能正五音⑦；尧、舜之道，不以仁政，不能平治天下。今有仁心仁闻，而民不被其泽，不可法于后世者，不行先王之道也。故曰：徒善不足以为政，徒法不能以自行。《诗》云：'不愆不忘，率由旧章⑧。'遵先王之法而过者，未之有也。圣人既竭目力焉，继之以规矩准绳，以为方员平直，不可胜用也；既竭耳力焉，继之以六律，正五音，不可胜用也；既竭心思焉，继之以不忍人之政，而仁覆天下矣。故曰：为高必因丘陵，为下必因川泽；为政不因先王之道，可谓智乎？是以惟仁者宜在高位。不仁而在高位，是播其恶于众也。上无道揆也⑨，下无法守也，朝不信道，工不信度，君子犯义，小人犯刑，国之所存者幸也。故曰：城郭不完，兵甲不多，非国之灾也；田野不辟⑩，货财不聚，非国之害也。上无礼，下无学，贼民兴，丧无日矣。《诗》曰：'天之方蹶，无然泄泄⑪。'泄泄，犹沓沓也⑫。事君无义，进退无礼，言则非先王之道者，犹沓沓也。故曰，责难于君谓之恭，陈善闭邪谓之敬，吾君不能谓之贼。"

【注】

①离娄：古代传说中视力极强的人。

②公输子：即鲁班，姬姓，公输氏，名班，春秋时鲁国人。被尊为中国建筑和木匠鼻祖。

③规：画圆的工具。矩：画直角或方形的工具。

④员：同"圆"。

⑤师旷：春秋时著名乐师。据说他生而无目，听力超群。

⑥六律：指六阳律，即黄钟、太蔟（cù）、姑洗、蕤（ruí）宾、

夷则、无射（yì）。中国古代音律。

　　⑦五音：中国古代音律，依次为：宫、商、角、徵（zhǐ）、羽，大略相当于现在简谱中的1、2、3、5、6。

　　⑧"不愆（qiān）不忘"两句：出自《诗经·大雅·假乐》。

　　⑨揆（kuí）：准则，原则。

　　⑩辟：开垦。

　　⑪"天之方蹶"两句：出自《诗经·大雅·板》。

　　⑫沓（tà）沓：说话喋喋不休。

【译】

　　孟子说："以离娄那样强的视力，鲁班那样高超的技巧，不用圆规曲尺，也不能画出圆形方形；以师旷那样强的听力，不使用六律，也不能校准五音；尧、舜治理天下，不行仁政，也不能使天下太平。现在有些国君有仁爱的心和仁爱的声誉，但百姓并没有从中获得恩惠，其施政也不能成为后世效法的榜样，就是因为他们没有施行前代贤君圣王的治国之道。所以说：只有善良的本心尚不足以治民施政，只有严密的法度也不能使之自行实施。《诗》上说：'没有过错，没有遗忘，因为一切都遵循昔日的典章。'遵循前代贤君圣王治国之道却犯错误的，是不存在的。圣人已经竭尽视力，再使用圆规、曲尺、水准器、墨线，那么制作圆形、方形、水平、笔直的器物就得心应手了；已经竭尽听力，再使用六律，校准五音就游刃有余了；已经竭尽心神精力，再施行悲悯同情他人的政令，那么仁德就会布满天下。所以说：修筑高台必须依托高地山丘，挖掘深潭必须依托洼地河湖；施政不遵循前代贤君圣王的治国之道，怎么能说明智呢？所以只有仁德的人应该居于高的权位。不仁德的人居于高的权位，是让他的罪恶在大众中散布。居于上位者没有道德准则，居于下位者没有律法制度，朝廷不尊崇道义，工匠不遵守尺寸标准，官员触犯道义，平民触犯刑律，这样的国家还能存留真是侥幸。所以说：内外城墙不坚固，军队不多，不是国家的灾难；田地没有开垦，财富不充盈，不是国家的祸患。居于上位者不尊奉礼义，居于下位者不学习礼义，犯上作乱的人猖獗，国家的灭亡就指日可待了。《诗》上说：'上天正在降临祸乱，不要多嘴多舌。'泄泄，就是喋喋不休地说废话。侍奉君主不符合道义，行为举止不符合礼法，开口就诋毁前代贤君圣王的治国之道，这就是喋喋不休地说废话。所以说，劝喻君主做艰难的事是对他的恭谨，向君主进言善法美政而遏止君主的邪心妄念是对他的敬爱，认为国君不能迁善去恶而不规劝是对他的坑害。"

【评】

孟子在本章反复强调"先王之道"。那什么是"先王之道"呢？《论语》中有一章专门讲"先王之道"——"有子曰：'礼之用，和为贵。先王之道斯为美，小大由之。有所不行，知和而和，不以礼节之，亦不可行也。'"（《论语·学而第一》）大意是，有子说："礼法的作用，最重要的是使社会和谐。古代帝王治理天下的高妙之处正在于符合礼法，无论大事小事都遵循符合礼法的原则。如果遇到行不通的时候，为了所谓的和谐而求和谐，又没有礼法加以约束和节制，和谐是达不到的。"

古人讲礼法，我们现代人讲公平正义，讲法治。可以这样说，公平正义和法治是当今中国的"礼法"，也是整个社会和谐的基石。没有这个基石，"知和而和"，最终"亦不可行也"。从这一点上看，古人亦深谙和谐必须以某种被广泛认可且遵行的秩序为前提和基础，任何破坏这一秩序的行为，都将对和谐产生负面影响。

孟子曰："规矩，方员之至也[①]；圣人，人伦之至也。欲为君尽君道，欲为臣尽臣道，二者皆法尧、舜而已矣。不以舜之所以事尧事君，不敬其君者也；不以尧之所以治民治民，贼其民者也。孔子曰：'道二，仁与不仁而已矣。'暴其民甚，则身弑国亡；不甚，则身危国削。名之曰'幽''厉'②，虽孝子慈孙，百世不能改也。《诗》云：
'殷鉴不远，在夏后之世③。'此之谓也。"

【注】

①至：准则。

②幽、厉：指周幽王和周厉王，都是西周时期的昏君暴君。在古代谥法中，"幽"和"厉"都是恶谥。

③"殷鉴不远"两句：出自《诗经·大雅·荡》。

【译】

孟子说："圆规和曲尺，是圆形和方形的准则；圣人的言行，是为人处世的准则。作为君主要恪守君主的本分，作为臣属要恪守臣属的本分，君主和臣属都效法尧、舜就可以了。不像舜侍奉尧那样侍奉君主，就是不恭敬自己的君主；不像尧治理百姓那样治理百姓，就是残害百姓。孔子说：'治国的方法有两种，施行仁政和不施行仁政而已。'暴虐百姓太厉害，就会使自己被杀而国家灭亡；不是太过分地暴虐百姓，也会使自己身处危险而国家衰弱。死后被谥为'幽''厉'，即使有孝子贤孙，历经百代也无法更改。《诗》上说：'殷商人的史鉴并不遥远，就在夏代。'就是这个意思。"

【评】

《旧唐书·魏徵传》记载了唐太宗李世民的一段名言："夫以铜为镜，可以正衣冠；以古为镜，可以知兴替；以人为镜，可以明得失。朕常保此三镜，以防己过。今魏徵殂逝，遂亡一镜矣！"如果我们在身边带着这三面"镜子"，时常拿出来照一照，也会少犯很多错误。

孟子曰："三代之得天下也以仁，其失天下也以不仁。国之所以废兴存亡者亦然。天子不仁，不保四海；诸侯不仁，不保社稷①；卿大夫不仁，不保宗庙②；士庶人不仁，不保四体。今恶死亡而乐不仁，是犹恶醉而强酒。"

【注】

①社稷：土神和谷神的总称，后引申成为国家的代称。社，土神。稷，谷神。在古代，祭祀社稷之神是帝王和诸侯的专权。

②宗庙：古代社会上层人士祭祀祖先的专门场所。宗庙制度规定：天子七庙（即向上追祭七代，下同），诸侯五庙，大夫三庙，士一庙。庶人不准设庙。此处的宗庙指卿大夫的家族采邑。

【译】

孟子说："夏、商、周三代都是因为仁德而获有天下，因为不仁德而丧失天下。诸侯国的衰落、兴盛、存留、灭亡也是如此。天子不仁德，就保不住天下；诸侯国君不仁德，就保不住自己的国家；卿相大夫不仁德，就保不住自己的家族采邑；士人和平民不仁德，就保不住自己的身家性命。现在有些人怕死，却乐于行不仁之事，就如同怕醉酒却偏要喝酒一般。"

【评】

儒家将"仁"置于至高无上的地位，作为一种思想，这是极有道理的。一个人的身份地位不同，但如果不"仁"，就难保其所拥有的一切。孟子在本章的思想与孔子一脉相承——"子曰：'知及之，仁不能守之；虽得之，必失之。'"（《论语·卫灵公第十五》）

孟子曰："爱人不亲反其仁，治人不治反其智，礼人不答反其敬。行有不得者，皆反求诸己，其身正而天下归之。《诗》云：'永言配命，自求多福。'"

【译】

孟子说："我爱别人但别人不亲近我，就要反思自己的仁爱之心是不是还不够；我管理别人但效果不佳，就要反思自己的智慧是不是还不够；我礼待别人但得不到对方相应的回应，就要反思自己的恭敬是不是还不够。无论做什么事如果效果不佳，都要反躬自省，从自己身上找问题，自己能做到光明正大，天下人自会归附。《诗》上说：'经常反思自己的言行是否合乎天命，自己寻求更大的福祉。'"

【评】

"反求诸己"是孟子思想的一大精华。我们常有一种倾向，那就是事情一旦出问题，先从别人身上找毛病，而缺乏自省的能力。能够经常反省不仅是一种美德，更是一种强大的能力。这种能力可以使人换位思考，推己及人，并因此思维缜密，做事审慎，可以及时发现自身的问题而不断进步。孟子说的"反求诸己"绝不是唱高调，在我们的生活、工作、交往中解决问题能力强的人一般都是具备这种自省能力的人。所以，自省不仅是一种德行修养，也是一种强化思考问题、解决问题的能力。

孟子曰："人有恒言，皆曰：'天下国家。'天下之本在国，国之本在家，家之本在身。"

【译】

孟子说："人们有句俗话，都说：'天下国家。'天下的根本在国，国的根本在家，家的根本在我们个人。"

【评】

国，在中国古代指诸侯所受封的地域，包括其上的土地和人民，与现代意义上国的概念不同。此外，中国古代国与家是两个不同层级的概念，由很多人组成"家"（这个家的原意是指诸侯国国君分封给属下卿大夫的采邑，与现代意义上的家庭不同），由很多"家"组成"国"。中国人认为，没有家就没有国，无论对君王还是百姓，均家国一体，所以后来亦国家、家国连称。孟子在本章强调的是和《大学》"修身、齐家、治国、平天下"同样的道理，其中，修持自身的道德水平是一切事业的根本。

孟子曰："为政不难，不得罪于巨室①。巨室之所慕，一国慕之；一国之所慕，天下慕之；故沛然德教溢乎四海。"

【注】

①巨室：此处指德高望重的世家大族。

【译】

孟子说："治理国家不难，不要冒犯德高望重的世家大族。德高望重的世家大族所敬慕的，全国人都会敬慕；全国人都敬慕的，天下人都会敬慕；所以道德教化就会像水势奔涌般充溢于天下。"

【评】

德教有一个最直接的方法，那就是树立榜样。这是个屡试不爽的好方法。

孟子曰："天下有道，小德役大德①，小贤役大贤；天下无道，小役大，弱役强。斯二者，天也。顺天者存，逆天者亡。齐景公曰：'既不能令，又不受命，是绝物也。'涕出而女于吴②。今也小国师大国而耻受命焉③，是犹弟子而耻受命于先师也。如耻之，莫若师文王。师文王，大国五年，小国七年，必为政于天下矣。《诗》云：'商之孙子，其丽不亿。上帝既命，侯于周服。侯服于周，天命靡常。殷士肤敏，祼将于京④。'孔子曰：'仁不可为众也。夫国君好仁，天下无敌。'今也欲无敌于天下而不以仁，是犹执热而不以濯也。《诗》云：'谁能执热，逝不以濯⑤？'"

【注】

①役：役于，被……使唤。

②涕出而女于吴：春秋时期，吴王阖闾励精图治，任用了伍子胥、孙武等贤才良将，不几年，国力逐渐强大。阖闾为实现他"兴霸成王"的愿望，南伐越国，西破强楚，北慑齐、晋，一度称霸东南，威震中原。此时，齐国国君齐景公却不思进取，沉溺于声色犬马之中，专事游乐。为了对付咄咄逼人的吴国，齐国便与楚国"交通聘使"，图谋联合。阖闾听说此事，不无担忧，他对相国伍子胥说："齐楚通好，此我北方之忧也！"准备出兵攻打齐国，但苦于找不到借口。伍子胥为吴王出主意道：吴王太子波之妃已经去世，还没有继室，齐景公有一个未曾婚嫁的女儿，才貌出众，不如派人到齐国求婚，如果齐景公不答应，再出兵讨伐。吴王马上派大夫王孙骆到齐国为太子波求婚。齐景公虽不忍将爱女嫁到吴国，但慑于吴国的武力，只得忍痛答应，派大夫鲍牧把女儿护送去吴国。

③师：学习，效法。

④"商之孙子"八句：出自《诗经·大雅·文王》。丽，《毛传》："数也。"肤，《毛传》："美也。"祼（guàn），古代酌酒灌地的祭祀礼仪。

⑤"谁能执热"两句：出自《诗经·大雅·桑柔》。

【译】

孟子说："天下政治清明，道德不高的人被道德高尚的人役使，才能低的人被才能高的人役使；天下政治暗弱，力量小的被力量大的役使，实力弱的被实力强的役使。这两种情况，都是天命决定的。顺应天命的能生存，背离天命的会灭亡。齐景公说：'既没实力驱使别人，又不能忍受别人的驱使，是自寻绝路。'流着泪把女儿嫁到吴国去。现在，弱小的国家向强大的国家学习但以供其驱使为耻，这就如同学生以供前辈老师驱使为耻一样。如果以供其他国家驱使为耻，不如向周文王学习。向周文王学习，强大的国家只需五年，弱小的国家只需七年，一定能一统天下。《诗》上说：'商的子孙后代，人数众多。上天已经降下意旨，商的子孙臣服于周朝，可见天命无常会改变。商的子孙俊美矫捷，在周朝国都参加酹酒灌地的祭祀仪式。'孔子说：'仁德的力量，不在于人多势众。只要国君尊崇奉行仁政，就能天下无敌。'现在想无敌于天下却不施行仁政，就好比苦于炎热却不洗澡。《诗》上说：'谁能不以炎热为苦，却不去洗澡？'"

【评】

本章的"既不能令，又不受命"颇耐人寻味。我们在现实的工作和生活中，能遇到这样的人。领导是一种能力，被人领导其实也是一种能力。怕就怕这两方面都差，那就是害群之马了。在任何团体和机构中，"既不能令，又不受命"者，都会起到负面作用，误己误人。

孟子曰："不仁者可与言哉？安其危而利其菑①，乐其所以亡者。不仁而可与言，则何亡国败家之有？有孺子歌曰：'沧浪之水清兮，可以濯我缨②；沧浪之水浊兮，可以濯我足。'孔子曰：'小子听之！清斯濯缨，浊斯濯足矣，自取之也。'夫人必自侮，然后人侮之；家必自毁，而后人毁之；国必自伐，而后人伐之。《太甲》曰：'天作孽，犹可违；自作孽，不可活。'此之谓也。"

【注】

①菑（zāi）：同"灾"，灾祸。

②缨：帽缨。

【译】

孟子说："不仁德的人怎么可以与他商议事情呢？这种人把危险当成平安而把祸患当成利益，把那些足以使之败亡的事情当成乐趣去享受。不仁德的人如果可以与他商议事情，哪里会有亡国败家的事情发生。有个小孩子唱道：'沧浪之水清澈呀，可以洗涤我的帽缨；沧浪之水浑浊呀，可以洗涤我的脚。'孔子对学生们说：'你们这些年轻人好好听听！水清澈就用来洗涤帽缨，水浑浊就用来洗涤脚，这都是人自己的选择。'人一定是自己先轻慢自己，然后才会被人侮辱；家一定是自己先去破坏，然后才会被别人破坏；国一定是自己先去毁坏，然后才被人侵略。《太甲》上说：'上天降下的灾祸，还能躲避；自找的灾祸，无处可逃。'就是这个意思。"

【评】

祸福皆自取，这是至理名言。凡事有因果，确实应该时常反省，"反求诸己"，先从自身找问题，打铁要靠自身硬。

　　孟子曰："桀、纣之失天下也，失其民也；失其民者，失其心也。得天下有道：得其民，斯得天下矣；得其民有道：得其心，斯得民矣；得其心有道：所欲与之聚之，所恶勿施尔也。民之归仁也，犹水之就下、兽之走圹也①。故为渊驱鱼者，獭也②；为丛驱爵者③，鹯也④；为汤、武驱民者，桀与纣也。今天下之君有好仁者，则诸侯皆为之驱矣。虽欲无王，不可得已。今之欲王者，犹七年之病求三年之艾也。苟为不畜，终身不得。苟不志于仁，终身忧辱，以陷于死亡。《诗》云：'其何能淑，载胥及溺⑤。'此之谓也。"

【注】

①圹（kuàng）：旷野。

②獭：水獭。

③爵：通"雀"。

④鹯（zhān）：食肉的猛禽。

⑤"其何能淑"两句：出自《诗经·大雅·桑柔》。郑玄："淑，善。胥，相。及，与也。"

【译】

孟子说："桀和纣丧失天下，是因为失去了百姓的支持；失去百姓的支持，是因为失去了民心。赢得天下有方法：赢得百姓的支持，就能赢得天下；赢得百姓的支持有方法：赢得民心，就能赢得百姓的支持；赢得民心有方法：百姓喜欢的东西要惠及他们并不断积累这样的恩惠，百姓厌恶的不要施加到他们身上罢了。百姓归附仁政，如同水会向低洼处流淌，走兽会向旷野奔跑一样。所以把鱼驱赶进深潭的是水獭，把雀鸟驱赶进丛林的是鹯；把百姓驱赶到成汤和周武王那里的，是桀和纣。当今如果有尊崇仁德的君主，那么其他诸侯国君都在帮他把百姓驱赶到他那里。即使不想称王于天下，都不行。现在那些想一统天下的，就像患了七年的重病，要用储存了三年的艾草治疗。如果不提前储存积蓄，一辈子都没有。如果不立志追求仁政，一辈子都会忧愁耻辱，最终陷入死亡的境地。《诗》上说：'那怎么会把事情做好，不过是使大家相继溺水罢了。'就是这个意思。"

【评】

"人心向背"是一切事业成败的关键。违人心而为，逆潮流而动，怎么会不失败呢？

孟子曰："自暴者，不可与有言也；自弃者，不可与有为也。言非礼义，谓之自暴也；吾身不能居仁由义，谓之自弃也。仁，人之安宅也；义，人之正路也。旷安宅而弗居，舍正路而不由，哀哉！"

【译】

孟子说："自己糟蹋自己的人，不能和他谈事；自己抛弃自己的人，不能和他共事。说话诋毁礼法道义，就是自己糟蹋自己；认为自己做不到心存仁德，行动不遵循道义，就是自己抛弃自己。仁德，是人最安全舒适的住所；道义，是人最正确的道路。闲置安全舒适的住所而不居住，放弃正确的道路而不走，真可悲呀！"

【评】

本章是成语"自暴自弃"的原始出处。著者在自己所倡导的"当代儒家"理论中提出，这一理论的方法论是"自强不息"和"厚德载物"。而"自强不息"就与"自暴自弃"截然相反——"当代儒家"认为，生命是有限的，也是宝贵的，但人生又充满坎坷与艰辛。我们必须有一往无前的气概和自强不息的精神。人生路漫漫，路途是坎坷还是平坦？这些都是未知数，不同的人选择用不同的方法来面对未知的事物：有的人选择全力以赴去挑战，不管前面是机遇、危机还是压力，逐一化解，自强不息，用生命描绘奋斗的轨迹，用圆满为人生画上成功的句号；有的人为外界事物所迫，半推半就中去应付，结果事倍功半，苦不堪言；有的人选择了逃避，想方设法逃避一切未知事物，殊不知人生路上必有挑战，即使你逃避了这次，也会有另一次等你，总有一次无路可逃，为什么不用自强不息的精神去面对人生的每一次挑战？命运掌握在那些脚踏实地、勤勤恳恳的人手中。

孟子曰："道在尔而求诸远，事在易而求诸难。人人亲其亲、长其长而天下平。"

【译】

孟子说："真理就在近处却往远处去找，事情本来容易却往难处去做。每个人都孝顺自己的父母，尊敬自己的长辈，天下就能太平。"

【评】

本章强调"孝亲尊长为本"。中国古代有以孝治家、以孝治国、以孝治天下的传统。说某人孝悌是对他最基本的肯定，反之则是对他最彻底的否定。"不孝敬父母的人不可交"之类的教诲始终贯穿于中国的家庭和社会教育中。按照中国人的思维，一个连自己父母都不孝敬，连自己兄弟姐妹都不友爱的人，是断然不会真诚善待旁人的。同时，几千年的中华文明史，我们自己短短几十年的人生阅历，也在反复不断地印证这一真理的颠扑不破。

孟子曰："居下位而不获于上，民不可得而治也。获于上有道：不信于友，弗获于上矣；信于友有道：事亲弗悦，弗信于友矣；悦亲有道：反身不诚，不悦于亲矣；诚身有道：不明乎善，不诚其身矣。是故诚者，天之道也；思诚者，人之道也。至诚而不动者，未之有也；不诚，未有能动者也。"

【译】

孟子说："作为下属不能得到上级的信任，就不能治理好百姓。要得到上级的信任有办法：得不到朋友的信任，就不能得到上级的信任；要得到朋友的信任有办法：侍奉父母不能让他们满意，就得不到朋友的信任；侍奉父母使他们满意有办法：不能反省自己的内心不够真诚，父母就不会满意；要做到内心真诚有办法：不明彻什么是善，就做不到内心真诚。所以，真诚是上天赋予人的光明秉性；通过学习达到真诚，是人间的教化之功。极端真诚却不能感化他人，是不可能的；不真诚，就不能感化他人。"

【评】

孟子认为，诚信、孝悌是赢得朋友、上级信任的法宝，而内心真诚是一切美德的起点。

孟子曰："伯夷辟纣，居北海之滨，闻文王作兴，曰：'盍归乎来！吾闻西伯善养老者[①]。'太公辟纣，居东海之

滨，闻文王作兴，曰：'盍归乎来！吾闻西伯善养老者。'
二老者，天下之大老也，而归之，是天下之父归之也。天
下之父归之，其子焉往？诸侯有行文王之政者，七年之
内，必为政于天下矣。"

【注】

①西伯：指周文王。

【译】

孟子说："伯夷逃避商纣，住到北海边上，听说周文王崛起，
说：'为什么不去归附他呢！我听说西伯善于赡养老人。'姜太公逃
避商纣，住在东海边上，听说周文王崛起，说：'为什么不去归附
他呢！我听说西伯善于赡养老人。'这两位老人，是天下最有威望
的老人，二人归附于西伯，就相当于天下的父亲都归附于西伯。天
下的父亲都归附于西伯，那么他们的儿子还能去哪里呢？如果诸侯
国君有施行文王治国之法的，七年之内，一定能一统天下。"

【评】

养老问题自古就是重大的社会问题，至今也是各国政府和人
民最关心的问题。能使人"老有所依"的国度，谁会不向往呢？

孟子曰："求也为季氏宰①，无能改于其德，而赋粟倍
他日。孔子曰：'求非我徒也，小子鸣鼓而攻之可也。'由
此观之，君不行仁政而富之，皆弃于孔子者也。况于为之
强战？争地以战，杀人盈野；争城以战，杀人盈城。此所
谓率土地而食人肉，罪不容于死。故善战者服上刑，连诸
侯者次之②，辟草莱、任土地者次之③。"

【注】

①求：即冉求，字子有。孔子的学生。

②连诸侯者：指在诸侯间搞合纵连横之术的纵横家。

③辟草莱、任土地者：指为了获得高额田赋而强令百姓开垦荒地的人。

【译】

孟子说："冉求做季孙氏的总管，不能提高他的德行，还将田赋数额提高了一倍。孔子说：'冉求不是我的学生，你们这些学生可以大张旗鼓地攻击他。'这样看来，君主不施行仁政，还要去帮他聚敛致富，这样的国君和帮他聚敛的人，都是孔子所唾弃的。更何况那些为不仁之君进行不义战争的人？发动战争争夺土地，杀害的人漫山遍野；发动战争争夺城镇，杀害的人遍布街市。这就是为了土地去吃人的肉，其罪死有余辜。所以擅长打仗的人应该被处以最重的刑罚，在诸侯间搞合纵连横之术的纵横之士应该被处以稍微轻一些的刑罚，为了获得高额田赋而强令百姓开垦荒地的人应该被处以再轻一些的刑罚。"

【评】

孔子和孟子都是非常反对"聚敛之臣"的，根据《左传》哀公十一年和十二年记载，季孙氏要增加赋税，让冉求征求孔子的意见，孔子主张"施取其厚，事举其中，敛从其薄"。但冉求依旧全力帮助季孙氏增收赋税，这让孔子非常愤怒。先秦典籍中记录孔子责备学生的内容不少，但《论语·先进第十一》中这一章是孔子说得最重的一次。孟子在此基础上，又抨击了"善战者"和"连诸侯者"，认为他们逢迎君主的私欲，为之强战，杀戮生命，"罪不容于死"。

孟子曰："存乎人者①，莫良于眸子②。眸子不能掩其恶。胸中正，则眸子瞭焉③；胸中不正，则眸子眊焉④。听其言也，观其眸子，人焉廋哉⑤？"

【注】

①存：观察。

②眸子：眼珠。

③瞭（liǎo）：清晰，明亮。

④眊（mào）：眼睛失神。

⑤廋（sōu）：隐藏，掩盖。

【译】

孟子说："观察一个人，没有比观察他的眼睛更好的。因为眼睛不能掩饰人的丑恶。心思纯正，眼睛就明亮；心思不纯正，眼睛就暗淡。听一个人说话，观察他的眼睛，他还能如何掩饰呢？"

【评】

相人视目，孟子也破天荒地教了我们一次"识人之术"。著者认为，孟子所说的"眸子"，其实是指眼神。眼睛是心灵的窗户，眼睛有大小之分，有单眼皮和双眼皮之分，有好看难看之分，但所反映出的精神状态是一样的。一个善养"浩然之气"的人，眼神自然坚定而沉稳、温和而刚毅；一个蝇营狗苟的人，眼神自然飘忽而猥琐、谄媚而孱弱。当然，这也需要相人者有一定的阅历。

孟子曰："恭者不侮人，俭者不夺人。侮夺人之君，惟恐不顺焉，恶得为恭俭？恭俭岂可以声音笑貌为哉？"

【译】

孟子说："恭敬的人不会侮辱别人，节俭的人不会掠夺别人。惯于侮辱、掠夺别人的君主，唯恐别人不顺从自己，怎么可能做到恭敬节俭？恭敬节俭难道是靠虚假的言辞神色能伪装出来的吗？"

【评】

判断一个人的真诚和虚伪，不能依据他说什么，而要看他实际做了什么。社会上沽名钓誉者很多，经验告诉我们，说得很好

听，做得倒不一定如何。我们应该像孔子说的那样："听其言，观其行。"（《论语·公冶长第五》）

淳于髡曰①："男女授受不亲②，礼与？"

孟子曰："礼也。"

曰："嫂溺则援之以手乎？"

曰："嫂溺不援，是豺狼也。男女授受不亲，礼也；嫂溺援之以手者，权也③。"

曰："今天下溺矣，夫子之不援，何也？"

曰："天下溺，援之以道；嫂溺，援之以手。子欲手援天下乎？"

【注】

①淳于髡（kūn）：复姓淳于，名髡。战国时期齐国的政治家和思想家，博学多才，善于辩论。

②亲：靠近，接近。

③权：权宜。

【译】

淳于髡说："男女之间不亲手递接东西，是礼制吗？"

孟子说："是礼制。"

淳于髡说："嫂子溺水了，要伸手去救她吗？"

孟子说："嫂子溺水却不救助，是豺狼。男女之间不亲手递接东西，是礼制；嫂子溺水伸手去救，是权宜之计。"

淳于髡说："如今天下陷溺于乱世，您却不救助，这是为什么？"

孟子说："天下陷溺于乱世，要以仁义之道去救助；嫂子溺水，要用手去救助。您想让我用手去救助天下吗？"

【评】

执经达权，通权达变，是一种强大的能力。本章集中体现了孟子的"权变"思想和高超的辩才。做人做事必须有原则底线，关键时刻的权变也必不可少，而任何一种思想、理论，如果没有与时俱进的胸襟和胆魄，只能江河日下。这也正是儒家思想历经两千多年发展，至今仍然焕发勃勃生机的根本原因。

公孙丑曰："君子之不教子，何也？"

孟子曰："势不行也。教者必以正；以正不行，继之以怒；继之以怒，则反夷矣^①。'夫子教我以正，夫子未出于正也。'则是父子相夷也。父子相夷，则恶矣。古者易子而教之，父子之间不责善。责善则离，离则不祥莫大焉。"

【注】

①夷：伤害。

【译】

公孙丑说："君子不亲自教导自己的儿子，这是为什么？"

孟子说："情势不允许。教育必须以正道真理教人；如果正道真理在儿子身上没有贯彻体现，父亲就会愤怒；父亲一愤怒，儿子就反而受伤害。如果儿子说：'您教我正道真理，但您自己却不按正道真理为人行事。'那就是父子间互相伤害。父子间互相伤害，就不好了。古代人交换儿子来教育，父子之间不相互责求遵行善道。相互责求遵行善道会造成父子间的隔阂，父子间有隔阂是最不好的事。"

【评】

孟子说："父子主恩。"（《孟子·公孙丑下》）父子关系最讲慈孝，父慈子孝。慈孝的关系头等重要，即使为善去恶这样的善道也不能妨碍父子间的慈孝关系。本章体现了孟子重人伦，通权变的特点。

孟子曰："事孰为大？事亲为大；守孰为大？守身为大。不失其身而能事其亲者，吾闻之矣；失其身而能事其亲者，吾未之闻也。孰不为事？事亲，事之本也；孰不为守？守身，守之本也。曾子养曾晳[1]，必有酒肉。将彻[2]，必请所与。问有余，必曰：'有。'曾晳死，曾元养曾子[3]，必有酒肉。将彻，不请所与。问有余，曰：'亡矣。'将以复进也。此所谓养口体者也。若曾子，则可谓养志也[4]。事亲若曾子者，可也。"

【注】

①曾晳：名点。曾子（曾参）的父亲。

②彻：结束。

③曾元：曾子的儿子。

④志：意愿。

【译】

孟子说："侍奉谁最重要？侍奉父母最重要；守持什么最重要？守持自身的节操最重要。不丧失自身的节操而能侍奉父母的人，我听说过；丧失了自身的节操而能侍奉父母的人，我没听说过。每个人都会有所侍奉，侍奉父母是根本；每个人都会有所守持，守持自身的节操是根本。曾子赡养曾晳，每餐必有酒肉。曾晳进餐结束时，曾子一定会请示父亲剩余的饭菜给谁。如果父亲问是否还有富裕的，曾子一定会回答：'有。'曾晳去世后，曾元赡养曾子，每餐必有酒肉。曾子进餐结束时，曾元从不请示父亲剩余的饭菜给谁。如果父亲问是否还有富裕的，曾元一定会回答：'没有。'是想留着以备父亲再次享用。曾元的做法只能算满足父母的口腹之需，而曾子的做法是能顺从父母的意愿。像曾子这样侍奉父母，就可以了。"

【评】

孝顺，孝顺，以顺为孝，尽量不违背父母的意愿是孝道的核心。只做到赡养，而没有恭敬，孔子认为不是真正的孝。在不违反原则底线的前提下，尽量顺从父母的意愿，在今天也是我们应该效法的孝道楷模。

孟子曰："人不足与适也①，政不足间也②。惟大人为能格君心之非③。君仁莫不仁，君义莫不义，君正莫不正。一正君而国定矣。"

【注】

①适（zhé）：通"谪"，谴责，责备。

②间（jiàn）：指责，非议。

③格：纠正，匡正。

【译】

孟子说："不必谴责那些当权的人，不必批评他们的政治。只有德行高尚的人能匡正君主的错误思想。君主仁德，没人会不仁德；君主讲道义，没人会不讲道义；君主正派，没人会不正派。一旦使国君走上正道，那么国家就安定了。"

【评】

上梁不正下梁歪。孟子在这里是抒发自己对那些作恶的君主和高官的愤懑。

孟子曰："有不虞之誉①，有求全之毁。"

【注】

①虞：预料，意料。

【译】

孟子说：“有出乎意料的赞誉，有求全责备的诋毁。”

【评】

毁誉由人不由己，嘴长在别人身上，我们管不了，唯有做好自己，不必过于在意别人的评价。孔子说：“君子坦荡荡，小人长戚戚。”（《论语·述而第七》）孔子所说的“坦荡”，既对人，更对己。不能尽如人意，但求无愧我心。我们没那么伟大，更不可能让所有人都满意，关键是自己有没有亏心。如果没有亏心，何必在意他人的评价和腹诽。

孟子曰：“人之易其言也，无责耳矣。”

【译】

孟子说：“人之所以轻易出言，信口开河，是因为不想对自己说的话负责罢了。”

【评】

杨伯峻先生将本章翻译为：“人把什么话都轻易地说出口，那便不足责备了。”他认为：“俞樾《孟子平义》云：‘无责耳矣，乃言其不足责也。孔子称君子“欲讷于言”，又曰，“仁者其言也切”，若轻易其言，则无以入德矣，故以不足责绝之也。’案赵岐及朱熹解此句都不好，惟此说尚差强人意，姑从之。”按，《论语·颜渊第十二》：“司马牛问仁。子曰：‘仁者，其言也切。’曰：‘其言也切，斯谓之仁已乎？’子曰：‘为之难，言之得无切乎？’”大意是，司马牛向孔子请教什么是仁。孔子说：“仁者出言缓慢谨慎。”司马牛问：“出言缓慢谨慎，就算是仁了？”孔子说：“兑现践行自己说的事情时很难，说的时候能不谨慎小心吗？”孔子还说：“小人难事而易说也。”（《论语·子路第十三》）著者认为两种观点并不对立，都是对不负责任的“易言”的批评。

孟子曰："人之患在好为人师。"

【译】

孟子说："人的毛病在于爱当别人的老师。"

【评】

本章的理解关键在于一个"好"字。所谓"好为人师"，指骄傲自负、自视甚高并偏好对别人指手画脚。这是做人的大忌讳，还是谦逊些好。

乐正子从于子敖之齐①。乐正子见孟子。孟子曰："子亦来见我乎？"

曰："先生何为出此言也？"

曰："子来几日矣？"

曰："昔者。"

曰："昔者，则我出此言也，不亦宜乎？"

曰："舍馆未定②。"

曰："子闻之也，舍馆定，然后求见长者乎？"

曰："克有罪。"

【注】

①子敖：齐王宠臣王𬸘的字。

②舍馆：旅馆。

【译】

乐正子跟着王子敖来到齐国。乐正子去拜见孟子。孟子说："你还会来见我？"

乐正子说："老师为什么这样说？"

孟子说："你到了几天了？"

乐正子说："昨天到的。"

孟子说："昨天到的却刚来见我，那么我这么说，难道不对吗？"

乐正子说："当时没有找好旅馆。"

孟子说："你听说过要找好旅馆，然后才去拜见长辈的吗？"

乐正子说："我错了。"

【评】

见下章。

孟子谓乐正子曰："子之从于子敖来，徒铺啜也^①。我不意子学古之道，而以铺啜也。"

【注】

①铺啜（bū chuò）：吃喝。

【译】

孟子对乐正子说："你跟着王子敖来到齐国，只是为了吃喝。我没想到你学习古人的仁义之道，就是为了吃喝。"

【评】

王驩，字子敖，是齐宣王时期的大臣，曾做过盖邑大夫，后官至齐国右师。此人长于溜须拍马，阿谀逢迎，因而颇得齐宣王宠信。孟子二次来齐时，曾与之共事，对他十分厌恶。《孟子》一书中记载了三次孟子与此人的交集：第一次是王驩跟随孟子出吊滕国，独断专权，不和孟子商量公事（见本书《公孙丑下》相关章）；第二次是本章和上章，孟子弟子乐正克跟随王驩来齐，遭到孟子的严厉批评；第三次是王驩出席公行子之子的葬礼，孟子不向王驩行礼（见本书《离娄下》相关章）。从本章和上章的记载看，孟子对乐正克跟随王驩来齐国是非常厌恶的。乐正克是孟子的得意门生，按照道理说晚来一会儿看望孟子，孟子是不应该大发雷霆的。孟子虽然脾气倔强，给人的形象是自尊而凛然不可犯，在学生面前也更多地呈现出严师的形象，可敬的一面似乎超过了可亲的一面，但还不至于为了学生一点点失礼而咄咄逼人，严加斥责。究其原因，孟子不是对学生乐正克不满，而是对学生交往的对象——王驩不满。因为王驩品行不佳，谄上虐下，孟子认为自己的学生跟着他会学坏，所以才对乐正克大加指责。

孟子曰："不孝有三^①，无后为大。舜不告而娶，为无后也，君子以为犹告也。"

【注】

①不孝有三：《孟子注疏》赵岐注："于礼有不孝者三事，谓阿意曲从，陷亲不义，一不孝也；家贫亲老，不为禄仕，二不孝也；不娶无子，绝先祖祀，三不孝也。"大意是，一味顺从，见父母有过错而不劝说，使他们陷于不义之中，这是第一种不孝；家境贫穷，父母年老，自己却不去当官挣俸禄来供养父母，这是第二种不孝；不娶妻生子，断绝后代，这是第三种不孝。

【译】

孟子说："不孝顺父母的行为有三种，其中，没有子嗣是最严重的。舜不事先禀告父母就娶妻，就是担心没有子嗣，因此君子认为他虽然没有禀告，也如同禀告了一样。"

【评】

本章所言"舜不告而娶"有其历史背景。相传舜年轻时即以孝行闻名，父亲瞽叟及继母、异母弟象，却想害死他：让舜修补谷仓仓顶时，从谷仓下纵火，舜手持两个斗笠跳下逃脱。帝尧听说舜非常孝顺，有处理政事的才干，把两个女儿娥皇和女英嫁给他。后来瞽叟又让舜掘井，他和象却下土填井，舜掘地道逃脱。事后舜毫不嫉恨，仍然孝顺父亲，友爱弟弟。帝尧经过多年观察和考验，选定舜做他的继承人。舜登天子位后，去看望父亲，仍然恭恭敬敬，并封象为诸侯。舜不事先禀告父母就娶妻，是因为当时的情形，瞽叟和继母断然不会同意他结婚。

孟子曰："仁之实，事亲是也；义之实，从兄是也；智之实，知斯二者弗去是也；礼之实，节文斯二者是也[①]；乐之实，乐斯二者，乐则生矣；生则恶可已也，恶可已，则不知足之蹈之，手之舞之。"

【注】

①节文：指制定礼法制度，使其行之有度。节，指节制，约束。文，修饰，装饰。

【译】

孟子说："仁德的核心，是侍奉父母；道义的核心，是顺从兄长；智慧的核心，是了解仁义的本质而不背离；礼制的核心，是将仁义制定成礼法制度，使其行之有度；快乐的实质，就是乐于行仁义，快乐就由此产生；这种快乐一旦产生就不会停止，快乐不止，就会情不自禁地手舞足蹈起来。"

【评】

孟子在本章仍然是在强调"孝悌"的重要性，认为"孝悌"是"仁义"的基础和根本。也正如有子所说："孝弟也者，其为仁之本与！"（《论语·学而第一》）

孟子曰："天下大悦而将归己，视天下悦而归己，犹草芥也[①]，惟舜为然。不得乎亲，不可以为人；不顺乎亲，不可以为子。舜尽事亲之道而瞽瞍厎豫[②]，瞽瞍厎豫而天下化，瞽瞍厎豫而天下之为父子者定，此之谓大孝。"

【注】

①草芥：小草，指不值得珍惜、没有价值的东西。

②瞽瞍（gǔ sǒu）：即"瞽叟"，舜的父亲。厎（dǐ）：达到。豫：快乐。

【译】

孟子说："天下都心悦诚服想归附于自己，把天下都心悦诚服想归附于自己，看作如草芥一般，只有舜是这样的。不能使父母开心，就不成其为人；不能顺从父母的意愿，就不成其为儿子。舜竭尽全力侍奉父母而终于使得瞽叟高兴了，瞽叟高兴了，那么天下的人就都受到了教化，瞽叟高兴了，那么天下所有父子之间的伦常标准就确定了，这便叫作大孝。"

【评】

"百善孝为先"，孝道在中国文化中的至高地位无可动摇。一切善行皆从孝开始。

离娄下

孟子曰：“舜生于诸冯^①，迁于负夏，卒于鸣条，东夷之人也。文王生于岐周^②，卒于毕郢^③，西夷之人也。地之相去也，千有余里；世之相后也，千有余岁。得志行乎中国，若合符节^④，先圣后圣，其揆一也。”

【注】

①诸冯：与下文的“负夏”“鸣条”皆古地名。

②岐周：岐山下的周国旧邑，在今陕西岐山。

③毕郢：史料记载，周文王葬于“毕原”，其地约在今西安、咸阳一带。但考古界至今并未发现其墓葬遗址。

④符节：古代符信的一种。以金玉竹木等制成，上刻文字，分为两半，使用时以两半相合为验。

【译】

孟子说：“舜生在诸冯，迁居到负夏，去世于鸣条，是东夷之地的人。周文王生在岐周，去世于毕郢，是西夷之地的人。两地相隔上千里，时代相隔上千年。他们一统天下在中原地区推行的仁政，几乎完全一样，前世和后世的圣人，他们的准则是一致的。”

【评】

英雄不问出处，人的出身是先天的，但都具备后天成就事业的潜质。成就事业，其轨迹都具有相似之处，那就是担当与勤奋。

子产听郑国之政^①，以其乘舆济人于溱洧^②。孟子曰：“惠而不知为政。岁十一月徒杠成^③，十二月舆梁成^④，民未病涉也。君子平其政，行辟人可也^⑤，焉得人人而济之？故为政者，每人而悦之，日亦不足矣。”

【注】

①子产：姬姓，公孙氏，名侨，字子产，号成子。郑国国卿。

②乘舆：马车。溱（zhēn）：古水名。源出今河南新密白寨镇，与洧水在交流寨村汇流后称双洎（jì）河。洧（wěi）：古水名。即今双洎河。源出今河南登封阳城山，自今长葛以下，故道原经今鄢陵、扶沟南，至今西华西入颍水。

③徒杠：可供徒步行走的小桥。

④舆梁：可供车辆行驶的大桥。

⑤辟人：驱离行人使避开。

【译】

子产在郑国主持国政，用自己的马车帮助人渡过溱水和洧水。孟子说："子产会用小恩小惠但不知道该怎样施政。十一月建成可供徒步行走的小桥，十二月建成可供车辆行驶的大桥，百姓就不会再为渡河发愁。君子只要能修明政治，出门开道净街都可以，怎么可能逐一地去帮人渡河？如果执政者要一个人一个人地去取悦，时间也不够用。"

【评】

孟子在这里讲的是"小惠未遍"的道理，值得我们思考。《左传·庄公十年》记载了"曹刿论战"的史实，读来让人大受裨益："十年，春，齐师伐我，公将战，曹刿请见。其乡人曰：'肉食者谋之。又何间焉？'刿曰：'肉食者鄙，未能远谋。'乃入见。问：'何以战？'公曰：'衣食所安，弗敢专也，必以分人。'对曰：'小惠未遍，民弗从也。'"大意是，鲁庄公十年春，齐国军队进攻鲁国，鲁庄公将要迎战，曹刿请求拜见鲁庄公。他的同乡说："当权者自会谋划这件事，你又何必参与呢？"曹刿说："当权的人目光短浅，不能深谋远虑。"于是入朝去见鲁庄公。曹刿问："您凭借什么作战？"鲁庄公说："衣食这一类生活中的东西，我从来不敢独自享用，一定把它们分给身边的大臣。"曹刿回答说："这种小恩小惠不能遍及百姓，老百姓是不会顺从您的。"

　　孟子告齐宣王曰："君之视臣如手足，则臣视君如腹心；君之视臣如犬马，则臣视君如国人^①；君之视臣如土芥，则臣视君如寇仇。"

　　王曰："礼，为旧君有服^②，何如斯可为服矣？"

　　曰："谏行言听，膏泽下于民^③；有故而去，则君使人导之出疆，又先于其所往；去三年不反，然后收其田里。此之谓三有礼焉。如此，则为之服矣。今也为臣，谏则不行，言则不听，膏泽不下于民；有故而去，则君搏执之^④，又极之于其所往^⑤；去之日，遂收其田里。此之谓寇仇。寇仇何服之有？"

【注】

①国人：城镇中的居民。此处指普通人。

②服：服丧，守丧。

③膏泽：恩惠。

④搏执：拘捕，捆绑。

⑤极：极端。此处作动词用，使之穷困至极。

【译】

　　孟子对齐宣王说："君主将臣属看作自己的手脚，那么臣属就会将君主看作自己的腹心；君主将臣属看作是狗马，那么臣属就会将君主看作常人；君主将臣属看作是泥土小草，那么臣属就会将君主看作仇敌。"

　　齐宣王说："根据礼法，离职的臣属应该为曾经的君主服丧一段时间，君主要怎么做才能让离职的臣属为自己服丧呢？"

　　孟子说："臣属有所劝谏就去做，有所建言就采纳，使这样的恩泽惠及百姓；臣属因变故不得已离职，那么君主派人护送他离开国界，而且先派人到他要去的地方做好准备；离职三年没有回来，才收回赐封给他的土地和房屋。这叫做三有礼。君主做到这样，离职的臣属就会为他服丧。如今的臣属，有所劝谏不被接受，有所建言不被采纳，使这样的恩泽不能惠及百姓；臣属因变故不得已离职，君主还会拘捕捆绑他，而且还想方设法使他在要去的地方穷困至极；臣属一离开，马上收回赐封给他的土地和房屋。这就是所谓仇敌。对待仇敌还为他服什么丧？"

【评】

据《明史》记载，明太祖朱元璋读《孟子》，看到这段话后，认为"非臣属所宜言"，将孟子的牌位逐出文庙（孔庙）配享，并下诏称谁敢上疏劝阻以大不敬罪论处。刑部尚书钱唐公然上疏："臣为孟轲死，死有余荣。"朝廷上下都为钱唐捏了一把汗。结果朱元璋遇到这么个不怕死的刺儿头也无可奈何，既没降罪钱唐，没过多久又恢复了孟子的配享。但还是命儒臣弄了本《孟子节文》，把他认为"非臣属所宜言"的内容都给删了（见《明史·钱唐传》）。

虽然时过境迁，但无论到了什么年代，作为领导者对下属应该有必要的尊重，而下属对领导者应该有必要的忠诚。尊重和忠诚互为因果，互为表里。任何一方的亏欠，都可能招致对方的负面反应，正像孟子所说的。

孟子曰："无罪而杀士，则大夫可以去；无罪而戮民，则士可以徙。"

【译】

孟子说："如果杀害无罪的士人，那么大夫就可以离开；如果杀害无辜的百姓，那么士人就可以迁走。"

【评】

在一个环境中，观察身边与自己相似的人们的境遇，是我们选择进退去留的借鉴。

孟子曰："君仁莫不仁，君义莫不义。"

【译】

孟子说："君主仁德，没人会不仁德；君主讲道义，没人会不讲道义。"

【评】

榜样的力量是无穷的，身教胜于言传。

孟子曰："非礼之礼，非义之义，大人弗为。"

【译】

孟子说："违背礼法根本原则的所谓礼仪，违背道义根本原则的所谓义行，德行高尚的人不去做。"

【评】

本章孤立地看似乎很难理解。如果联系孟子回答淳于髡关于原则与权变的分别就容易多了。在先秦儒家看来，男女授受不亲是礼，救助落水者也是礼，而且是"仁之端"，当这两种礼冲突时，君子不能拘泥于男女授受不亲的礼，而眼看别人淹死；先秦时期，读书人出来做官被看作是义，儒者不为获得高官厚禄行妾妇逢迎之道也是义，当这两种义冲突时，君子宁可放弃做官的义，而坚守不为官禄苟且行事的义。

孟子曰："中也养不中①，才也养不才，故人乐有贤父兄也。如中也弃不中，才也弃不才，则贤不肖之相去②，其间不能以寸③。"

【注】

①中：朱熹《孟子章句集注》：“无过不及之谓中。”即能达到中庸境界的人，引申为德行高尚的人。

②不肖：形容品行不好，没出息。

③间：距离，差距。

【译】

孟子说：“德行高尚的人要教导德行差的人，有才能的人要教导没才能的人，所以人人都希望自己有贤能的父亲和兄长。如果德行高尚的人厌弃德行差的人，有才能的人厌弃没才能的人，那么他们所谓的贤能与那些所谓的不贤，差距也就不大了。”

【评】

孟子号召贤者要以天下为己任，勇于育人济世。这种情怀今天也值得提倡和敬仰。

孟子曰：“人有不为也，而后可以有为。”

【译】

孟子说：“人只有有所不为，之后才能有所作为。”

【评】

孟子的本意当指人必须有操守原则，不去做不仁不义之事，才能行正道而最终有所作为。当然，在现代社会也大可延伸其含义，人只有放弃一些事情，才能成就另一些事情。

孟子曰：“言人之不善，当如后患何？”

【译】

孟子说：“宣扬别人短处的人，要怎么应付由此带来的后患？”

【评】

孔子在回答学生子贡"君子也有厌恶的人吗？"这个问题时，一共列举了四种人，而将"称人之恶者"列在首位（《论语·阳货第十七》）。在现实生活中，"言人之不善"者和"称人之恶者"很多，这样的人往往人缘不好，为人处世应该避免这种行为。

孟子曰："仲尼不为已甚者。"

【译】

孟子说："孔子不做任何过头的事情。"

【评】

做事过头是大忌。即使是好事，如果做得过头了，也会适得其反。

孟子曰："大人者，言不必信，行不必果，惟义所在。"

【译】

孟子说："德行高尚的人，说了不一定去做，做了不一定坚持到底，只是遵循道义的原则。"

【评】

关于"言必信，行必果"，著者在这里要啰唆几句。《论语·子路第十三》："子贡问曰：'何如斯可谓之士矣？'子曰：'行己有耻，使于四方，不辱君命，可谓士矣。'曰：'敢问其次。'曰：'宗族称孝焉，乡党称弟焉。'曰：'敢问其次。'曰：'言必信，行必果，硁硁然小人哉！抑亦可以为次矣。'曰：'今之从政者何如？'子曰：'噫！斗筲之人，何足算也。'"而孟子在本章却说"言不必信，行不必果"，关于这一点，自古争论很大。从字面上看，孔子说"硁硁然小人"，对"言必信，行必果"持贬义，孟子可能也如此理解，后世注家于是莫不如此。其实，这句的理解之所以被定性为贬义，都是因为"小人"一词。"言必信，行必果"无论怎么理解，都是诚信刚毅的行为，而这绝对是为孔子所一直褒扬和提倡的呀！他怎么会在这里一反常态呢？对此，著者认为还是要从"小人"一词入手。先秦儒家经常将"君子"与"小人"相对，但其含义并不完全一样。"君子"的解释相对有两种，一是指德行高尚者，二是指"居上位者"，即有官职者。"小人"的含义也对应着有两种，有的是指品行败坏者，而有的则是指没有官职的普通百姓。如果这样理解就通顺了。而孔子说"抑亦可以为次矣"，显然很勉强，这是因为按照周礼，士是曾经有官位的人，普通百姓原则上不能算"士"，即使他"言必信，行必果"。所以孔子说"姑且算次一等的吧"。而著者认为，孟子本章可能是误解了孔子的本意，更有可能是借题发挥，再次强调他所提倡的"权变"理论。

　　孟子曰："大人者，不失其赤子之心者也。"

【译】

　　孟子说："德行高尚的人，是能保持婴儿般质朴纯洁之心的人。"

【评】

　　所谓"赤子之心"，就是人的初心，即人与生俱来的"善"。《论语·阳货第十七》："子曰：'性相近也，习相远也。'"孔孟都认为人性本善，孟子说："仁义礼智，非由外铄我也，我固有之也。"就是说，仁义礼智这些"善"，非由外而来，而是人的本性、本心所存，但是"求则得之，舍则失之"。

　　孟子曰："养生者不足以当大事^①，惟送死可以当大事^②。"

【注】

①养生：奉养在世的父母。

②送死：父母的丧葬之事。

【译】

孟子说："奉养在世的父母不是什么大事，只有父母的丧葬之事可以算是大事。"

【评】

儒家思想认为，为父母送终涉及一系列长幼尊卑的伦常礼法，是至关重要的，孟子故有此言。下面，罗列一些古代儒家关于父母丧葬方面的礼法规定，读者就更容易理解孟子在本章的原意——

《中庸》："践其位，行其礼，奏其乐，敬其所尊，爱其所亲；事死如事生，事亡如事存。孝之至也。"

《中庸》："斯礼也，达乎诸侯、大夫及士、庶人。父为大夫，子为士，葬以大夫，祭以士。父为士，子为大夫，葬以士，祭以大夫。期之丧达乎大夫，三年之丧达乎天子，父母之丧无贵贱一也。"

《论语·为政第二》："孟懿子问孝。子曰：'无违。'樊迟御，子告之曰：'孟孙问孝于我，我对曰"无违"。'樊迟曰：'何谓也？'子曰：'生，事之以礼；死，葬之以礼，祭之以礼。'"

而在当今社会，著者认为还是应在父母生前尽孝，"薄养厚葬"是完全错误的。

孟子曰："君子深造之以道①，欲其自得之也。自得之，则居之安；居之安，则资之深②；资之深，则取之左右逢其原③，故君子欲其自得之也。"

【注】

①深造：不断探索，以达到精深的境界。

②资：积蓄。

③左右逢其原：本意为学问功夫到一定程度后，则处处皆能受益，后泛指做事得心应手。亦作"左右逢源"。

【译】

孟子说："君子遵循正确的方法不断探索，以达到精深的境界，是希望自己获得以自我体验、自我感悟为基础的知识。获得以自我体验、自我感悟为基础的知识，就能牢牢掌握；牢牢掌握，就能不断积淀；不断积淀，就能取之不竭，处处受益，所以君子希望自己获得以自我体验、自我感悟为基础的知识。"

【评】

古人倡导"自得之学"，以自我体验、自我感悟为基础的知识才能为人牢牢掌握，灵活运用，且取之不竭。所以孔子说："知之者不如好之者，好之者不如乐之者。"（《论语·雍也第六》）

孟子曰："博学而详说之，将以反说约也①。"

【注】

①约：要点。

【译】

孟子说："广博地学习，详尽地解说，是为了最终回归到解说其根本精要。"

【评】

由繁入简，返璞归真是一种教育方法，也是学习方法中最微妙之处。

孟子曰："以善服人者，未有能服人者也；以善养人，然后能服天下。天下不心服而王者，未之有也。"

【译】

孟子说："以善道强制压服别人的人，没有能使人归附的；以善道陶冶教化别人，然后能使天下人归附。天下人没有心悦诚服而能一统天下的，是不可能的。"

【评】

著者认为，任何思想只要强制人们去接受，效果都不会好。而必须是在人们耳濡目染中，如春风化雨般，才能逐渐深入人心。

孟子曰："言无实，不祥。不祥之实，蔽贤者当之。"

【译】

孟子说："君主身边的人说话华而不实，空洞无物，这是危险的。这种危险带来的后果，应该由壅蔽贤人进用的人承担。"

【评】

本章从字面上很难理解，历来争论极大，朱熹认为"或有阙文焉"。著者的翻译揣以己意，似能自圆其说。

徐子曰①："仲尼亟称于水②，曰：'水哉，水哉！'何取于水也？"

孟子曰："原泉混混③，不舍昼夜，盈科而后进④，放乎四海。有本者如是，是之取尔。苟为无本，七、八月之间雨集，沟浍皆盈⑤；其涸也，可立而待也。故声闻过情⑥，君子耻之。"

【注】

①徐子：即徐辟，孟子的学生。

②亟称：数次称赞。

③原泉混混：来自源头的泉水滚滚流淌。混，同"滚"。

④科：坎，坑。

⑤浍（kuài）：田间排水的沟渠。

⑥声闻过情：名声超过实际。

【译】

徐子说："孔子数次称赞水，说：'水呀，水呀！'他认为水有什么可取之处呢？"

孟子说："来自源头的泉水滚滚流淌，不分昼夜，注满坑坎后继续奔流，最终汇入大海。有源头的就是如此，所以孔子取有源之水的这一点。如果没有源头，七、八月间经常下雨，沟渠都积满雨水；但是积水很快就干涸了。所以君子以'盛名之下，其实难副'为耻。"

【评】

古人说："暴得大名，不祥。"（《史记·项羽本纪》）而"盛名之下，其实难副"（《后汉书·黄琼传》）也是件危险的事，"虚名"毕竟是无源之水，无本之木，迟早会败露。真相败露之时，也就是浪得虚名者身败名裂之日。

　　孟子曰："人之所以异于禽兽者几希，庶民去之，君子存之。舜明于庶物，察于人伦，由仁义行，非行仁义也。"

【译】

孟子说："人和禽兽不同的地方只有一点点，普通百姓丢弃了，君子还坚守着。舜明了事物的本质规律，了解人情世故，按照自己内心仁义的本性行事，而不是表面上做出仁义的样子。"

【评】

孟子在本章中所说"庶民去之，君子存之"的，其实就是"仁义"。他认为，仁义是人与生俱来的本性，有的人努力保持住了，有的人则逐渐丧失掉了。所以，有的人是按照自己内心仁义的本性行事，而有的人却是假借仁义沽名钓誉。

孟子曰："禹恶旨酒而好善言①。汤执中，立贤无方。文王视民如伤，望道而未之见。武王不泄迩②，不忘远。周公思兼三王，以施四事；其有不合者，仰而思之，夜以继日；幸而得之，坐以待旦。"

【注】

①旨酒：美酒。

②泄：轻慢。

【译】

孟子说："禹不喜欢美酒而喜欢有益的言论。成汤持守中正之道，选拔贤能不拘一格。周文王像对待伤病者一样抚育恩养百姓，已经达到了圣人境界却如还没有达到一样。周武王不轻慢离自己近的臣属百姓，也不会遗忘离自己远的臣属百姓。周公希望能兼有夏、商、周三代贤君圣王的功业，践行禹、汤、文、武四位圣王上述的四种美德；如果有什么不合先王之道的地方，就仰头冥思，日以继夜；一旦想到办法了，坐等天亮，马上去施行。"

【评】

追求美好的事情，必须迫不及待；摒弃错误的事情，也必须迫不及待。正像孔子说的："见善如不及，见不善如探汤。"（《论语·季氏第十六》）

孟子曰："王者之迹熄而《诗》亡①，《诗》亡然后《春秋》作。晋之《乘》②，楚之《梼杌》③，鲁之《春秋》④，一也：其事则齐桓、晋文，其文则史。孔子曰：'其义则丘窃取之矣。'"

【注】

①迹："《说文解字·辵部》云：'辿，古之道人，以木铎记诗言。'朱骏声《说文通训定声》云：'《孟子》王者之迹熄而《诗》亡，"迹"即"辿"之误。'程树德《说文稽古篇》曰：'此论甚确。考《左传》引《夏书》曰："遒人以木铎徇于路。"杜《注》："遒人，行人之官也。木铎，木舌金铃。询于路，求歌谣之言。"伪《胤征》本此。《王制》："命太师陈诗以观民风。"《公羊》何《注》："五谷毕入，民皆居宅，从十月尽正月止，男女相从而歌，饥者歌其食，劳者歌其事。男年六十女年五十无子者，官衣食之，使之民间求诗，乡移于邑，邑移于国，国以闻于天子，故王者不出户牖，尽知天下。"'"（杨伯峻《孟子译注》）

②《乘》：晋国的官史。

③《梼杌（táo wù）》：楚国的官史。

④《春秋》：鲁国的官史。

【译】

孟子说："圣王采诗的事业废止了，《诗》就没有了，《诗》没有了，然后孔子编修了《春秋》。晋国的《乘》，楚国的《梼杌》，鲁国的《春秋》，都是国家的史书。记载的是齐桓公、晋文公之类的史事；笔法也是一般史迹记录的笔法；而孔子编修的《春秋》则不同。孔子说：'我编修的《春秋》，其中褒贬善恶的笔法是我自己借鉴《诗》而来的。'"

【评】

"春秋笔法"，也叫"春秋书法"或"微言大义"，是我国古代的一种历史叙述方法和技巧，为孔子首创的一种文章写法，即在文章的记叙之中以一些细微的用词来表达作者的思想倾向，而不是通过议论性文辞直接表达出来。《左传》作者概括为："微而显，志而晦，婉而成章，尽而不污，惩恶而劝善。"在此试举一例，《春秋》经文在鲁隐公元年记载："夏，五月，郑伯克段于鄢。"《左传》

在传文中逐一解释了孔子用词的"微言大义"："书曰：'郑伯克段于鄢。'段不弟，故不言弟；如二君，故曰克；称郑伯，讥失教也；谓之郑志，不言出奔，难之也。"大意是，《春秋》记载道："郑伯克段于鄢。"意思是说共叔段不遵守做弟弟的本分，所以不说他是庄公的弟弟；兄弟俩如同两个国君一样争斗，所以用"克"字；称庄公为"郑伯"而不称之为"兄"，是讥讽他对弟弟缺乏教导；因为赶走共叔段是出于郑庄公的本意，所以不写共叔段主动出逃，是孔子下笔有为难之处。

孟子曰："君子之泽五世而斩①，小人之泽五世而斩。予未得为孔子徒也，予私淑诸人也②。"

【注】

①斩：断绝。

②私淑：没有得到某人的亲身教导但敬仰其学问并尊之为师，称之为私淑。

【译】

孟子说："君子留给后人的余泽恩惠经过五代就断绝了，小人留给后人的余泽恩惠经过五代也就断绝了。我没能做孔子的入室受业弟子，我是私下从别人那里学来的。"

【评】

孔子说："德不孤，必有邻。"（《论语·里仁第四》）伟大的灵魂自有世代相传的追随者。

孟子曰："可以取，可以无取，取，伤廉；可以与，可以无与，与，伤惠；可以死，可以无死，死，伤勇。"

【译】

孟子说："可以拿，可以不拿，拿了，有损廉洁；可以给，可以不给，给了，有损恩惠；可以死，可以不死，死了，有损勇敢。"

【评】

本章的"取伤廉"比较好理解，可"与伤惠"和"死伤勇"却有些令人费解。著者认为，所谓"与伤惠"是说，在可以给与，也可以不给与的情况下，还是不给与为好。因为，"济人须济急时无"，也就是孔子所说的"君子周急不继富"（《论语·雍也第六》）的意思，否则，给与了反而有滥施恩惠的嫌疑，于真正的恩惠有所损害，且更易破坏彼此间既有的恩义。中国有句老话叫"升米恩，斗米仇"，也叫"斗米养恩，担米养仇"。是说，如果你在别人危难时候给予很小的帮助，人家会感激你。如果你持续这样下去，突然某次因为什么原因没有帮忙，对方就可能记恨你，甚至记恨一辈子。接受救济的人，习惯了之后往往认为被救济是理所当然的事情，把原本你爱心资助的东西当成了理所当然的应得应份。对别人的帮助形成了依赖，由感激变成了理所当然，以至于最后成仇。至于说"死伤勇"，则是指我们在面临生死抉择的时候，有时候活下来比去死需要更大的勇气、更强的战胜困难和耻辱的毅力。在这种情况下，如果选择了死，是轻生，当然就对勇气有所损害了。

逢蒙学射于羿[①]，尽羿之道，思天下惟羿为愈己，于是杀羿。孟子曰："是亦羿有罪焉。"

公明仪曰："宜若无罪焉。"

曰："薄乎云尔，恶得无罪？郑人使子濯孺子侵卫[②]，卫使庾公之斯追之。子濯孺子曰：'今日我疾作，不可以执弓，吾死矣夫！'问其仆曰：'追我者谁也？'其仆曰：'庾公之斯也。'曰：'吾生矣。'其仆曰：'庾公之斯，卫

之善射者也，夫子曰"吾生"，何谓也？'曰：'庾公之斯
学射于尹公之他，尹公之他学射于我。夫尹公之他，端
人也，其取友必端矣。'庾公之斯至，曰：'夫子何为不执
弓？'曰：'今日我疾作，不可以执弓。'曰：'小人学射
于尹公之他，尹公之他学射于夫子。我不忍以夫子之道反
害夫子。虽然，今日之事，君事也，我不敢废。'抽矢扣
轮，去其金，发乘矢而后反③。"

【注】

①逢蒙：传说中古代善于射箭的人。羿：夏时有穷氏国君，
善于射箭。

②子濯孺子：与下文的"庾公之斯""尹公之他"皆人名。事
迹不可考。

③乘：古代量词，四。

【译】

逢蒙向羿学习射箭，把羿的本领技艺全部学会了，觉得天下只
有羿比自己强，于是杀害了羿。孟子说："羿被害，他自己也有过
错。"

公明仪说："羿好像没有过错吧。"

孟子说："他只是过错小些罢了，怎么会没有过错？郑国派子
濯孺子进攻卫国，卫国派庾公之斯追击他。子濯孺子说：'今天我
的病发作了，举不起弓，我必死无疑了。'然后问自己的车夫说：
'追击我的人是谁？'车夫说：'是庾公之斯。'子濯孺子说：'那我
能活了。'车夫说：'庾公之斯，是卫国善于射箭的人，您却说"我
能活了"，这是什么意思？'子濯孺子说：'庾公之斯是跟尹公之他
学的射箭，而尹公之他是跟我学的射箭。尹公之他是正人君子，他
交往的人一定是正人君子。'庾公之斯赶到，说：'您为什么不举
弓？'子濯孺子说：'今天我的病发作了，举不起弓。'庾公之斯

说：'我向尹公之他学习射箭，尹公之他是跟您学的射箭。我不忍心用您的技艺反过来伤害您。但是，今天的事情，是国家公务，我不敢什么都不做。'于是抽出箭矢在车轮上敲打，把箭头磕掉，连发四箭后返回。"

【评】

择友必须慎重。择友不慎，反被其害的事例不胜枚举。

孟子曰："西子蒙不洁①，则人皆掩鼻而过之。虽有恶人，斋戒沐浴，则可以祀上帝。"

【注】

①西子：即西施。

【译】

孟子说："如果西施身上被肮脏的东西沾污，那么人也会捂住鼻子从她身边经过。即使是长相丑陋的人，只要诚心诚意地斋戒沐浴，也可以祭祀上天。"

【评】

美丽和善良不足凭恃，尚须保持不失；丑陋和错误不必自卑，贵在努力自新。

孟子曰："天下之言性也，则故而已矣。故者以利为本①。所恶于智者，为其凿也。如智者若禹之行水也，则无恶于智矣。禹之行水也，行其所无事也。如智者亦行其所无事，则智亦大矣。天之高也，星辰之远也，苟求其故，千岁之日至②，可坐而致也。"

【注】

①利：朱熹《孟子章句集注》："利犹顺也。"

②日至：指冬至日。

【译】

孟子说："人们所说的本性，就是万物所固有的规律罢了。万物所固有的规律以顺其自然为根本。我们有时会厌恶所谓聪明，就是因为那往往是穿凿附会。如果聪明的人像大禹疏导洪水那样，那么人们就不会厌恶聪明了。大禹疏导洪水，就是顺应水往低处流的固有规律而不刻意硬去做什么。如果聪明的人也能依据万物的固有规律而不刻意硬去做什么，那么这智慧就了不起了。天极高，星辰极远，如果探求它们固有的规律，一千年以后的冬至日，也能很快推算出来。"

【评】

孟子在本章实际上是强调人应该依据本性——善而行事。本章是孟子心性理论的重要史料依据，历代学者争论极大。本书篇幅所限不便展开，有兴趣的读者可以继续深入探讨。

公行子有子之丧①，右师往吊②，入门，有进而与右师言者，有就右师之位而与右师言者。孟子不与右师言，右师不悦曰："诸君子皆与驩言，孟子独不与驩言，是简驩也③。"

孟子闻之，曰："礼，朝廷不历位而相与言，不逾阶而相揖也。我欲行礼，子敖以我为简，不亦异乎？"

【注】

①公行子：齐国大夫，复姓公行。

②右师：先秦时官名。本章指时任右师的齐宣王宠臣王驩，孟子对之极其不屑。

③简：怠慢。

【译】

公行子为儿子办丧事，右师王驩前去吊唁，进门后，有人上前与他交谈，有人凑到他的坐席旁与他交谈。孟子不和他交谈，王驩不高兴地说："诸位大夫都和我交谈，唯独孟子不和我交谈，这是怠慢我。"

孟子听说了，说："按照礼法，朝堂之上不能逾越位次与人交谈，不能跨越台阶相互行礼。我只是按照礼法行事，王子敖却认为我怠慢他，难道不奇怪吗？"

【评】

请参看本书《离娄上》篇"孟子谓乐正子"章评论。

孟子曰："君子所以异于人者，以其存心也。君子以仁存心，以礼存心。仁者爱人，有礼者敬人。爱人者人恒爱之，敬人者人恒敬之。有人于此，其待我以横逆①，则君子必自反也：我必不仁也，必无礼也，此物奚宜至哉②？其自反而仁矣，自反而有礼矣，其横逆由是也③，君子必自反也：我必不忠。自反而忠矣，其横逆由是也，君子曰：'此亦妄人也已矣。如此则与禽兽奚择哉？于禽兽又何难焉④？'是故，君子有终身之忧，无一朝之患也。乃若所忧则有之：舜人也，我亦人也。舜为法于天下，可传于后世，我由未免为乡人也，是则可忧也。忧之如何？如舜而已矣。若夫君子所患则亡矣。非仁无为也，非礼无行也。如有一朝之患，则君子不患矣。"

【注】

①横逆：蛮横无理。

②此物：这种情况。

③由是：还是如此。由，同"犹"。

④难：责难，指责。

【译】

孟子说："君子不同于一般人的地方，是他们心存的意念不同。君子心存仁德，心存礼义。仁德的人仁爱别人，有礼义的人礼敬别人。仁爱别人的人，别人也总是爱他；礼敬别人的人，别人也总是礼敬他。有这样一个人，他蛮横无理地对待我，那么君子一定会反省自己：一定是我还不够仁德，不够礼敬，不然怎么会招致别人用这样的态度对待我呢？于是通过自省发现自己足够仁德，足够礼敬，但那个人依旧那样蛮横无理，君子一定会再次反省：一定是我还不够忠诚。于是通过自省发现自己足够忠诚，但那个人依旧那样蛮横无理，君子说：'这不过是个无知妄为的人罢了。他这样和禽兽有什么区别？对待禽兽又有什么可指责的呢？'所以，君子有终身的忧虑，没有一时的担心。至于这样的忧虑是有的：舜是人，我也是人。舜成为天下效法的楷模，可以传播于后世，我却仍不免是一个庸人，这是应当忧虑的。感到忧虑该怎么办？像舜那样去做就行了。至于一时的担心，君子是没有的。不仁的事不干，不合礼的事不做。即使有什么看似值得一时担心的，君子也觉得不必担心。"

【评】

"君子有终身之忧，无一朝之患也。"自己依仁义礼智为人行事，谨言慎行，自不必杞人忧天。因为自己能时时以圣人为标准来检讨自己，"非仁无为"，"非礼无行"，那就能"仰不愧于天，俯不怍于人"（《孟子·尽心上》），又有什么好担心的。

禹、稷当平世①，三过其门而不入，孔子贤之。颜子当乱世，居于陋巷，一箪食，一瓢饮，人不堪其忧，颜子不改其乐，孔子贤之。孟子曰："禹、稷、颜回同道。禹思天下有溺者，由己溺之也；稷思天下有饥者，由己饥之也，是以如是其急也。禹、稷、颜子易地则皆然。今有同

室之人斗者，救之，虽被发缨冠而救之②，可也；乡邻有
斗者，被发缨冠而往救之，则惑也，虽闭户可也。"

【注】

①稷：大禹治水三过家门而不入，并非稷的事迹，孟子在此
当是虚指。

②被发缨冠：来不及将头发束好，来不及将帽带系上。

【译】

禹和稷正当政治清明之世，为救济天下三过家门而不入，所以
孔子赞美他们的贤德。颜回正当政治暗弱之世，住在破败的小巷
子，一竹篓饭，一瓢水，别人承受不了因如此贫困而产生的忧虑，
颜回却不改他自己的快乐，所以孔子赞美他贤德。孟子说："禹、
稷和颜回坚守的道义是一样的。禹一想到天下有溺水的人，就如同
是自己使他溺水一样；稷一想到天下有挨饿的人，就如同是自己使
他挨饿一样，所以行事如此急迫。禹、稷和颜回如果互换一下位
置，也都会去这样做的。禹、稷的行为就好比有同屋的人斗殴，必
须去制止，即使来不及将头发束好，来不及将帽带系上就去制止，
也是可以的。颜回的行为就好比有邻人斗殴，来不及将头发束好，
来不及将帽带系上就去制止，那就太糊涂了，即使关起门来不管也
是可以的。"

【评】

孟子在本章是强调"穷则独善其身，达则兼善天下"（《孟
子·尽心上》），也是在"自明本志"，表示要向颜回学习。孟子
一生坚守原则，也善于权变。正如本章的内容，他认为，根据人
不同的身份和职责，有的事情做起来要急于救火，而有的则不妨
"闭户"。"不在其位，不谋其政"，也是一种人生的境界和智慧。

公都子曰："匡章，通国皆称不孝焉。夫子与之游，

又从而礼貌之，敢问何也？"

孟子曰："世俗所谓不孝者五：惰其四支^①，不顾父母之养，一不孝也；博弈好饮酒^②，不顾父母之养，二不孝也；好货财，私妻子，不顾父母之养，三不孝也；从耳目之欲，以为父母戮^③，四不孝也；好勇斗很^④，以危父母，五不孝也。章子有一于是乎？夫章子，子父责善而不相遇也^⑤。责善，朋友之道也；父子责善，贼恩之大者。夫章子，岂不欲有夫妻子母之属哉？为得罪于父，不得近。出妻屏子，终身不养焉。其设心以为不若是，是则罪之大者，是则章子已矣。"

【注】

①四支：即四肢。

②博弈：下棋。

③戮（lù）：羞辱。

④很：非常。

⑤子父责善而不相遇也：据《战国策》记载，齐军于桑丘（今山东兖州附近）与入侵的秦军大战，齐军主将即是匡章。当时，很多人质疑匡章的战术安排，怀疑他背叛了齐威王，但齐威王始终不为所动，坚持支持匡章的指挥，结果齐军大败秦军。齐威王在回答群臣为什么如此信任匡章时说，匡章的母亲启，由于得罪他的父亲，被他的父亲杀死埋在马棚下，当我任命匡章为将军时，曾勉励他说：先生的能力很强，等您不损失部队凯旋，我一定要帮将军改葬您的母亲。当时匡章说：我并非不能改葬先母，只因先母得罪了先父，而先父没有允许改葬先母就去世了。如果我没得到先父的允许而改葬先母，是背弃先父的在天之灵，所以我不敢为先母改葬。由此可见，作为人子不敢背弃死去的父亲，难道他作为人臣会背弃活着的君主吗？

【译】

公都子说："匡章，全国人都认为他不孝。老师您与他交往而且非常礼敬他，请问这是为什么？"

孟子说："一般的世俗风气所认为的不孝有五种：懒惰不劳作，不好好奉养父母，是第一种不孝；嗜好下棋喝酒，不好好奉养父母，是第二种不孝；贪图钱财，偏心自己的妻子儿女，不好好奉养父母，是第三种不孝；放纵于寻欢作乐，使父母蒙羞，是第四种不孝；好勇斗狠，危及父母的安全，是第五种不孝。匡章占其中任何一种吗？匡章，是因为儿子责求父亲遵行善道而无法与父亲和睦相处。责求遵行善道，是和朋友相处的方式；父子之间相互责求遵行善道，是最伤害感情的事情。匡章难道不想夫妻母子团聚吗？只是因为得罪了父亲，无法亲近。他因此休弃了妻子，赶走了儿子，终生不接受他们的奉养。他觉得如果不这样做，就是对父母更大的罪过，这就是匡章。"

【评】

时代变迁，孝的表现形势不一样。著者并不认同匡章这种"愚孝"。孟子时代所谓的五种不孝行为，到今天也适用。当时常反躬自省，扪心自问，犯了哪一条。

曾子居武城①，有越寇。或曰："寇至，盍去诸？"曰："无寓人于我室②，毁伤其薪木。"寇退，则曰："修我墙屋，我将反。"寇退，曾子反。左右曰："待先生，如此其忠且敬也。寇至则先去以为民望，寇退则反，殆于不可③。"沈犹行曰④："是非汝所知也。昔沈犹有负刍之祸⑤，从先生者七十人，未有与焉。"

子思居于卫，有齐寇。或曰："寇至，盍去诸？"子思曰："如伋去，君谁与守？"

孟子曰："曾子、子思同道。曾子，师也，父兄也；

子思，臣也，微也。曾子、子思易地则皆然。"

【注】

①武城：古代鲁国地名。在今山东费县西南。

②寓：借住。

③殆：大概，似乎。

④沈犹行：曾子的学生，复姓沈犹，名行。

⑤负刍之祸：历代理解不一，有的学者认为是一些樵夫农夫作乱，有的认为负刍是人名。负刍，本意为背柴草，从事樵采之事。

【译】

曾子住在武城，有越国军队进犯。有人说："敌军来袭，为什么不离开？"曾子说："那就离开，别让人寄住在我的家里，毁坏那些树木。"敌军退去，曾子说："把我的房子修好，我要回去了。"敌军退去，曾子返回武城。曾子身边的人说："武城的官民对待先生，是如此忠爱恭敬。敌军来犯却先行离去给百姓做了这样的榜样，敌军退去又回来，似乎不应该这样吧。"沈犹行说："这不是你们能理解的。过去曾子曾经住在我家里，我家里恰巧遭遇了负刍作乱的祸事，跟随先生的七十个随从都先行避乱。"

子思住在卫国，有齐国军队进犯。有人说："敌军来袭，为什么不离开？"子思说："如果我走了，国君和谁一起守城呢？"

孟子说："曾子和子思坚守的道义是一样的。曾子，当时是老师，是父兄般的长辈长者；子思，当时是臣属，身份低。曾子和子思如果对换位置，也都会做相同的事。"

【评】

曾子与子思，前者遇寇选择避祸，后者遇寇选择坚守，这是因为双方当时的身份不同——曾子是老师长者，且无官职，也就没有守土之责；而子思是官员，守土御敌是分内之事。此外，孟子在本篇前文中曾说："可以死，可以无死，死，伤勇。"不必要的牺牲没有意义。这一观点可与本章前后呼应，也是对"权变"的延伸解说。

　　储子曰①："王使人瞷夫子②，果有以异于人乎？"
　　孟子曰："何以异于人哉？尧、舜与人同耳。"

【注】

①储子：齐国卿相。

②瞷（jiàn）：窥视，偷看。

【译】

　　储子说："大王派人窥探先生，您真有什么和别人不一样的吗？"

　　孟子说："我有什么和别人不一样的？尧、舜也和一般人一样。"

【评】

　　孟子在本章还是强调人皆可为尧、舜，伟人与凡人并无二致，只要努力，每个人都能成就伟业。

　　齐人有一妻一妾而处室者，其良人出①，则必餍酒肉而后反②。其妻问所与饮食者，则尽富贵也。其妻告其妾曰："良人出，则必餍酒肉而后反；问其与饮食者，尽富贵也，而未尝有显者来，吾将瞷良人之所之也。"蚤起③，施从良人之所之④，遍国中无与立谈者。卒之东郭墦间⑤，之祭者，乞其余；不足，又顾而之他，此其为餍足之道也。其妻归，告其妾曰："良人者，所仰望而终身也，今若此。"与其妾讪其良人⑥，而相泣于中庭。而良人未之知也，施施从外来⑦，骄其妻妾。由君子观之，则人之所以求富贵利达者，其妻妾不羞也，而不相泣者，几希矣。

【注】

①良人：古时妻子称丈夫为"良人"。

②餍（yàn）：吃饱。

③蚤：通"早"。

④施（yí）：逶迤斜行。

⑤东郭：东部外城，东部郊区。墦（fán）：坟墓。

⑥讪：讥讽，挖苦。

⑦施施：扬扬得意的样子。

【译】

有个齐国人家里有一妻一妾同住，丈夫每次出门，都会酒足饭饱后才回家。妻子问他和谁一起吃饭饮酒，他说的都是有钱有势的人。妻子对妾说："丈夫出门，都会酒足饭饱后才回家；问他和谁一起吃饭饮酒，他说的都是有钱有势的人，但从没有大人物来过家里，我要去窥探一下丈夫到底去哪里。"早上，妻子悄悄尾随着丈夫在城里转来转去，走遍城里也没有一个人站住跟他说话。最终走到了东郊外的墓地，丈夫走到祭坟的人那里，乞讨人家剩下的酒肉祭品；没吃饱，又寻找其他祭坟的人去乞讨，这就是他酒足饭饱的方法。妻子先回到家，告诉妾说："丈夫，是咱们指望托付终身的人，现在却是这个样子。"妻子和妾痛骂丈夫，二人在院子里相对哭泣。而丈夫还不知道，扬扬得意地从外面回来，向妻妾炫耀。在君子看来，人们那些用来谋求升官发财、飞黄腾达的手段，能让他们的妻妾不感到羞耻、不相对哭泣的，很少。

【评】

俗话说"家有贤妻，男人不遭横事"，真是至理名言。

万章上

万章问曰："舜往于田，号泣于旻天①，何为其号泣也？"

孟子曰："怨慕也②。"

万章曰："父母爱之，喜而不忘；父母恶之，劳而不怨。然则舜怨乎？"

曰："长息问于公明高曰③：'舜往于田，则吾既得闻命矣；号泣于旻天，于父母，则吾不知也。'公明高曰：'是非尔所知也。'夫公明高以孝子之心，为不若是恝④，我竭力耕田，共为子职而已矣⑤，父母之不我爱，于我何哉？帝使其子九男二女⑥，百官牛羊仓廪备，以事舜于畎亩之中。天下之士多就之者，帝将胥天下而迁之焉⑦。为不顺于父母，如穷人无所归。天下之士悦之，人之所欲也，而不足以解忧；好色，人之所欲，妻帝之二女，而不足以解忧；富，人之所欲，富有天下，而不足以解忧；贵，人之所欲，贵为天子，而不足以解忧。人悦之、好色、富、贵，无足以解忧者，惟顺于父母可以解忧。人少，则慕父母；知好色，则慕少艾⑧；有妻子，则慕妻子；仕则慕君，不得于君则热中⑨。大孝终身慕父母。五十而慕者，予于大舜见之矣。"

【注】

①号泣："焦循《正义》云：'《颜氏家训·风操篇》云："礼以哭，有言者为号。"此云号泣，则是且言且泣。'"（杨伯峻《孟子译注》）旻（mín）天：秋季的天，亦泛指天。

②怨慕：怨恨怀恋。

③长息：公明高的学生。公明高：曾子的学生。

④恝（jiá）：淡然，无动于衷。

⑤共：通"恭"。

⑥九男二女：传说帝尧有九个儿子，两个女儿。《史记·五帝本纪》："于是尧乃以二女妻舜以观其内，使九男与处以观其外。"

⑦胥：全部，都。

⑧少艾：年轻美貌的女子。

⑨热中：内心焦急。

【译】

万章问孟子："舜去到田地里，向上天哭诉，他为什么要向上天哭诉？"

孟子说："那是因为他对父母既怨恨又怀恋。"

万章说："父母喜欢他，欢喜而不懈怠；父母厌恶他，愁苦但不怨恨。那么舜会怨恨父母吗？"

孟子说："长息曾经问公明高：'舜去到田地里，这是我已经理解的；向上天哭诉，这样对待父母，我就不能理解了。'公明高说：'这不是你能理解的。'公明高认为孝子的心里是不能如此淡定的，我竭尽全力耕作，恭恭敬敬恪守做儿子的本分，父母却不喜欢我，我能怎么办呢？帝尧派九个儿子和两个女儿，带着大小官员、牛羊、粮食，到田地里侍奉舜。天下的士人有很多来投奔舜，帝尧把整个天下禅让给他。舜却认为不能得到父母的欢心，就如同走投无路的人没有依靠一样。天下的士人都爱戴他，是每个人的愿望，但不能消除舜的忧愁；美貌的女子，每个人都喜欢，舜娶了帝尧的两个女儿，但不能消除他的忧愁；富有，是每个人的愿望，舜富有天下，但不能消除他的忧愁；显贵，是每个人的愿望，舜贵为天子，但不能消除他的忧愁。被人爱戴、美貌的女子、富有显贵，都不能消除舜的忧愁，只有得到父母的欢心，可以消除他的忧愁。人年幼时，就怀恋父母；等到懂了男女之事时，就倾慕年轻美貌的女子；有了妻子儿女，就眷恋妻子儿女；做了官，就仰慕君主，得不到君主的赏识就会焦躁。而至孝之人终生都怀恋父母。到了五十岁还怀恋父母的人，我在伟大的舜身上看到了。"

【评】

德行高尚的人永远都保持婴儿的本性，自然而然地怀恋父母，和他的年纪没有关系。这是孝道的至高境界。

万章问曰："《诗》云：'娶妻如之何？必告父母^①。'信斯言也，宜莫如舜。舜之不告而娶，何也？"

孟子曰："告则不得娶。男女居室^②，人之大伦也。如告，则废人之大伦，以怼父母^③，是以不告也。"

万章曰："舜之不告而娶，则吾既得闻命矣；帝之妻舜而不告，何也？"

曰："帝亦知告焉则不得妻也。"

万章曰："父母使舜完廪^④，捐阶^⑤，瞽瞍焚廪。使浚井，出，从而掩之^⑥。象曰^⑦：'谟盖都君咸我绩^⑧。牛羊父母，仓廪父母，干戈朕^⑨，琴朕，弤朕^⑩，二嫂使治朕栖^⑪。'象往入舜宫，舜在床琴。象曰：'郁陶思君尔^⑫。'忸怩^⑬。舜曰：'惟兹臣庶，汝其于予治。'不识舜不知象之将杀己与？"

曰："奚而不知也？象忧亦忧，象喜亦喜。"

曰："然则舜伪喜者与？"

曰："否。昔者有馈生鱼于郑子产，子产使校人畜之池^⑭。校人烹之，反命曰：'始舍之圉圉焉^⑮，少则洋洋焉^⑯，攸然而逝^⑰。'子产曰：'得其所哉！得其所哉！'校人出，曰：'孰谓子产智？予既烹而食之，曰："得其所哉！得其所哉！"'故君子可欺以其方，难罔以非其道。彼以爱兄之道来，故诚信而喜之，奚伪焉？"

【注】

① "娶妻如之何"两句：出自《诗经·齐风·南山》。原文

"娶"作"取"。

②居室：夫妇同居，指结婚。

③怼（duì）：怨恨。

④完廪：修缮米仓。

⑤捐：除去。阶：梯子。

⑥掩：掩埋。

⑦象：瞽瞍与后妻生的儿子，舜的同父异母弟弟。

⑧谟：计谋，策略。都君：指部落的首领。此处指舜。咸：都。绩：功绩。

⑨干戈朕：即武器归我。朕，先秦每个人都能自称"朕"，自秦始皇开始"朕"才成为皇帝的专用自称。

⑩弤（dǐ）：漆成红色的弓。

⑪治朕栖：为我铺床叠被，指象要霸占两个嫂子。栖，床。

⑫郁陶：苦苦思念的样子。

⑬忸怩：羞愧的样子。

⑭校人：管理池塘的小吏。

⑮圉（yǔ）圉：受困而不得放松的样子。

⑯洋洋：舒缓自得的样子。

⑰攸然：忽然一下子，形容迅疾。

【译】

万章问孟子："《诗》上说：'娶妻应该怎么做呢？必须先向父母禀告。'信奉这句话的，应该没有能比得上舜的了。但舜没有禀告父母就娶妻，这是为什么？"

孟子说："舜如果向父母禀告就娶不了妻。男女结婚，是人之间重要的伦常关系。舜如果事前向父母禀告，就会娶不了妻而废弃这一人之间重要的伦常关系，并引发对父母的怨恨，所以他不事前禀告。"

万章说："舜不禀告父母就娶妻，这是我已经理解的；那么帝尧把女儿嫁给舜也不事前通知舜的父母，这是为什么？"

孟子说："帝尧也明白如果事前通知，他就娶不成妻。"

万章说："父母派舜去修理米仓，待他登上仓顶后抽掉梯子，瞽瞍放火焚烧米仓。又派舜去挖深水井，舜从旁边的洞穴逃出，瞽瞍和象不知道舜逃走了，于是用土把井掩埋掉。象说：'设计害舜都是我的功劳。他的牛羊归父母，粮食归父母，武器归我，琴归我，弓归我，让两个嫂子给我铺床叠被。'象走到舜的房间，舜坐在床上弹琴。象说：'我非常想念你呀。'神情很尴尬。舜说：'我心里惦念着这些臣属百姓，希望你来帮我管理。'不知舜知道象要杀害自己吗？"

孟子说："他怎么会不知道呢？象忧愁，他也忧愁，象欢喜，他也欢喜。"

万章说："那么舜是假装欢喜吗？"

孟子说："不是。以前有人送给郑国的子产一条活鱼，子产让管理池塘的小吏把鱼放到池塘里养着。那人把鱼煮熟吃了，向子产复命说：'刚把鱼放进池塘里，鱼萎靡不振，过了一会儿就游弋自如，忽然一下就不知游到哪里去了。'子产说：'它去了自己喜欢的地方呀！它去了自己喜欢的地方呀！'管理池塘的小吏出来后说：'谁说子产聪明？我已经把鱼煮熟吃了，他还说："它去了自己喜欢的地方呀！它去了自己喜欢的地方呀！"'所以君子可以用合乎情理的谎言去欺骗，但难以用不合情理的方法去蒙蔽。象表面上是敬爱兄长，所以舜真诚地相信并为此欢喜，怎么会是假装的？"

【评】

"君子可欺以其方，难罔以非其道"，这是孟子为君子受骗做的辩解。

万章问曰："象日以杀舜为事，立为天子，则放之[1]，何也？"

孟子曰：“封之也，或曰放焉。”

万章曰：“舜流共工于幽州，放骧兜于崇山，杀三苗于三危，殛鲧于羽山，四罪而天下咸服②，诛不仁也。象至不仁，封之有庳③。有庳之人奚罪焉？仁人固如是乎？在他人则诛之，在弟则封之。”

曰：“仁人之于弟也，不藏怒焉，不宿怨焉，亲爱之而已矣。亲之欲其贵也，爱之欲其富也。封之有庳，富贵之也。身为天子，弟为匹夫，可谓亲爱之乎？”

“敢问或曰放者，何谓也？”

曰：“象不得有为于其国④，天子使吏治其国，而纳其贡税焉，故谓之放。岂得暴彼民哉？虽然，欲常常而见之，故源源而来。‘不及贡⑤，以政接于有庳。’此之谓也。”

【注】

①放：流放。

②“舜流共工于幽州”五句：《尚书·舜典》：“流共工于幽州，放骧兜于崇山，窜三苗于三危，殛鲧于羽山，四罪而天下咸服。”这就是所谓舜流“四罪”。殛（jí），杀死。

③有庳（bì）：“庳，自《水经注》引王隐之说，谓‘应阳县本泉陵之北部，东五里有鼻墟，象所封也。山下有象庙’以来，都以为庳在今湖南道县北。但舜都蒲阪，象封道县，陆路有太行山之阻，水程有洞庭波之隔，相距三千里，何能‘常常而见’‘源源而来’耶？故阎若璩《四书释地续》深以为疑。”（杨伯峻《孟子译注》）

④不得有为于其国：不能在自己的封国行使统治权。

⑤不及贡：没到朝贡的日期。

【译】

万章问孟子：“象总是想着谋害舜，舜做了天子后，只是把他流放了，这是为什么？"

孟子说："舜是把象册封为诸侯，也有人认为是流放。"

万章说："舜把共工流放到幽州，把驩兜放逐到崇山，把三苗迁逐到三危，在羽山诛杀鲧，惩处了这四个罪人而天下便全部归附，这是因为舜在惩处不仁德的人。象是最不仁德的人，舜把他册封到有庳。有庳的百姓有什么罪呢？舜这样的仁德之人应该这么做吗？对别人就惩处，对自己的弟弟就册封？"

孟子说："仁德之人对于自己的弟弟，不胸怀愤懑，不怀恨在心，只有亲近爱护而已。亲近就希望他能显贵，爱护就希望他能富有。舜把象册封到有庳，是要让象富且显贵。自己身为天子，却使弟弟还是平民百姓，能说是亲近爱护他吗？"

万章："请问有人说是流放他，这是为什么？"

孟子说："象不能在自己的封国行使统治权，天子派官吏管理他的封国，收取封国的贡税，所以说是流放。象岂能暴虐那里的百姓呢？即使如此，舜还是想时常见到象，所以象不断地来朝见舜。史籍上说：'不必等到朝贡的日子，平常就以政事为名接见有庳的国君。'就是说的这种情况。"

【评】

孟子在本章中强调，舜这样的圣王注重人伦，因此给弟弟象以尊贵的身份和优渥的待遇；但舜也爱惜人民，因此不允许象在封国行使统治权。这是圣王在"亲亲"和"爱民"两方面的协调和统一。

咸丘蒙问曰[①]："语云：'盛德之士，君不得而臣，父不得而子。'舜南面而立，尧帅诸侯北面而朝之，瞽瞍亦北面而朝之。舜见瞽瞍，其容有蹙。孔子曰：'于斯时也，天下殆哉[②]，岌岌乎！'不识此语诚然乎哉？"

孟子曰："否。此非君子之言，齐东野人之语也[③]。尧老而舜摄也。《尧典》曰：'二十有八载，放勋乃徂落，百姓如丧考妣，三年，四海遏密八音④。'孔子曰：'天无二日，民无二王⑤。'舜既为天子矣，又帅天下诸侯以为尧三年丧，是二天子矣。"

咸丘蒙曰："舜之不臣尧，则吾既得闻命矣。《诗》云：'普天之下，莫非王土；率土之滨，莫非王臣⑥。'而舜既为天子矣，敢问瞽瞍之非臣，如何？"

曰："是诗也，非是之谓也；劳于王事，而不得养父母也。曰：'此莫非王事，我独贤劳也。'故说诗者，不以文害辞，不以辞害志。以意逆志，是为得之。如以辞而已矣，《云汉》之诗曰：'周余黎民，靡有孑遗⑦。'信斯言也，是周无遗民也。孝子之至，莫大乎尊亲；尊亲之至，莫大乎以天下养。为天子父，尊之至也；以天下养，养之至也。《诗》曰：'永言孝思，孝思惟则⑧。'此之谓也。《书》曰：'祗载见瞽瞍，夔夔斋栗，瞽瞍亦允若⑨。'是为'父不得而子'也？"

【注】

①咸丘蒙：孟子的学生。

②殆：危险。

③齐东野人：指乡野村人。

④"二十有八载"五句：出自《尚书·尧典》。

⑤"天无二日"两句：出自《礼记》，凡两见，《曾子问》《坊记》，均作"天无二日，土无二王"，而《丧服四制》则作"天无二日，土无二主"。

⑥"普天之下"四句：出自《诗经·小雅·北山》。

⑦"周余黎民"两句：出自《诗经·大雅·云汉》。

⑧"永言孝思"两句：出自《诗经·大雅·下武》。

⑨ "祗载见瞽瞍"三句：《尚书》逸文，伪古文《尚书》篡入
《大禹谟》。

【译】

咸丘蒙问孟子："俗话说：'德行高尚的人，君主不能把他当作
臣属，父亲不能把他当作儿子。'舜成为天子，尧率领诸侯朝见
他，瞽瞍也朝见他。舜见到瞽瞍，表情局促。孔子说：'当时，天
下危险了，岌岌可危呀！'不知这话确实如此吗？"

孟子说："不是。这不是君子说的，是乡野村人说的。尧年老
后由舜代行天子的职权。《尧典》上说：'舜摄政二十八年后，尧去
世了，百姓犹如失去了父母，服丧三年，民间都停止了音乐。'孔
子说：'天上不会有两个太阳，地上不会有两个君王。'如果舜在尧
在世时已经做了天子，又带领天下的诸侯国君为尧服丧三年，就是
同时有两个天子了。"

咸丘蒙说："舜没有让尧做自己的臣属，这是我已经理解的。
《诗》上说：'整个天下，没有一处土地不是天子的土地；四海之
内，没有一个人不是天子的臣民。'舜已经做了天子，瞽瞍不是臣
民，请问这是什么道理？"

孟子说："这首诗，不是你说的这个意思；这首诗的作者因为
忙于公务，而不能全力侍奉父母。所以说：'天下的事都是公事，
怎么偏偏就我一个人如此劳碌。'所以解释诗歌的人，不能片面理
解单个字的含义而误解词句的本意，不能片面理解词句的含义而误
解全诗的主旨。要用自己的体会去揣度作者的本意，这样就对了。
如果拘泥于字面含义，那么《云汉》这首诗说：'周地余下的那些
百姓，一个不剩。'如果相信这话，就成了周地的人都死光了。孝
子最大的孝行，没有超过使父母地位尊贵的；使父母地位尊贵的最
高标志，没有超过集全天下之力奉养父母的。瞽瞍是天子的父亲，
尊贵到了极点；舜集天下之力奉养父亲，奉养到了极点。《诗》上
说：'永远奉行孝道，孝道就是法则。'就是指这个意思。《书》上

说：'舜恭恭敬敬地去见瞽瞍，谨慎而敬畏，瞽瞍也就变得和顺了。'这难道是'父亲不能把他当作儿子'吗？"

【评】

作为儿女，都面临如何孝顺父母的问题。一般人绝做不到"以天下养"，但对父母始终保持恭敬也是对人的考验。《论语·为政第二》中记载了子夏向孔子请教"孝"的问题，孔子回答说："色难。"也就是"在父母面前始终保持愉悦的神情很难"，这两个字值得我们深思，更值得我们时时戒慎呀。

万章曰："尧以天下与舜，有诸？"

孟子曰："否。天子不能以天下与人。"

"然则舜有天下也，孰与之？"

曰："天与之。"

"天与之者，谆谆然命之乎^{①}？"

曰："否。天不言，以行与事示之而已矣。"

曰："以行与事示之者，如之何？"

曰："天子能荐人于天，不能使天与之天下；诸侯能荐人于天子，不能使天子与之诸侯；大夫能荐人于诸侯，不能使诸侯与之大夫。昔者尧荐舜于天而天受之，暴之于民而民受之。故曰：天不言，以行与事示之而已矣。"

曰："敢问荐之于天而天受之，暴之于民而民受之，如何？"

曰："使之主祭而百神享之，是天受之；使之主事而事治，百姓安之，是民受之也。天与之，人与之，故曰：天子不能以天下与人。舜相尧二十有八载，非人之所能为也，天也。尧崩，三年之丧毕，舜避尧之子于南河之南^{②}。天下诸侯朝觐者，不之尧之子而之舜；讼狱者，不之尧之子而之舜；讴歌者，不讴歌尧之子而讴歌舜，故曰：天也。

夫然后之中国，践天子位焉。而居尧之宫，逼尧之子，是篡也，非天与也。《太誓》曰：'天视自我民视，天听自我民听③。'此之谓也。"

【注】

①谆谆然：耐心引导、恳切教诲的样子。

②南河："《史记正义》引《括地志》云：'故尧城在濮州鄄城县东北十五里，又有偃朱故城，在县西北十五里。濮州北临漯大川也，河在尧都之南，故曰南河，《禹贡》"至于南河"是也。其偃朱城所居，即舜让避丹朱于南河之南处也。'按偃朱故城在今山东濮县东二十五里，本名朱家阜。"（杨伯峻《孟子译注》）

③"天视自我民视"两句：《尚书》逸文，伪古《文尚》书篡入《泰誓中》。

【译】

万章说："尧把天下授予舜，有这事吗？"

孟子说："没有。天子不能把天下私自授人。"

万章说："但是舜得到了天下，那是谁授予他的？"

孟子说："是上天授予他的。"

万章说："上天授予他，是上天亲口再三叮嘱，反复告诫他的吗？"

孟子说："不是。上天不说话，用行动和事实默示自己的旨意而已。"

万章说："用行动和事实默示自己的旨意是怎么回事？"

孟子说："天子可以向上天推荐人，但不能强令上天把天下授予此人；诸侯国君可以向天子推荐人，但不能强令天子把诸侯的君位授予此人；大夫可以向诸侯国君推荐人，但不能强令诸侯国君把大夫的禄位授予此人。以前尧把舜推荐给上天而上天接受了，尧把舜公布给百姓而百姓接受了。所以说：上天不说话，用行动和事实默示自己的旨意而已。"

万章说："请问推荐给上天而上天接受了，公布给百姓而百姓接受了，是怎么回事？"

孟子说："让他主持祭祀而所有神明都享用祭品，是上天接受了他；让他治理政事而政事都处理得当，百姓都称心于他，是百姓接受了他。天授予他，百姓授予他，所以说，天子不能把天下私自授人。舜辅佐尧治理天下二十八年，这不是个人的意志所能决定的，是上天的旨意。尧去世了，舜服丧三年之后，退居到南河之南以谦避尧的儿子。天下诸侯朝觐天子，都不到尧的儿子那里而到舜那里；打官司的，都不到尧的儿子那里而到舜那里；有所歌颂的人，都不歌颂尧的儿子而歌颂舜，所以说，这是上天的旨意。舜之后才回到国都，登上天子之位。如果他强占尧的宫殿，逼迫尧的儿子，就是篡位，而不是上天授予他。《泰誓》上说：'上天所看见的来自于人民的眼睛所看见的，上天所听见的来自于人民的耳朵所听见的。'就是这个意思。"

【评】

儒家学说认为，"天意"即是"民意"，即是"民心"。这种思想也是儒家"天人合一"学说的基础之一，是中国古代哲学的重要命题。

万章问曰："人有言：'至于禹而德衰，不传于贤而传于子。'有诸？"

孟子曰："否，不然也。天与贤，则与贤；天与子，则与子。昔者舜荐禹于天，十有七年，舜崩。三年之丧毕，禹避舜之子于阳城①。天下之民从之，若尧崩之后，不从尧之子而从舜也。禹荐益于天②，七年，禹崩。三年之丧毕，益避禹之子于箕山之阴③。朝觐讼狱者不之益而之启④，曰：'吾君之子也。'讴歌者不讴歌益而讴歌启，曰：'吾君之子也。'丹朱之不肖⑤，舜之子亦不肖。舜之相尧，禹之相舜也，历年多，施泽于民久。启贤，能敬承继禹之道。益之相禹也，历年少，施泽于民未久。舜、禹、益相去久远，其子之贤不肖，皆天也，非人之所能为也。莫之为而为者，天也；莫之致而至者，命也。匹夫而有天下者，德必若舜、禹，而又有天子荐之者，故仲尼不有天下。继世以有天下，天之所废，必若桀、纣者也，故益、伊尹、周公不有天下。伊尹相汤以王于天下。汤崩，太丁未立⑥，外丙二年⑦，仲壬四年⑧。太甲颠覆汤之典刑⑨，伊尹放之于桐⑩。三年，太甲悔过，自怨自艾，于桐处仁迁义⑪；三年，以听伊尹之训己也，复归于亳。周公之不有天下，犹益之于夏，伊尹之于殷也。孔子曰：'唐、虞禅⑫，夏后、殷、周继，其义一也。'"

【注】

①阳城：旧址位于今河南登封告成镇。

②益：上古传说中的人物，早年治水有功，皋陶死后成为禹的继承人，禹去世后，益主动让位于禹的儿子启。另一说为益与启争夺王位，失败。

③箕山：位于今河南登封东南。阴：山北水南为阴。《史记·夏本纪》作"箕山之阳"。

④启：禹的长子。

⑤丹朱：尧的长子。

⑥太丁：殷墟甲骨卜辞作大丁，是商朝开国君主成汤之子，据《史记》记载太丁未及继位便已去世。

⑦外丙：甲骨卜辞作卜丙，成汤之子，商朝第二任天子。汤的太子太丁早死，乃立太丁弟外丙为太子，汤死后继位。

⑧仲壬：甲骨卜辞作中壬，成汤之子，商朝第三位君王。

⑨太甲：成汤嫡长孙，太丁之子，商朝第四位君王。

⑩桐：旧址位于今河南偃师西南，20世纪80年代曾发现大规模商代遗址，称"偃师商城"。

⑪处仁迁义：心存仁德，言行变得符合道义。

⑫唐、虞：即唐尧、虞舜。

【译】

万章问孟子："有人说：'到禹的时候道德就衰微了，不禅位于贤者而传位给儿子。'有这事吗？"

孟子说："不是，不是这样的。上天决定传予贤者，就传予贤者；上天决定传予儿子，就传予儿子。以前舜向上天推荐禹，过了十七年，舜去世了。为舜服丧三年后，禹退居阳城以谦避舜的儿子。但天下的百姓都追随他，就像当年尧去世后，百姓不追随尧的儿子而追随舜一样。禹向上天推荐益，过了七年，禹去世了。为禹服丧三年后，益退居箕山的北边以谦避禹的儿子。但朝觐的诸侯国君和打官司的人都不去找益而去找禹的儿子启，他们都说：'他是我们君王的儿子。'歌颂的人不歌颂益而歌颂启，说：'他是我们君王的儿子。'丹朱不成器，舜的儿子也不成器。舜辅佐尧治理天下，禹辅佐舜治理天下，经历的年头长，对百姓施与恩惠的时间久。启贤能，能敬谨地继承禹的治国之道。益辅佐禹治理天下，经历的年头少，对百姓施与恩惠的时间短。舜、禹、益之间相距的时间有长有短，他们的儿子有好有差，这都出自天意，不是人的意愿所能决定的。没有人去做的却做到了，这是天意；没有人招致他来却来到了，这是命运。普通百姓能得到天下，他的德行境界必须达到舜和禹那样，还要有天子向上天的推荐，所以孔子没有得到天下。世代相传拥有天下，上天要废弃其统治，一定是像夏桀和商纣那样的人，所以益、伊尹、周公没有得到天下。伊尹辅佐成汤一统天下。成汤去世，太丁先于成汤去世未及继位，外丙在位二年，仲壬在位四年。太甲继位后破坏了成汤治国的典章制度，伊尹把他放

逐到桐地。三年后，太甲忏悔了自己的错误，自责自纠，在桐地心
存仁德，言行变得符合道义；太甲在桐地三年后，已能听从伊尹的
训导了，才又回到亳都做天子。周公不能得到天下，正如同益处于
夏朝、伊尹处于殷朝一样。孔子说：'唐尧、虞舜禅位给贤者，夏、
商、周三代由子孙继位，其中的道理是一样的。'"

【评】

　　孟子在本章继续强调"君命天授"。但孟子的"君命天授"绝
非为专制君权张目，否则也不会有"民为贵，社稷次之，君为轻"
（《孟子·尽心下》）的说法。孟子的"君命天授"实际是在告诫统
治者，上天只会选择仁德道义、广得民心的人做君王，而废弃残
暴无道的君王。

　　万章问曰："人有言：'伊尹以割烹要汤^①。'有诸？"

　　孟子曰："否，不然。伊尹耕于有莘之野^②，而乐尧、舜
之道焉。非其义也，非其道也，禄之以天下，弗顾也；系
马千驷，弗视也。非其义也，非其道也，一介不以与人^③，
一介不以取诸人。汤使人以币聘之，嚣嚣然曰^④：'我何以
汤之聘币为哉？我岂若处畎亩之中，由是以乐尧、舜之道
哉？'汤三使往聘之，既而幡然改曰：'与我处畎亩之中，
由是以乐尧、舜之道，吾岂若使是君为尧、舜之君哉？吾
岂若使是民为尧、舜之民哉？吾岂若于吾身亲见之哉？天
之生此民也，使先知觉后知^⑤，使先觉觉后觉也。予，天
民之先觉者也；予将以斯道觉斯民也。非予觉之，而谁
也？'思天下之民匹夫匹妇有不被尧、舜之泽者，若己推
而内之沟中。其自任以天下之重如此，故就汤而说之以
伐夏救民^⑥。吾未闻枉己而正人者也，况辱己以正天下者
乎？圣人之行不同也，或远或近，或去或不去，归洁其身
而已矣。吾闻其以尧、舜之道要汤，未闻以割烹也。《伊

训》曰：'天诛造攻自牧宫，朕载自亳⑦。'"

【注】

①伊尹以割烹要汤：据《吕氏春秋·本味》记载，伊尹曾和成汤谈起天下最甘美的美食，就"肉之美者""鱼之美者""菜之美者""和之美者""饭之美者""水之美者""果之美者"等人间极品一一做了详细的介绍，但在最后又指出：这些好吃的要从天下各地运回来，就得有千里马。如果不能成为天子、富有四海就得不到这些好东西。而天子之位不是靠强夺能得到的，必须先行道义。以道义得天下，然后就能享用这诸多天下的美味。这本是伊尹劝喻成汤行仁政以取天下的文章，但其中保存了大量中国古代食材和调味料的资料，对研究中国古代烹饪史具有参考价值。有兴趣的读者不妨找来读一读。要，谋求之意。

②有莘（shēn）：莘国，先秦国家。

③介：指微小的东西。

④嚣嚣然：怡然自得的样子。

⑤觉：作动词用，使……觉悟，启发。

⑥说（shuì）：劝说，游说。

⑦"天诛造攻自牧官"两句：《尚书》逸文，伪古文《尚书》篡入《伊训》。

【译】

万章问孟子："有人说：'伊尹以宰割烹饪美食谋求成汤的关注和重视，有这事吗？'"

孟子说："没有，不是这样的。伊尹在莘国的田野里耕作，崇奉尧、舜的仁义之道。如果不符合礼义，不符合道义，即使把天下作为俸禄给他，他也不屑一顾；即使拴上四千匹马作为给他的礼物，他也不看一眼。如果不符合礼义，不符合道义，即使是一根草也不会施与别人，即使是一根草也不会从别人那里接受。成汤派人带着礼物来招纳他，伊尹平静地说：'我要汤的聘礼有什么用？我何不在乡野之中，就这样以崇奉尧、舜的仁义之道为乐呢？'成汤三次派人去招纳他，伊尹不久就忽然彻底改变了态度，说：'我与其在乡野之中，就这样以崇奉尧、舜的仁义之道为乐，何不辅佐这位君主成为尧、舜那样的贤君圣王呢？何不帮助百姓成为尧、舜那样的贤君圣王治下的子民呢？何不在自己的有生之年亲眼看到尧、舜时代那样的太平盛世重现呢？上天化育百姓，就是要让先明白的人教导启迪后明白的人，让先觉悟的人教导启迪后觉悟的人。我，是百姓中先觉悟的人；我要以尧、舜的仁义之道教导启迪百姓。我不去教导启迪他们，谁还能去做呢？'伊尹认为天下普通百姓中有一个男人、一个女人没有享受到尧、舜仁义之道的恩泽，就像是他自己把他们推入沟壑之中一样。他就是如此把拯救天下这样的重担作为自己的责任，所以来到成汤的身边劝导他征伐夏桀拯救百姓。我没听说过自己违背正道却能以正道匡正别人的，何况自己侮辱自己而能以正道匡正天下的呢？圣人的行为有所不同，有的避离君主，有的接近君主，有的离开朝廷，有的不离开朝廷，但归根结底都是洁身自好而已。我听说过伊尹以尧、舜的仁义之道谋求成汤的关注和重视，没听说过以宰割烹饪美食谋求成汤的关注和重视。《伊训》上说：'上天诛灭夏桀，是夏桀咎由自取，只是由我从亳都发动。'"

【评】

在现实生活中，一些单位、企业、机构中也会有所谓"佞臣"，甚至"弄臣"。这种人一味逢迎，不做正事，是害群之马，做领导的极容易被他们蒙蔽，并最终深受其害，所以必须警惕这样的人。做人不可做"佞臣""弄臣"，不仅自辱其身，且一事无成。

万章问曰："或谓孔子于卫主痈疽^①，于齐主侍人瘠环^②，有诸乎？"

孟子曰："否，不然也。好事者为之也。于卫主颜雠由^③。弥子之妻与子路之妻^④，兄弟也。弥子谓子路曰：'孔子主我，卫卿可得也。'子路以告。孔子曰：'有命。'孔子进以礼，退以义，得之不得曰'有命'。而主痈疽与侍人瘠环，是无义无命也。孔子不悦于鲁、卫，遭宋桓司马将要而杀之^⑤，微服而过宋。是时孔子当厄，主司城贞子^⑥，为陈侯周臣^⑦。吾闻观近臣，以其所为主；观远臣，以其所主。若孔子主痈疽与侍人瘠环，何以为孔子？"

【注】

①痈疽（yōng jū）：人名。又作雍渠、雍锄、雍睢。痈疽，本意为人身体上的毒疮，不应是正式的人名。古解认为此人是善于治疗"痈疽"的人。《史记·孔子世家》："灵公与夫人同车，宦者雍渠参乘。出，使孔子为次乘，招摇市过之。"可见，痈疽是卫国的宦官。

②瘠环：齐国国君的近侍。

③颜雠由：卫国大夫。《史记·孔子世家》作"颜浊邹"，司马贞《索引》："《孟子》曰'孔子于卫主颜雠由，弥子之妻与子路之妻，兄弟也'。今此云浊邹是子路之妻兄，所说不同。"

④弥子：卫灵公宠臣弥子瑕。

⑤桓司马：即桓魋（tuí），宋国的司马向魋，因为是宋桓公的后代，所以又叫桓魋。

⑥司城贞子：春秋时陈国大夫，名失传，谥号贞子。

⑦陈侯周：陈国国君。

【译】

万章问孟子："有人说孔子在卫国时寄住在卫灵公宠幸的宦官痈疽家，在齐国寄住在国君近侍瘠环家，有这事吗？"

孟子说："没有，不是这样的。这是好事之徒杜撰出来的。孔子在卫国寄住在颜雠由家。弥子瑕的妻子和子路的妻子是姐妹。弥子瑕对子路说：'如果孔子住到我家，就能得到卫国国卿的位置。'子路转告给了孔子。孔子说：'一切自有命运的安排。'孔子依据礼制做官，依据道义辞官，所以他说做不做官都是'命运的安排'。如果孔子寄住在痈疽和近侍瘠环家，那是无视道义和命运。孔子在鲁国、卫国感到不快，而宋国的司马桓魋又企图在半路上截杀他，于是乔装通过宋国。当时孔子处境困厄，寄住在司城贞子家，做了陈侯周的臣属。我听说观察在朝的臣属，看他在家接待什么人；观察远来的臣属，看他寄住在什么人家里。如果孔子寄住在痈疽和近侍瘠环家，那还是孔子吗？"

【评】

看一个人的品性，要看他的朋友是谁。近朱者赤，近墨者黑，一个人的社交范围，往往能体现出他的品性。"欲知其人，先观其友"是一种察人智慧，无论对于选拔人才还是交朋友，都具有很大的借鉴作用。

万章问曰："或曰：'百里奚自鬻于秦养牲者①，五羊之皮，食牛，以要秦缪公。'信乎？"

孟子曰："否，不然。好事者为之也。百里奚，虞人也②。晋人以垂棘之璧与屈产之乘③，假道于虞以伐虢④。宫之奇谏⑤，百里奚不谏。知虞公之不可谏而去，之秦，年已七十矣，曾不知以食牛干秦缪公之为污也，可谓智乎？不可谏而不谏，可谓不智乎？知虞公之将亡而先去之，不可谓不智也。时举于秦，知缪公之可与有行也而相之，可谓不智乎？相秦而显其君于天下，可传于后世，不贤而能之乎？自鬻以成其君，乡党自好者不为，而谓贤者为之乎？"

【注】

①百里奚自鬻（yù）于秦养牲者：关于百里奚的记载很多，且

彼此不同。按照最正统的说法，晋献公以白玉和良马作为礼物请虞国借道给自己以进攻虢国，虞君答应了。晋国灭了虢国后就手也灭了虞国，俘虏了虞君和他的大夫百里奚，并将百里奚作为晋女嫁给秦穆公的陪嫁奴隶送到秦国。百里奚逃离秦国跑到宛地，楚国边境的人捉住了他。穆公听说百里奚有才能，想用重金赎买他，但又担心楚国不给，就派人对楚王说："我家的陪嫁奴隶百里奚逃到这里，请允许我用五张黑色公羊皮赎回他。"楚国就答应了，交出了百里奚。这时，百里奚已经七十多岁。秦穆公重用百里奚，让他参与国家大事。鬻，卖。

②虞：虞国，西周初年所封诸侯国，旧址位于今山西平陆。

③垂棘之璧：垂棘之地出产的美玉。屈产之乘：屈地出产的好马。

④虢（guó）：西周初年所封诸侯国，旧址位于今河南三门峡附近，与虞国比邻。

⑤宫之奇：虞国大夫。他识破晋国借道伐虢的阴谋，力谏虞君不能答应，不被接受。宫之奇预料虞国将亡，便带领自己的族人离开了虞国。

【译】

万章问孟子："有人说：'百里奚把自己卖给秦国饲养牲畜的人，售价五张羊皮，为主人喂牛，以此谋求秦穆公的关注和重视。'这是真的吗？"

孟子说："不是，这不是真的。这是好事之徒杜撰出来的。百里奚是虞国人。晋国人用垂棘之地出产的美玉和屈地出产的好马作为礼物，请求虞君借道给他们进攻虢国。宫之奇力谏虞君不可，而百里奚并不劝谏。他知道虞君根本不可劝谏就离开了，他到秦国时，已经七十岁了，如果他竟然不懂得以为人喂牛谋求秦穆公的关注和重视是龌龊的，能说是睿智吗？他知道虞君根本不可劝谏就不去劝谏，能说不睿智吗？知道虞国国君必将灭亡而先行离去，不能说不睿智。当他在秦国受到荐举，知道秦穆公是个可以与之干一番事业的君主而辅佐他，能说不睿智吗？做了秦国的卿相而使自己君主的威望显赫于天下，并且可以流传后世，不是贤者能做到这样吗？卖掉自己来成全君主，乡村里自爱的人都不会去做，反说贤德的人会去做吗？"

【评】

人在社会上谋求上进是正常的，但必须走正常途径，走正道，"自鬻以成其君"令人不齿，求上进者当谨戒。

万章下

孟子曰："伯夷，目不视恶色，耳不听恶声。非其君不事，非其民不使。治则进，乱则退。横政之所出[1]，横民之所止，不忍居也。思与乡人处，如以朝衣朝冠坐于涂炭也。当纣之时，居北海之滨，以待天下之清也。故闻伯夷之风者，顽夫廉[2]，懦夫有立志[3]。伊尹曰：'何事非君？何使非民？'治亦进，乱亦进，曰：'天之生斯民也，使先知觉后知，使先觉觉后觉。予，天民之先觉者也；予将以此道觉此民也。'思天下之民匹夫匹妇有不与被尧、舜之泽者，若己推而内之沟中，其自任以天下之重也。柳下惠，不羞污君，不辞小官。进不隐贤，必以其道。遗佚而不怨，厄穷而不悯。与乡人处，由由然不忍去也。'尔为尔，我为我，虽袒裼裸裎于我侧，尔焉能浼我哉？'故闻柳下惠之风者，鄙夫宽[4]，薄夫敦[5]。孔子之去齐，接淅而行[6]；去鲁，曰：'迟迟吾行也，去父母国之道也。'可以速而速，可以久而久，可以处而处，可以仕而仕，孔子也。"

孟子曰："伯夷，圣之清者也；伊尹，圣之任者也；柳下惠，圣之和者也；孔子，圣之时者也。孔子之谓集大成。集大成也者，金声而玉振之也[7]。金声也者，始条理也[8]；玉振之也者，终条理也。始条理者，智之事也；终条理者，圣之事也。智，譬则巧也；圣，譬则力也。由射于百步之外也，其至，尔力也；其中，非尔力也。"

【注】

①横：蛮横，暴虐。

②顽：通"忨（wán）"，贪恋。

③懦夫有立志：软弱无能的人变得有独立坚定的意志。

④鄙夫：心胸狭隘的人。宽：宽容。

⑤薄夫：刻薄尖酸的人。敦：敦厚。

⑥接淅（xī）："《说文》：'淅，汏米也。'又云：'滰，浚干渍米也。从水，竟声。《孟子》曰，夫子去齐，滰淅而行。'是许慎所据《孟子》'接'作'滰'。'滰'是漉干之意。淅米、汏米，今曰淘米。"（杨伯峻《孟子译注》）

⑦金声而玉振之也：古代奏乐从始至终，以钟声开始，以磬声收尾。

⑧条理：秩序，程序。

【译】

孟子说："伯夷，眼睛不看邪恶的事物，耳朵不听邪恶的声音。不是他认同的君主就不去侍奉，不是他认同的百姓就不去使唤。天下政治清明就出仕做官，天下政治暗弱就出世隐居。存在暴政的地方，存在凶暴作乱之人的地方，他都不愿意居住。和乡下人相处，在他看来就如同穿戴着正式的礼服礼冠坐在烂泥炭灰上。商纣王时期，伯夷住到北海边上，等待天下政治清明之时。所以听到伯夷这样风范的人，贪婪的人变得廉洁，软弱无能的人变得有独立坚定的意志。伊尹说：'什么样的君主不能侍奉？什么样的百姓不能使唤？'天下政治清明出仕做官，天下政治暗弱也出仕做官，并且说：'上天化育百姓，就是要让先明白的人教导启迪后明白的人，让先觉悟的人教导启迪后觉悟的人。我，是百姓中先觉悟的人；我要以尧、舜的仁义之道教导启迪百姓。'伊尹认为天下的普通百姓中有一个男人、一个女人没有享受到尧、舜仁义之道的恩泽，就像是他自己把他们推入沟壑之中一样，他把拯救天下这样的重担作为自己的责任。柳下惠，不以侍奉无道之君为耻，不在乎做小官。从政不故意隐瞒自己的才能，而坚持自己做人做事的原则。被弃之不用也不怨恨，艰难困苦也不忧愁。和乡下人相处，怡然自得而不忍离去。'你是你，我是我，即使你赤身露体站在我旁边，岂能沾污我半分？'所以听到柳下惠这样风范的人，心胸狭隘的人变得宽容，刻薄尖酸的人变得敦厚。孔子离开齐国，不等把米淘完沥干就走；离开鲁国，说：'我们慢慢走吧，这是离开祖国的方式。'应该马上离开就马上离开，应该等待就等待，应该居住就居住，应该出仕做官就出仕，这就是孔子。"

孟子说："伯夷，是圣人中清高的；伊尹，是圣人中勇于担当的；柳下惠，是圣人中随和的；孔子，是圣人中识时务的。孔子可称为集大成者。所谓集大成，好比奏乐以金钟之声开始，以玉磬之声收尾。金钟之声，是秩序的开始；玉磬之声，是秩序的完成。始建秩序，依靠睿智；最终完成秩序，依靠圣德。睿智，好比是技巧；圣德，好比是力量。就好像在百步以外射箭，能射击这么远，是依靠你的力量；能射中靶心，不是依靠你的力量。"

【评】

孟子在本章极力推崇孔子的睿智与圣德，称其为圣人中"集大成"者。著者认为，这集大成者，就是孔子的"圣之时者"。这是什么意思呢？《论语·子罕第九》："子绝四：毋意，毋必，毋固，毋我。"大意是：孔子彻底摒弃了四种行为：不凭空臆测，不囿于成见，不拘泥固执，不刚愎自用。

北宫锜问曰[①]："周室班爵禄也[②]，如之何？"

孟子曰："其详不可得闻也。诸侯恶其害己也，而皆去其籍。然而轲也尝闻其略也。天子一位，公一位，侯一位，伯一位，子、男同一位，凡五等也。君一位，卿一位，大夫一位，上士一位，中士一位，下士一位，凡六等。天子之制，地方千里，公、侯皆方百里，伯七十里，子、男五十里，凡四等。不能五十里，不达于天子，附于诸侯，曰附庸。天子之卿受地视侯[③]，大夫受地视伯，元士受地视子、男[④]。大国地方百里，君十卿禄，卿禄四大

夫，大夫倍上士，上士倍中士，中士倍下士，下士与庶人
在官者同禄，禄足以代其耕也。次国地方七十里，君十卿
禄，卿禄三大夫，大夫倍上士，上士倍中士，中士倍下
士，下士与庶人在官者同禄，禄足以代其耕也。小国地方
五十里，君十卿禄，卿禄二大夫，大夫倍上士，上士倍中
士，中士倍下士，下士与庶人在官者同禄，禄足以代其耕
也。耕者之所获，一夫百亩。百亩之粪⑤，上农夫食九人，
上次食八人，中食七人，中次食六人，下食五人。庶人在
官者，其禄以是为差。"

【注】

①北宫锜（qí）：卫国人，复姓北宫，名锜。

②班：排列等级。

③视：比照。

④元士：直接受命于天子的士人。

⑤粪：施肥。

【译】

北宫锜问孟子："周朝制定的爵位俸禄制度，是什么情况？"

孟子说："详细情况已经不可知了。诸侯们憎恨这些制度妨碍
自己，把那些典籍文献都毁掉了。但是我曾经听到过一些大致的情
况。周天子一个等级，公爵一个等级，侯爵一个等级，伯爵一个等
级，子爵、男爵同一个等级，一共五个等级。诸侯国君一个等级，
卿一个等级，大夫一个等级，上士一个等级，中士一个等级，下士
一个等级，一共六个等级。周天子直辖纵横各一千里的土地，公爵
和侯爵直辖纵横各一百里的土地，伯爵七十里，子爵、男爵五十
里，一共四个等级。直辖土地不足五十里的，不能直接与周天子发
生关联，依附于诸侯国，叫作附庸。周天子的卿接受封地的标准比
照侯爵，大夫比照伯爵，元士比照子爵、男爵。大的诸侯国国土纵

横各一百里，国君的俸禄是卿的十倍，卿的俸禄是大夫的四倍，大夫的俸禄是上士的一倍，上士的俸禄是中士的一倍，中士的俸禄是下士的一倍，下士与在官府中任胥吏的平民拿同样的俸禄，这类俸禄足以达到他们亲自耕作所获得的收入。次一等的诸侯国国土纵横各七十里，国君的俸禄是卿的十倍，卿的俸禄是大夫的三倍，大夫的俸禄是上士的一倍，上士的俸禄是中士的一倍，中士的俸禄是下士的一倍，下士与在官府中任胥吏的平民拿同样的俸禄，这类俸禄足以达到他们亲自耕作所获得的收入。小的诸侯国国土纵横各五十里，国君的俸禄是卿的十倍，卿的俸禄是大夫的两倍，大夫的俸禄是上士的一倍，上士的俸禄是中士的一倍，中士的俸禄是下士的一倍，下士与在官府中任胥吏的平民拿同样的俸禄，这类俸禄足以达到他们亲自耕作所获得的收入。种地农民的收入，每个成年男子授田一百亩。这一百亩地全部施肥耕种，上等农户能养活九个人，次一等的农户能养活八个人，中等农户能养活七个人，次一等的农户能养活六个人，下等农户能养活五个人。在官府中任胥吏的平民，其俸禄以这个标准作为差别。"

【评】

本章是研究先秦爵禄制度的重要史料。《礼记·王制》则将天子除外，子、男分列，即所谓的公、侯、伯、子、男五等爵。

万章问曰："敢问友。"

孟子曰："不挟长^①，不挟贵，不挟兄弟而友^②。友也者，友其德也，不可以有挟也。孟献子^③，百乘之家也，有友五人焉：乐正裘、牧仲^④，其三人，则予忘之矣。献子之与此五人者友也，无献子之家者也^⑤。此五人者，亦有献子之家，则不与之友矣。非惟百乘之家为然也，虽小国之君亦有之。费惠公曰^⑥：'吾于子思，则师之矣；吾于颜般^⑦，则友之矣；王顺、长息则事我者也^⑧。'非惟小国之君为然也，虽大国之君亦有之。晋平公之于亥唐也^⑨，入云则入，坐云则坐，食云则食。虽蔬食菜羹，未尝不饱，盖不敢不饱也。然终于此而已矣。弗与共天位也，弗与治天职也，弗与食天禄也，士之尊贤者也，非王公之尊贤也。舜尚见帝，帝馆甥于贰室^⑩，亦飨舜，迭为宾主^⑪，是天子而友匹夫也。用下敬上，谓之贵贵；用上敬下，谓之尊贤。贵贵、尊贤，其义一也。"

【注】

①挟：依仗。

②兄弟：赵岐注："兄弟有富贵者。"

③孟献子：鲁国大夫仲孙蔑。

④乐正裘、牧仲：皆人名。

⑤家：卿大夫的封地食邑。

⑥费惠公：费国国君。

⑦颜般：人名。

⑧王顺、长息：皆人名。

⑨亥唐：晋平公时贤人，不愿为官，隐居陋巷，受到晋平公的敬重。

⑩甥：古代也指女婿。贰室：赵岐注："副宫也。"

⑪迭：交换，轮流。

【译】

万章问孟子："请问应如何交友。"

孟子说："不依仗自己年纪长，不依仗自己身份显贵，不依仗自己兄弟的富贵而与人交友。交友，是因为对方的德行高尚而去结交，不可以有所依仗。孟献子，是有百乘车马身家的大夫，他有五个朋友：乐正裘、牧仲，另外三人，我忘记了。孟献子和这五个人交友，心里没存着自己的大夫身份。那五个人，如果心里存着孟献子的大夫身份，也就不和他交朋友了。不仅有百乘车马身家的大夫如此，即使小国的国君也有朋友。费惠公说：'我对待子思，是把他当作老师；我对待颜般，是把他当作朋友；王顺、长息是给我办事的。'不仅小国的国君如此，即使大国的国君也有朋友。晋平公对待亥唐，亥唐叫他进屋就进屋，叫他坐下就坐下，叫他吃饭就吃饭。即使是糙粮菜汤，从不会不吃饱，因为不敢不吃饱。但是晋平公也就做到这个程度了。并不与他共居爵位，不与他共理政事，不与他共享俸禄。这只是士人对贤者的尊敬，不是天子与诸侯国君对贤者的尊敬。舜去觐见帝尧，帝尧安排这个女婿在其他的宫室居住，而且宴请舜，二人轮流做东互为宾主，这是天子和平民交朋友。地位低的人尊敬地位高的人，称为尊重贵人。地位高的人尊敬地位低的人，称为尊敬贤人。尊重贵人，尊敬贤人，道理是一样的。"

【评】

孟子在本章强调："友也者，友其德也，不可以有挟也。"而孔子也说过："放于利而行，多怨。"（《论语·里仁第四》）也就是说，根据利益需求选择行动，会招致很多怨恨。任何社会和时代都有个人利益，对此不必讳言。但如果唯利是图，完全以利益为纽带形成的任何合作都难以长久，往往以不愉快告终。

万章问曰："敢问交际何心也①？"

孟子曰："恭也。"

曰："却之却之为不恭②，何哉？"

曰："尊者赐之，曰：'其所取之者，义乎？不义乎？'而后受之，以是为不恭，故弗却也。"

曰："请无以辞却之，以心却之，曰：'其取诸民之不义也'，而以他辞无受，不可乎？"

曰："其交也以道，其接也以礼，斯孔子受之矣。"

万章曰："今有御人于国门之外者^③，其交也以道，其馈也以礼，斯可受御与？"

曰："不可。《康诰》曰：'杀越人于货，闵不畏死，凡民罔不譈^④。'是不待教而诛者也。殷受夏，周受殷，所不辞也。于今为烈，如之何其受之？"

曰："今之诸侯取之于民也，犹御也。苟善其礼际矣，斯君子受之，敢问何说也？"

曰："子以为有王者作，将比今之诸侯而诛之乎？其教之不改而后诛之乎？夫谓非其有而取之者盗也，充类至义之尽也^⑤。孔子之仕于鲁也，鲁人猎较^⑥，孔子亦猎较。猎较犹可，而况受其赐乎？"

曰："然则孔子之仕也，非事道与？"

曰："事道也。"

"事道奚猎较也？"

曰："孔子先簿正祭器^⑦，不以四方之食供簿正。"

曰："奚不去也？"

曰："为之兆也^⑧。兆足以行矣，而不行，而后去，是以未尝有所终三年淹也^⑨。孔子有见行可之仕^⑩，有际可之仕^⑪，有公养之仕也^⑫。于季桓子^⑬，见行可之仕也；于卫灵公^⑭，际可之仕也；于卫孝公^⑮，公养之仕也。"

【注】

①交际：与人交往。

②却之却之："却之"迭用，表示多次拒绝。却，拒绝。

③御：阻拦，阻挡。此处指拦路抢劫。

④"杀越人于货"三句：出自《尚书·康诰》，今本作"杀越人于货，暋不畏死，罔弗憝"。譈（duì），憎恨。

⑤充类至义之尽：将道德标准发挥到极致。

⑥猎较：古代狩猎时争夺猎物，用以祭祀。

⑦簿正祭器：撰述典籍规定合乎礼法的祭祀用器。

⑧兆：肇端，开始。

⑨淹：停留，滞留。

⑩见行可：看到可以施行自己的治国之道。

⑪际可：对国君的礼遇满意。

⑫公养：国君以养贤之礼奉养贤者。

⑬季桓子：即季孙斯，春秋时期鲁国大夫，鲁国实际掌权的权臣。

⑭卫灵公：春秋时期卫国国君。

⑮卫孝公：史料无记载，或许就是卫出公辄，卫灵公的孙子和直接继承人。

【译】

万章问孟子："请问与人交往应保持什么心理？"

孟子说："保持恭敬之心。"

万章说："多次拒绝别人的礼物就是不恭敬了，这是为什么？"

孟子说："尊贵者有所馈赠，接受者心里想：'他获得这些礼物的方式，合乎道义呢？还是不合乎道义呢？'想了以后接受，这是不恭敬的，所以不必拒绝。"

万章说："我建议不用真正的理由拒绝，内心实际上已经拒绝，想到：'这是他从百姓身上搜刮的不义之财'，而找个借口不接受，不可以吗？"

孟子说："如果有人与人结交符合道义，与人相处符合礼仪，孔子也会接受馈赠。"

万章说："现在有个在国都城门外拦路抢劫的人，他与人结交符合道义，馈赠礼物也符合礼仪，那就可以接受他的馈赠吗？"

孟子说："不可以。《康诰》上说：'杀人掠财，凶悍不怕死，没人不憎恶这种人。'这样的人是不必教化就可以诛杀的。这种法令是商朝继承于夏朝，周朝继承于商朝，一脉相承没有改变。当今这样的事情更加严重，怎么能接受杀人越货者的馈赠？”

万章说：“现在诸侯国君从百姓身上盘剥，和拦路抢劫没有区别。如果他们把交往的礼仪做得很完善，而君子就接受了，请问这是什么道理？”

孟子说：“你认为如果有贤君圣王出现，会将现在的诸侯国君一概诛杀吗？还是将教化之后不思悔改者诛杀呢？将所有获取不是自己拥有的东西的行为都视为抢劫，是将道德标准发挥到了极致。孔子在鲁国为官，鲁国人在狩猎时争夺猎物，孔子也去争夺猎物。争夺猎物都可以，何况接受馈赠呢？”

万章说：“那么孔子为官，不是为了施行王道之政吗？”

孟子说：“当然是为了施行王道之政。”

万章说：“为了施行王道之政，为什么要去争夺猎物？”

孟子说：“孔子先撰述典籍规定了合乎礼法的祭祀用器和祭品，规定不用各地的珍禽异兽作为祭品，但当时的风俗难以马上改变，所以孔子暂且从俗用争夺来的猎物作为祭品，以待风俗的逐渐改变。”

万章说：“那孔子为什么不辞官离开？”

孟子说：“他是为了将施行王道之政先迈出第一步。迈出第一步被证明可行，但无法继续施行，然后就辞官离开，所以他在任何一个朝廷为官没有达到三年的。孔子做官有因为觉得可以施行自己的治国之道的，有因为对国君的礼遇满意的，有因为对国君以养贤之礼奉养贤者满意的。他辅佐季桓子，是因为觉得可以施行自己的治国之道而为官；辅佐卫灵公，是因为满意国君的礼遇而为官；辅佐卫孝公，是因为满意国君以养贤之礼奉养贤者而为官。”

【评】

礼尚往来，这是千古不变的处世之道。但是，礼下于人，或有所求，绝不是什么请托都能应承，不是什么礼物都能接受，这要看原则。当然,"守经"与"通权"的关系,每个人心里都有一杆秤。

孟子曰:"仕非为贫也,而有时乎为贫;娶妻非为养也,而有时乎为养。为贫者,辞尊居卑,辞富居贫。辞尊居卑,辞富居贫,恶乎宜乎?抱关击柝①。孔子尝为委吏矣②,曰:'会计当而已矣③。'尝为乘田矣④,曰:'牛羊茁壮长而已矣。'位卑而言高,罪也;立乎人之本朝,而道不行,耻也。"

【注】

①抱关击柝(tuò):守关巡夜。柝,打更用的梆子。

②委吏:管理粮仓的小官。

③会计:计算,核算。

④乘田:管理畜牧的小官。

【译】

孟子说:"做官不是因为贫穷,但有时也是因为贫穷;娶妻不是为了奉养父母,但有时也是为了奉养父母。因为贫穷而做官,应该拒绝高官而甘居小官,拒绝厚禄而甘受薄禄。拒绝高官而甘居小官,拒绝厚禄而甘受薄禄,做什么官才合适呢?最好是做守关巡夜的小官。孔子曾经做过管理粮仓的小官,他认为:'核算好粮食的进出数字就可以了。'孔子还曾经做过管理畜牧的小官,他认为:'牛羊肥壮成长就可以了。'身份卑微却好议论国家大事,是罪过;在君主的朝廷上做大官,却让王化之道得不到施行,是耻辱。"

【评】

要挣钱别当官,要当官别想钱。贪财者做了大官,不仅祸国殃民,也会引火上身,遭受惩罚。"为贫者,辞尊居卑,辞富居贫",值得深思。

万章曰：“士之不托诸侯^①，何也？”

孟子曰：“不敢也。诸侯失国，而后托于诸侯，礼也^②；士之托于诸侯，非礼也。”

万章曰：“君馈之粟，则受之乎？”

曰：“受之。”

“受之何义也？”

曰：“君之于氓也^③，固周之^④。”

曰：“周之则受，赐之则不受，何也？”

曰：“不敢也。”

曰：“敢问其不敢何也？”

曰：“抱关击柝者，皆有常职以食于上。无常职而赐于上者，以为不恭也。”

曰：“君馈之，则受之，不识可常继乎？”

曰：“缪公之于子思也，亟问，亟馈鼎肉^⑤。子思不悦。于卒也，摽使者出诸大门之外^⑥，北面稽首再拜而不受，曰：‘今而后知君之犬马畜伋。’盖自是台无馈也^⑦。悦贤不能举，又不能养也，可谓悦贤乎？”

曰：“敢问国君欲养君子，如何斯可谓养矣？”

曰：“以君命将之，再拜稽首而受。其后廪人继粟^⑧，庖人继肉^⑨，不以君命将之。子思以为鼎肉，使己仆仆尔亟拜也^⑩，非养君子之道也。尧之于舜也，使其子九男事之，二女女焉，百官牛羊仓廪备，以养舜于畎亩之中，后举而加诸上位。故曰：王公之尊贤者也。”

【注】

①托：依靠，凭借。

②“诸侯失国”三句：根据古礼，失去国家的诸侯国君投奔、寄食于其他诸侯国君，是合乎礼法的。

③氓：古代称民为"氓"（特指外来的）。

④周：接济，周济。

⑤鼎肉：已经解割的牲畜肉，亦指熟肉。

⑥摽（biāo）：挥之使去。

⑦台：敬辞，用于称呼对方或与对方有关的事物，如台鉴、兄台等，后世还有台吏、台官、台使等，则专指朝廷的官吏使者。

⑧廪人：管理粮仓的官吏。

⑨庖人：职掌供膳的官吏。

⑩仆仆尔：形容烦琐。

【译】

万章说："无官职的士人不寄食于诸侯，为什么？"

孟子说："因为不敢如此。诸侯国君失去国家后，寄食于其他诸侯国君，合乎礼法；无官职的士人寄食于其他诸侯国君，不合礼法。"

万章说："那诸侯国君给的粟米，能接受吗？"

孟子说："可以接受。"

万章说："接受是什么道理呢？"

孟子说："诸侯国君对于外来的百姓，本来可以接济。"

万章说："接济就接受，赏赐就不接受，这是为什么？"

孟子说："因为不敢接受赏赐。"

万章说："请问为什么不敢接受赏赐？"

孟子说："守关巡夜的小官，都有固定的职务从而接受君主发的薪水。没有固定职务却接受君主的赏赐，这被认为是不恭敬的。"

万章说："诸侯国君馈赠的，就接受，不知可以经常接受吗？"

孟子说："鲁缪公对待子思，多次派人去问候，多次派人馈赠肉类。子思因此不高兴。最终，他将鲁缪公的使者赶出大门之外，向北面行先叩首再两次作揖的礼节而拒绝接受，说：'我现在知道国君像蓄养马和狗那样蓄养我。'大概自此鲁缪公再没有馈赠。喜欢贤才但不举荐任用，又不能依照礼法礼敬奉养，这能说是喜欢贤才吗？"

万章说："请问诸侯国君想供养君子，怎么做才算是依照礼法礼敬供养？"

孟子说："用国君的名义送来礼物，按礼法要行先作揖两次再叩首的礼节，然后才能接受。以后管粮仓的小官不断送来粮食，管供膳的小官不断送来肉食，都不用国君的名义，接受者就不必再行跪拜礼了。子思认为为了一些肉食使自己辛苦地多次跪拜，这不是供养君子的方式。尧对待舜，派他的九个儿子向舜学习，把两个女儿嫁给舜，配备大小官员、牛羊、粮食，到田地里侍奉舜，后来荐举他登上天子之位。所以说：这才是天子和诸侯国君礼敬贤者应有的样子。"

【评】

对于人才而言，应该"食君之禄，忠君之事"；而对于延聘人才者，则需要"礼贤下士"。二者都具备，是合作能够愉快长久的基石。

万章曰："敢问不见诸侯，何义也？"

孟子曰："在国曰市井之臣，在野曰草莽之臣，皆谓庶人。庶人不传质为臣①，不敢见于诸侯，礼也。"

万章曰："庶人，召之役，则往役；君欲见之，召之，则不往见之，何也？"

曰："往役，义也；往见，不义也。且君之欲见之也，何为也哉？"

曰："为其多闻也，为其贤也。"

曰："为其多闻也，则天子不召师，而况诸侯乎？为其贤也，则吾未闻欲见贤而召之也。缪公亟见于子思，曰：'古千乘之国以友士，何如？'子思不悦，曰：'古之人有言，曰事之云乎，岂曰友之云乎？'子思之不悦也，岂不曰：'以位，则子君也，我臣也，何敢与君友也？以德，则子事我者也，奚可以与我友？'千乘之君求与之友，而不可得也，而况可召与？齐景公田，招虞人以旌②，不至，将杀之。志士不忘在沟壑，勇士不忘丧其元。孔子奚取焉？取非其招不往也。"

曰："敢问招虞人何以？"

曰："以皮冠③。庶人以旃④，士以旗⑤，大夫以旌。以大夫之招招虞人，虞人死不敢往。以士之招招庶人，庶人岂敢往哉？况乎以不贤人之招招贤人乎？欲见贤人而不以其道，犹欲其入而闭之门也。夫义，路也；礼，门也。惟君子能由是路，出入是门也。《诗》云：'周道如底，其直如矢；君子所履，小人所视⑥。'"

万章曰："孔子，君命召，不俟驾而行。然则孔子非与？"

曰："孔子当仕有官职，而以其官召之也。"

【注】

①传质：赠送见面礼。

②旌：用羽毛装饰的旗子。

③皮冠：古代打猎时戴的皮制帽子。加于礼冠之上，用以遮挡尘土，亦以遮挡雨雪。

④旃（zhān）：古代一种整幅红色帛做的曲柄旗。

⑤旗（qí）：古代挂有铃铛的旗子。

⑥"周道如底"四句：出自《诗经·小雅·大东》，原文"底"作"砥"。

【译】

万章说："请问不去晋见诸侯国君，这是什么道理？"

孟子说："对于国君而言，没有官职的人住在城镇的叫市井之臣，住在乡下的叫草莽之臣，都叫平民百姓。平民百姓不呈送见面礼成为臣属，不敢去晋见诸侯国君，这是合乎礼法规定的。"

万章说："平民百姓，召唤他去服劳役，就去服劳役；国君想见他，召唤他，却不去晋见，这是为什么？"

孟子说："去服劳役，是他的本分；去晋见国君，不是他的本分。况且国君想见他，是为什么呢？"

万章说："因为他见多识广，因为他贤能。"

孟子说："因为他见多识广，然而天子都不能召唤老师来见自己，何况是诸侯国君呢？因为他贤能，那么我没听说过想见贤能的人却召唤他过来的。鲁缪公多次去拜访子思，说：'古代千乘大国的国君与士人交友，是怎么做的？'子思不高兴了，说：'古人的话是说国君师从士人吧，怎么是说和士人交朋友呢？'子思的不高兴，难道不是因为他认为：'以地位而言，那么您是君主，我是臣属，我怎么敢和君主交朋友？以德行水平而言，那么您是师从于我，怎么可以和我交朋友呢？'千乘大国的国君请求与子思交朋友都做不到，何况还要召唤他过去呢？齐景公田猎，用装饰有羽毛的旌旗召唤猎场的官员，那人不受召唤，齐景公要杀他，但他因为这么做符合礼法而毫不惧怕。志向远大、节操高尚的人不怕因坚守道义死无葬身之地，勇敢的人不怕因坚守道义被砍头。孔子赞许取法这个猎场官员什么地方呢？就是赞许取法他不以合乎礼法的召唤就不接受。"

万章说："请问该用什么凭信召唤猎场的官员？"

孟子说："用皮帽子。召唤庶人用全幅红色帛做的曲柄旗，召唤士人用挂有铃铛的旗，召唤大夫用装饰有羽毛的旗。以召唤大夫的礼节召唤猎场的官员，他虽死也不敢前往。以召唤士人的礼节召唤平民百姓，平民百姓怎么敢前往呢？何况用召唤无德无能者的礼节召唤贤能者呢？想见贤能者却不采用正确的方式，就好比想让他进来却把门关上。道义，犹如大路；礼法，犹如大门。只有君子能沿着道义的大路，进出礼法的大门。《诗》上说：'周朝的大路平整得如同磨刀石，笔直得如同箭杆；这是君子所走的大路，是小人所效法的。'"

万章说："孔子，国君有命令召唤，不等车马备好就出发。难道孔子错了吗？"

孟子说："孔子当时正做官有正式的官位，国君是以他的官位召唤他。"

【评】

孟子在本章所言，是在指责统治者不按照正常礼法对待臣属，也是对自己不接受诸侯征召做出解释。

孟子谓万章曰："一乡之善士①，斯友一乡之善士；一国之善士，斯友一国之善士；天下之善士，斯友天下之善士。以友天下之善士为未足，又尚论古之人②。颂其诗，读其书，不知其人，可乎？是以论其世也。是尚友也。"

【注】

①一乡之善士：指在一个乡村范围内算得上贤能的人。

②尚：上。

【译】

孟子对万章说："在一个乡村范围内算得上贤能的人，就会和同为在一个乡村范围内算得上贤能的人交朋友；在一个诸侯国范围内算得上贤能的人，就会和同为在一个诸侯国范围内算得上贤能的人交朋友；在全天下范围内算得上贤能的人，就会和同为在全天下范围内算得上贤能的人交朋友。与全天下范围内算得上贤能的人交朋友还觉得不够，还要向上追溯研究古代的贤能之士。诵咏他的诗歌，研读他的著作，不了解他这个人，能行吗？所以还要研究他所处的时代。这是上溯与古人为友。"

【评】

"善交胜己"是一种能力，孔子说："无友不如己者。"（《论语·学而第一》）是很有道理的。

　　齐宣王问卿。孟子曰："王何卿之问也？"

　　王曰："卿不同乎？"

　　曰："不同。有贵戚之卿^①，有异姓之卿。"

　　王曰："请问贵戚之卿。"

　　曰："君有大过则谏，反覆之而不听，则易位。"王勃然变乎色。

　　曰："王勿异也。王问臣，臣不敢不以正对。"王色定，然后请问异姓之卿。

　　曰："君有过则谏，反覆之而不听，则去。"

【注】

①贵戚：指与帝王同宗同姓的亲属。

【译】

齐宣王问孟子关于公卿的事情。孟子说："大王是问哪种公卿？"

齐宣王说："公卿还有什么不同吗？"

孟子说："有不同。有与国君同宗同姓的亲属担任的公卿，有与国君不同姓的人担任的公卿。"

齐宣王说："请问与国君同宗同姓的亲属担任的公卿会怎样？"

孟子说："国君有重大过错要劝谏，反复劝谏还不接受，就另立国君。"齐宣王马上脸色大变。

孟子说："大王不要诧异。大王问我，我不敢不用真话回答您。"齐宣王脸色恢复平静，然后又问与国君不同姓的人担任公卿会怎样。

孟子说："国君有过错要劝谏，反复劝谏还不接受，就去职离开。"

【评】

著者认为，为人谋划应该直言不讳，也就是曾子说的"为人谋而不忠乎"。著者对此深为认同，但也认为劝谏他人应注重表达的方式。表达方式是否得法，也是劝谏能否成功的关键。

告子上

告子曰："性，犹杞柳也[1]；义，犹杯棬也[2]。以人性为仁义，犹以杞柳为杯棬。"

孟子曰："子能顺杞柳之性而以为杯棬乎？将戕贼杞柳而后以为杯棬也[3]？如将戕贼杞柳而以为杯棬，则亦将戕贼人以为仁义与？率天下之人而祸仁义者，必子之言夫！"

【注】

①杞柳：灌木，其枝条可用于编制物品。

②杯棬（quān）：木质的饮具。

③戕（qiāng）贼：伤害，残害。

【译】

告子说："人的本性就好比杞柳，仁义就好比酒杯。认为人的本性天生具备仁义，就好比认为用杞柳能制作酒杯。"

孟子说："您是依照杞柳的物性制成酒杯呢？还是破坏杞柳的物性制成酒杯呢？如果破坏杞柳的物性制成酒杯，那么也要残害人的本性使之归于仁义吗？带着天下人危害仁义的，一定是您这种理论吧。"

【评】

孟子持"人性本善论"。他认为："仁义礼智，非由外铄我也，我固有之也，弗思耳矣。"（《孟子·告子上》）而使人归于仁义，完全是顺着人的本性而为。

告子曰："性犹湍水也，决诸东方则东流，决诸西方则西流。人性之无分于善不善也，犹水之无分于东西也。"

孟子曰："水信无分于东西，无分于上下乎？人性之善也，犹水之就下也。人无有不善，水无有不下。今夫水，搏而跃之^①，可使过颡；激而行之，可使在山。是岂水之性哉？其势则然也。人之可使为不善，其性亦犹是也。"

【注】

①搏而跃之：用手拍击水面使水花向上激跃。

【译】

告子说："人性好比湍急的流水，东边决口就向东流，西边决口就向西流。人性没有善恶之分，就像水流没有东西之分一样。"

孟子说："水流确实没有东西之分，难道也没有上下之分吗？人性本善，犹如水势必向低洼处流。人的本性没有不善良的，水没有不向低洼处流的。以水为例，拍击水面使水花向上激跃，可以让水高过额头；堵塞水道逼其倒流，可以把水引上山丘。这难道是水的物性吗？是形势使然。人之所以可以使之作恶，其本性的变化也是如此。"

【评】

人的本性究竟是善还是恶，是个争论了几千年的命题，至今没有定论。著者认为，初始的人性都是接近的，只是时间的推移和环境的不同最终造就了形形色色的人性。关于人性，著者非常推崇王阳明的一句话："无善无恶是心之体，有善有恶是意之动，知善知恶是良知，为善去恶是格物。"（《传习录》卷下）

告子曰："生之谓性。"

孟子曰："生之谓性也，犹白之谓白与？"

曰："然。"

"白羽之白也，犹白雪之白；白雪之白，犹白玉之白与？"

曰："然。"

"然则犬之性，犹牛之性；牛之性，犹人之性与？"

【译】

告子说："万物天生的禀赋就是本性。"

孟子说："万物天生的禀赋就是本性，就好比所有白色的东西都是白的吗？"

告子说："对。"

孟子说："白色羽毛的白，和白雪的白一样；白雪的白，和白玉的白一样吗？"

告子说："对。"

孟子说："那么狗的本性，和牛的本性一样；牛的本性，和人的本性一样吗？"

【评】

本章仍是针对"性有无善恶"而展开的辩论，也展示了孟子高超的辩论技巧。

告子曰："食色，性也。仁，内也，非外也；义，外也，非内也。"

孟子曰："何以谓仁内义外也？"

曰："彼长而我长之，非有长于我也；犹彼白而我白之，从其白于外也，故谓之外也。"

曰："异于白马之白也①，无以异于白人之白也；不识长马之长也，无以异于长人之长与？且谓长者义乎？长之者义乎？"

曰："吾弟则爱之，秦人之弟则不爱也，是以我为悦者也，故谓之内。长楚人之长，亦长吾之长，是以长为悦者也，故谓之外也。"

　　曰："耆秦人之炙^②，无以异于耆吾炙。夫物则亦有然者也，然则耆炙亦有外欤？"

【注】

①异于白马之白也：朱熹认为"异于"为衍文。

②耆（shì）：后作"嗜"。

【译】

　　告子说："饮食男女，是人的本性。仁，是发自人的内心，不是由外物引发的；义，是由外物引发的，不是发自人的内心。"

　　孟子说："为什么说仁是发自人的内心而义是由外物引发的？"

　　告子说："某人年纪长而我尊敬他，这种敬长的行为并非发自我的本性；就好比某个东西是白色的我才认为他是白色的，是这件外物的白色使我产生这样的反应，所以说义是由外物引发的。"

　　孟子说："如果白马的白色，和肤白之人的白色没有不同；不知人对老马的怜悯，和对老年人的尊敬是不是也没有不同？而且这种敬长的行为是源于年长者呢？还是源于敬长者自己呢？"

　　告子说："我爱自己的弟弟，不会爱秦国人的弟弟，这是以我的喜好为出发点的，所以说仁是发自人的内心。尊敬楚国人的长者，也尊敬我自己的长者，这是以作为长者的喜好为出发点的，所以说义是由外物引发的。"

　　孟子说："喜欢吃秦国人的烤肉，和喜欢吃我自己的烤肉没有不同。事物都有类似的情形，难道说嗜好烤肉的心理也是由外物引发的吗？"

【评】

　　孟子认为，仁和义与食色一样，都是人的本性。告子不否认"仁内"，但认为"义外"，所以孟子指出：符合仁的言行（即所谓"义"，他在本章的辩论中具体指向为"敬长"），也是由人的本性而来，如同人本性中的"耆炙"一样，而不是由外物引发的。

孟季子问公都子曰①："何以谓义内也？"

曰："行吾敬，故谓之内也。"

"乡人长于伯兄一岁，则谁敬？"

曰："敬兄。"

"酌则谁先？"

曰："先酌乡人。"

"所敬在此，所长在彼，果在外，非由内也。"公都子不能答，以告孟子。

孟子曰："敬叔父乎？敬弟乎？彼将曰：'敬叔父。'曰：'弟为尸②，则谁敬？'彼将曰：'敬弟。'子曰：'恶在其敬叔父也？'彼将曰：'在位故也。'子亦曰：'在位故也。庸敬在兄③，斯须之敬在乡人④。'"

季子闻之曰："敬叔父则敬，敬弟则敬，果在外，非由内也。"

公都子曰："冬日则饮汤⑤，夏日则饮水，然则饮食亦在外也？"

【注】

①孟季子：事迹不可考。

②尸：是一种起源于远古时期的原始祭祖仪式，其主要形式是要找一个活人为"尸"，充当已经死去的祖先，来接受祭拜。充当"尸"的人，一般是受祭者的孙子。

③庸：平常，日常。

④斯须：片刻，一小会工夫。

⑤汤：热水。

【译】

孟季子问公都子说："为什么说义是发自人的内心？"

公都子说："把自己内心的恭敬之情贯彻到行动上，所以说义是发自人的内心。"

孟季子说："如果有个同乡人年长自己大哥一岁，那么您会恭敬谁？"

公都子说："恭敬自己的大哥。"

孟季子说："先给谁斟酒？"

公都子说："先给那位年长的同乡人。"

孟季子说："您内心恭敬的是大哥，却对那位年长的同乡人表达敬意，可见义是由外物引发的，而不是发自人的内心。"公都子无法回答，便去请教孟子。

孟子说："你可以说：'应该恭敬叔父呢？还是恭敬弟弟？'他会说：'恭敬叔父。'你说：'如果弟弟在尸祭时作代表死者受祭的人，那么应该恭敬谁？'他会说：'恭敬弟弟。'你说：'那您说的应该恭敬叔父又该如何理解呢？'他会说：'这是因为弟弟当时正处于应该被恭敬的位置上。'你也说：'给同乡长者斟酒也是因为他当时正处于应该被恭敬的位置上。素常所恭敬的是兄长，一时一地恭敬的是同乡的长者。'"

孟季子听说了以后说："在这种情况下就恭敬叔父，在那种情况下就恭敬弟弟，可见义确实是由外物引发的，而不是发自人的内心。"

公都子说："冬天就喝热水，夏天就喝凉水，难道饮食需求是由外物引发的？"

【评】

本章是继续就"义内"还是"义外"展开的辩论。孟子师生还是用饮食需求由人的本性决定来肯定"义内"。

公都子曰："告子曰：'性无善无不善也。'或曰：'性可以为善，可以为不善；是故文、武兴，则民好善；幽、厉兴，则民好暴。'或曰：'有性善，有性不善；是故以尧为君而有象，以瞽瞍为父而有舜；以纣为兄之子且以为君，而有微子启、王子比干。'今曰'性善'，然则彼皆非与？"

孟子曰："乃若其情，则可以为善矣，乃所谓善也。若夫为不善，非才之罪也。恻隐之心，人皆有之；羞恶之心，人皆有之；恭敬之心，人皆有之；是非之心，人皆有之。恻隐之心，仁也；羞恶之心，义也；恭敬之心，礼也；是非之心，智也。仁义礼智，非由外铄我也^①，我固有之也，弗思耳矣。故曰：'求则得之，舍则失之。'或相倍蓰而无算者，不能尽其才者也。《诗》曰：'天生蒸民，有物有则。民之秉彝，好是懿德^②。'孔子曰：'为此诗者，其知道乎！故有物必有则，民之秉彝也^③，故好是懿德^④。'"

【注】

①铄：渗入。

②"天生蒸民"四句：出自《诗经·大雅·烝民》。今本"蒸"作"烝"。

③秉彝：秉持固有的规律。

④懿：美好。

【译】

公都子说："告子说：'人的本性没有善和不善。'有人说：'人性可以是善的，可以是不善的；所以周文王、周武王兴起，百姓就乐于做善事；周幽王、周厉王肆虐，百姓就乐于做凶暴之事。'有人说：'有的人本性是善的，有的人本性是不善的；所以尧为天子时有象这样的恶人，瞽瞍这样的父亲却生出舜这样的儿子；有商纣这样的侄子和君王，却有微子启、比干这样的叔父和臣属。'现在您说'人性本善'，那么他们都错了吗？"

孟子说："从人天生的禀赋而言，都可以使之善良，这就是我说的人性本善。至于有些人不善良，那不能归罪于人天生的禀赋。怜悯同情他人的心，每个人都有；因各种不善而感到羞耻的心，每个人都有；恭顺礼敬的心，每个人都有；是非曲直的心，每个人都有。怜悯同情他人的心，就是仁；因各种不善而感到羞耻的心，就是义；恭顺礼敬的心，就是礼；是非曲直的心，就是智。仁义礼智，不是来自于外部，是人原本就有的，只是人没有去找寻探求罢了。所以说：'求索就会得到，放弃就会失去。'人与人相差一倍、五倍直至无数倍，是因为没有充分发挥出善的禀赋。《诗》上说：'上天化育黎民，每一种事物都有其规律。百姓秉持这固有的规律，因此喜好美好的德行。'孔子说：'创作这首诗的人，明晓道理呀！所以他说每一种事物都必然有其规律，百姓秉持这固有的规律，因此喜好美好的德行。'"

【评】

仁义礼智是儒家所说的"四德"，孟子认为，这"四德"都是人天生的禀赋，但人后天在"四德"方面的表现却千差万别，这不是人禀赋的不同，而是有人坚持和发扬了本性中"四德"，而有人忽视和放弃了它们。本章是孟子对"性善论"的一次集中阐述。著者认为，在我们的现实生活中，很多美好的德行都迷失于利欲熏心之中，孟子所言"求则得之，舍则失之"，值得我们反思。

孟子曰："富岁，子弟多赖[1]；凶岁，子弟多暴，非天之降才尔殊也，其所以陷溺其心者然也。今夫麰麦[2]，播种而耰之[3]，其地同，树之时又同，浡然而生，至于日至之时[4]，皆熟矣。虽有不同，则地有肥硗[5]，雨露之养，人事之不齐也。故凡同类者，举相似也，何独至于人而疑之？圣人，与我同类者。故龙子曰：'不知足而为屦，我知其不为蒉也[6]。'屦之相似，天下之足同也。口之于味，有同耆也。易牙先得我口之所耆者也[7]。如使口之于味也，其性与人殊，若犬马之与我不同类也，则天下何耆皆从易牙之于味也？至于味，天下期于易牙⑧，是天下之口相似也。惟耳亦然。至于声，天下期于师旷，是天下之耳相似也。惟目亦然。至于子都⑨，天下莫不知其姣也。不知子都之姣者，无目者也。故曰：口之于味也，有同耆焉；耳之于声也，有同听焉；目之于色也，有同美焉。至于心，独无所同然乎？心之所同然者何也？谓理也，义也。圣人先得我心之所同然耳。故理义之悦我心，犹刍豢之悦我口⑩。"

【注】

①赖：朱熹《孟子章句集注》："赖，藉也。丰年衣食饶足，故有所顾藉而为善。"这里的"藉"，指凭借、依仗。

②䴬（móu）麦：大麦。

③耰（yōu）：古代的一种农具，用于弄碎土块，平整田地。此处作动词用，指用耰松土并使土块细碎，亦指覆种。

④日至：此处指夏至日。

⑤硗（qiāo）：田地坚硬不肥沃。

⑥蒉（kuì）：草编的筐子。

⑦易牙：春秋时代著名厨师，是齐桓公宠幸的近臣。

⑧期：期望。

⑨子都：即公孙子都，原名公孙阏，姬姓，字子都，春秋时期郑国人。传为春秋第一美男子，相貌英俊，深得郑庄公宠幸。

⑩刍豢：指牛羊猪狗等牲畜。

【译】

孟子说："丰收的年景，年轻人大多因收入多有所凭借而易于为善；歉收的年景，年轻人大多为求生存而以强凌弱，这不是上天赋予人的秉性如此悬殊，而是由于饥寒困苦破坏了他们本性中的善造成的。比如种植大麦，播撒了种子，平整了土地，土地是一样的，栽种的时令一样，便会蓬勃生长，到夏至日时就成熟了。即使有所不同，也是因为土地有肥沃贫瘠，天降雨露有多寡，耕种者有勤懒之分造成的。所以但凡同类之物，大体上是相同的，为什么单单对人要怀疑呢？圣人，是和我们同类的。所以龙子说：'没亲眼看到脚形就编制草鞋，我知道他绝不会编成草筐。'鞋之所以相似，是因为天下人的脚大体相同。人的口舌对于味道，有相同的嗜好。易牙烹调的食物之所以让人觉得美味，是因为他早就了解人共同嗜好的味道。如果使每个人的口味都迥然不同，像狗、马和人这般不是一个品类，那么天下人口味上的嗜好怎么会都依从易牙对口味的选择呢？说到食物的美味，天下人都期望吃到易牙烹饪的菜品，是因为天下人的口味大体一样。人耳听声音也是如此。说到声音，天下人都期望听到师旷演奏的乐曲，是因为天下人的听觉大体一样。人眼视物也是如此。说到公孙子都，天下没人不知道他的俊美。不知道他的俊美，是没有眼睛的人。所以说，人的口舌对于味道，有相同的喜好；人耳对于声音，有相同的品位；人眼对于容貌，有相同的审美。说到人心，就单单没有相同之处了吗？人心里相同的是什么？是理、义。圣人先于我们寻求到了人本性中原本相同的理和义。所以理和义能使我们愉悦快乐，正如同牛羊猪狗的肉让我们的口舌觉得美味一样。"

【评】

人同此心，心同此理。以常人心态分析，理义是人心所向。即使我们自己做不到，也会钦佩能做到的人。因此，全世界古往今来的人类文明，在社会道德规范和行事准则方面都没有大的不同。

孟子曰："牛山之木尝美矣[①]，以其郊于大国也，斧斤伐之，可以为美乎？是其日夜之所息，雨露之所润，非无萌蘖之生焉[②]，牛羊又从而牧之，是以若彼濯濯也[③]。人见其濯濯也，以为未尝有材焉，此岂山之性也哉？虽存乎人者，岂无仁义之心哉？其所以放其良心者^④，亦犹斧斤之于木也，旦旦而伐之，可以为美乎？其日夜之所息，平旦之气，其好恶与人相近也者几希，则其旦昼之所为，有梏亡之矣^⑤。梏之反覆，则其夜气不足以存；夜气不足以存，则其违禽兽不远矣。人见其禽兽也，而以为未尝有才焉者，是岂人之情也哉？故苟得其养，无物不长；苟失其养，无物不消。孔子曰：'操则存，舍则亡；出入无时，莫知其乡。'惟心之谓与？"

【注】

①牛山：位于今山东淄博临淄。

②蘖（niè）：树木砍去后从残存茎根上长出的新芽，泛指植物近根处长出的分枝。

③濯濯：形容山无草木，光秃秃的样子。

④放：舍弃。

⑤梏（gù）亡：因受束缚而致丧失。

【译】

孟子说："牛山上的林木曾经很繁茂，因为位于大都市的郊外，经常有人持斧子砍伐，还能繁茂吗？即便遭到砍伐，山上的林木仍在日夜生长，受到雨露的润泽，不是没有新芽从被砍断的茎根上长出，又遭人放牧到山上的牛羊啃食，所以变成如今这样光秃秃的样子。人们看到牛山光秃秃的样子，以为它从没有长过大树，这难道是山的物性吗？在一些人的本性中，难道没有仁义之心吗？他们之所以丧失了善良之心，也犹如斧子砍伐树木，天天砍伐，还能繁茂吗？即便已经丧失了善良之心，仁义仍然在人心里日夜生长，受到清晨清净之气的润泽，他内心的善恶标准与常人相近的多少也有一些，但是他第二天白天的所作所为，又使这一点点仁义之心丧失了。反反复复的丧失，那么他在夜间滋生的仁义之心就无法留存；夜间滋生的仁义之心无法留存，那么他的行为离禽兽之行就不远了。人们看到他的行为如同禽兽，就以为他的心里从来没有过仁义，这难道是这些人的本性吗？所以如果得到滋养，没有什么东西会不生长；如果得不到滋养，没有什么东西会不消亡。孔子说：'持守就能保留，放弃就会丧失；来去没有定时，不知去向哪里。'就是针对人心而言的吧？"

【评】

德行要靠修持，修持要靠自律。妨碍修持的因素和诱惑很多，关键看修持者自身的决心和毅力。还是那句话："求则得之，舍则失之"。

孟子曰："无或乎王之不智也①。虽有天下易生之物也，一日暴之，十日寒之，未有能生者也。吾见亦罕矣，吾退而寒之者至矣，吾如有萌焉何哉？今夫弈之为数②，小数也；不专心致志，则不得也。弈秋③，通国之善弈者也。使弈秋诲二人弈，其一人专心致志，惟弈秋之为听。一人虽听之，一心以为有鸿鹄将至④，思援弓缴而射之⑤，虽与之俱学，弗若之矣。为是其智弗若与？曰：非然也。"

【注】

①或：通"惑"。

②数：技艺，学术。

③弈秋：传说中春秋时期善于下围棋的人。

④鸿鹄：天鹅。

⑤缴（zhuó）：系在箭上的生丝绳，亦称系着丝绳的箭。

【译】

孟子说："不要对君主的不睿智感到奇怪。即使是天下最易生长的东西，把它在烈日下暴晒一天，再把它在冰雪里冷冻十天，也没有能生长起来的。我和君主见面很少，我离开他后，如冰雪般冷冻他的人就来了，我对君主已萌生的仁义之心又能如何呢？比如下棋作为一种技艺，是种小技艺；但不专心致志地学习，也下不好。弈秋，是全国最善于下围棋的人。让弈秋教两个人下棋，其中一个人专心致志学习，只听弈秋讲课。另一个人虽然也在听弈秋讲课，心里却觉得会有天鹅飞过来，想着张弓用绳箭去射它，他和专心致志学习的人一起学习，但水平却不及他。这是因为他的智慧不如专心致志学习的人吗？答案是：不是这样的。"

【评】

决心和恒心是成功的关键，一曝十寒，一心二用，不能专注，都会导致半途而废。

孟子曰："鱼，我所欲也；熊掌，亦我所欲也，二者不可得兼，舍鱼而取熊掌者也。生，亦我所欲也；义，亦我所欲也，二者不可得兼，舍生而取义者也。生亦我所欲，所欲有甚于生者，故不为苟得也；死亦我所恶，所恶有甚于死者，故患有所不辟也。如使人之所欲莫甚于生，则凡可以得生者，何不用也？使人之所恶莫甚于死者，则凡可以辟患者，何不为也？由是则生而有不用也，由是则可以辟患而有不为也，是故所欲有甚于生者，所恶有甚于死者。非独贤者有是心也，人皆有之，贤者能勿丧耳。一箪食，一豆羹①，得之则生，弗得则死。呼尔而与之，行道之人弗受；蹴尔而与之②，乞人不屑也。万钟则不辩礼义而受之，万钟于我何加焉？为宫室之美、妻妾之奉、所识穷乏者得我与③？乡为身死而不受④，今为宫室之美为之；乡为身死而不受，今为妻妾之奉为之；乡为身死而不受，今为所识穷乏者得我而为之，是亦不可以已乎？此之谓失其本心。”

【注】

①豆：古代一种盛食物的器皿。

②蹴：踢，踏。

③得：通“德”，感激。

④乡：通“向”，以往，过去。

【译】

孟子说：“鱼，是我想要的；熊掌，也是我想要的，如果二者不能兼得，我会放弃鱼而要熊掌。活着，是我想要的；道义，也是我想要的，如果二者不能兼顾，我会牺牲生命而坚守道义。活着也是我想要的，因为我想要的比活着更重要，所以不会苟且偷生；死亡也是我厌恶的，因为我厌恶的比死亡更严重，所以不逃避有些祸患。如果人想要的没有比活着更重要，那么只要能活着，还有什么不能做的呢？如果人厌恶的没有比死亡更严重，那么只要是能逃避祸患，还有什么不能做的呢？有些人这样去做就能活着却不去做，这样去做就能逃避祸患却不去做，是因为他想要的比活着更重要，他厌恶的比死亡更严重。不是唯独贤德之人才有这种精神，每个人其实都有，只是贤德之人能不丧失这种精神而已。一竹篓饭，一碗汤，得到就能活下去，得不到就会死去。如果呵斥着给人吃，过路的饥饿者也不会接受；如果践踏后给人吃，乞丐也不会接受。万钟的俸禄就不管是否符合礼义而接受，这万钟的俸禄对我有什么好处？为了住宅的华美、妻妾的侍奉、认识的穷困者感激自己吗？以前宁死都不去做，现在为了住宅的华美去做了；以前宁死都不去做，现在为了妻妾的侍奉去做了；以前宁死都不去做，现在为了认识的穷困者感激自己去做了，这些就不能罢手吗？这就叫迷失了自己的本性。”

【评】

本章是"舍生取义"一词的出处；《论语·卫灵公第十五》："子曰：'志士仁人，无求生以害仁，有杀身以成仁。'"这是"杀身成仁"一词的出处。在中国历史上，"舍生取义，杀身成仁"的先贤不胜枚举，而文天祥就是其中之一，至今仍为民众所敬仰和缅怀。《宋史·文天祥传》记载："天祥临刑殊从容，谓吏卒曰：'吾事毕矣。'南乡拜而死。数日，其妻欧阳氏收其尸，面如生，年四十七。其衣带中有赞曰：'孔曰成仁，孟曰取义，惟其义尽，所以仁至。读圣贤书，所学何事，而今而后，庶几无愧。'"这就是文天祥著名的《衣带赞》。元末撰写《宋史》的史官在评价文天祥时也不禁慨叹："宋三百余年，取士之科，莫盛于进士，进士莫盛于伦魁。自天祥死，世之好为高论者，谓科目不足以得伟人，岂其然乎！"

孟子曰："仁，人心也；义，人路也。舍其路而弗由，放其心而不知求，哀哉！人有鸡犬放，则知求之；有放心，而不知求。学问之道无他，求其放心而已矣。"

【译】

孟子说："仁，是人的本性；义，是人的道路。放弃了自己的道路不去走，丧失了自己的本性不去找寻，可怜呀！人们有鸡狗丢失了，还知道去找；本性丢失了，却不知去找。求学问道的方法没有别的，就是找回自己丢失的本性而已。"

【评】

不忘初心，方得始终。魏徵《谏太宗十思疏》："有善始者实繁，能克终者盖寡。"人的迷失往往在路上。

孟子曰："今有无名之指，屈而不信①，非疾痛害事也，如有能信之者，则不远秦、楚之路，为指之不若人也。指不若人，则知恶之；心不若人，则不知恶，此之谓不知类也^②。"

【注】

①信（shēn）：通"伸"。

②不知类：朱熹《孟子章句集注》："言其不知轻重之等也。"

【译】

孟子说："现在有个人的无名指，弯曲而不能伸直，既不疼痛也不妨碍做事，如果有人能把这无名指伸直，即使到秦国、楚国那么远的地方去也不在乎，这是因为他的指头不如别人。指头不如别人，就知道嫌弃；道德品行不如别人，却不知道厌恶，这就叫不懂轻重缓急。"

【评】

做什么事情都要按照轻重缓急循序渐进去办，抓小放大，舍了西瓜捡芝麻，是糊涂人。

孟子曰："拱把之桐、梓^①，人苟欲生之，皆知所以养之者。至于身，而不知所以养之者，岂爱身不若桐、梓哉？弗思甚也。"

【注】

①拱把：表示物体不粗。拱，两手合围。把，一手所握。

【译】

孟子说："一只手或双手就能握住的桐树、梓树，人们如果想让它生长，都知道应该如何养护。而对于自己，却不知如何修持培养，难道爱自己还不如爱桐树、梓树吗？太不会考虑问题了。"

【评】

孟子在本章还是批评人不懂轻重缓急，知道养护树木，却不懂修持自身的德行水平。

孟子曰："人之于身也，兼所爱。兼所爱，则兼所养也。无尺寸之肤不爱焉，则无尺寸之肤不养也。所以考其善不善者，岂有他哉？于己取之而已矣。体有贵贱，有小大。无以小害大，无以贱害贵。养其小者为小人，养其大者为大人。今有场师^①，舍其梧、槚^②，养其樲、棘^③，则为贱场师焉。养其一指而失其肩背，而不知也，则为狼疾人也^④。饮食之人，则人贱之矣，为其养小以失大也。饮食之人无有失也，则口腹岂适为尺寸之肤哉？"

【注】

①场师：园艺匠人。

②梧：梧桐树。槚（jiǎ）：楸树。

③樲（èr）：小酸枣树。棘：泛指有刺的苗木，荆棘。

④狼疾：昏乱，糊涂。

【译】

孟子说："人对于自己的身体，处处都爱护。处处都爱护，就会处处都保养。没有一丝一毫的躯体不爱护，也就没有一丝一毫的躯体不保养。所以考察一个人是否善于保养，难道有其他的方法吗？就看他重视哪些身体部位的保养就行了。身体部位有主要的，有次要的，有小的部分，有大的部分。不能因为小的部分而损伤大的部分，不能因为次要部位而损伤主要部位。保养着眼于小的部分的是见识狭隘的人，保养着眼于大的部分的是见识卓越的人。如果有个园艺匠人，不去养护梧桐树和楸树，却去养护小酸枣树和荆棘灌木，那就是个拙劣的园艺匠人。如果人保养手指却忽视了肩膀背脊的保养而患病，还不自知，那就是糊涂透顶的人。只知讲究吃喝的人，别人都会鄙视他，就是因为他只知吃喝却忽视了远为重要的德行修持。如果人讲究吃喝但不忽视德行修持，那么吃喝难道仅仅是满足口腹之欲吗？"

【评】

本章与上章的含义一样，孟子提醒人们要重视德行的修持，他认为这是人最大的"养生"。此外，著者认为，过于贪恋口腹之欲，也是一种"玩物丧志"；饮食过于精致，也足以招病伤身。

公都子问曰："钧是人也，或为大人，或为小人，何也？"

孟子曰："从其大体为大人，从其小体为小人。"

曰："钧是人也，或从其大体，或从其小体，何也？"

曰："耳目之官不思，而蔽于物，物交物，则引之而已矣。心之官则思，思则得之，不思则不得也。此天之所与我者，先立乎其大者，则其小者弗能夺也。此为大人而已矣。"

【译】

公都子问孟子："都是人，有的是君子，有的是小人，这是为什么？"

孟子说："去满足身体重要器官需要的是君子，去满足身体次要器官需要的是小人。"

公都子说："都是人，有人追求满足重要器官的需要，有人追求满足次要器官的需求，这是为什么？"

孟子说："耳朵、眼睛这样的感官不会思考，会被它直接观察到的外物所蒙蔽，不会思考的耳朵、眼睛一旦观察到外物，就会被其所误导。心这样的器官会思考，思考就能获得仁义礼智的本心，不思考就不能获得仁义礼智的本心。这是上天赋予人的禀赋，修持坚守住仁义礼智的本心，在视听感官方面就不会被误导。这样就能成为君子。"

【评】

孟子在本章是强调人必须坚守与生俱来的"善"，修持仁义礼智，而不能纵恣于感官引发的物欲。

孟子曰："有天爵者，有人爵者。仁义忠信，乐善不倦，此天爵也；公卿大夫，此人爵也。古之人修其天爵，而人爵从之。今之人修其天爵，以要人爵；既得人爵，而弃其天爵，则惑之甚者也，终亦必亡而已矣。"

【注】

孟子说："有天赐的爵位，有人授的爵位。仁义忠信，不知疲倦地乐于行善，这是天赐的爵位；公卿大夫，这是人授的爵位。古代的人修持天赐的爵位，而人授的爵位自然随之而来。现在的人修持天赐的爵位，其目的是为了邀取人授的爵位；一旦获取了人授的爵位，就抛弃天赐的爵位，这是极其糊涂的，最终也必将失去人授的爵位。"

【评】

"天爵"，也就是精神贵族；"人爵"，也就是所谓世俗贵族。世俗贵族固然令人羡慕，但精神贵族也自有其价值。纵观古往今来，有多少世俗贵族还被人们记得？而精神贵族、精神领袖永垂不朽者比比皆是。

孟子曰："欲贵者，人之同心也。人人有贵于己者，弗思耳矣。人之所贵者，非良贵也①。赵孟之所贵②，赵孟能贱之。《诗》云：'既醉以酒，既饱以德③。'言饱乎仁义也，所以不愿人之膏粱之味也④；令闻广誉施于身⑤，所以不愿人之文绣也⑥。"

【注】

①良：确实，真正。

②赵孟：春秋时期晋国正卿赵盾字孟，因而其子孙都称赵孟。

③"既醉以酒"两句：出自《诗经·大雅·既醉》。

④膏粱：肥肉和细粮。

⑤令闻广誉：美好声誉广为传播。

⑥愿：羡慕，仰慕。文绣：刺绣华美的丝织品或衣服。

【译】

孟子说："想身份显赫，是人共同的心愿。但每个人都有其内在的尊贵，只是人没去找寻探究罢了。别人赋予你的尊贵，不是真正的尊贵。赵孟尊崇的人，他也能使这个人卑贱。《诗》上说：'让我沉醉的是主人的美酒，让我满足的是主人的德行。'这是说仁义足以让人满足，所以不去羡慕别人的肥肉细粮；已经获得广为传播的美好声誉，所以不去羡慕别人刺绣华美的衣服。"

【评】

努力追求高贵的人格品行，亦足以成名成家，成为人们敬仰效法的榜样。

孟子曰："仁之胜不仁也，犹水胜火。今之为仁者，犹以一杯水救一车薪之火也①；不熄，则谓之水不胜火，此又与于不仁之甚者也②，亦终必亡而已矣。"

【注】

①薪：柴火。

②与：等同。

【译】

孟子说："仁德战胜不仁德，就像水能扑灭火。现在奉行仁德的人，好像用一杯水去扑灭一大车柴火燃起的大火；大火不熄灭，就认为水不能扑灭火，这又和那些大奸大恶的人一样了，最终也会丧失已有的那一点点仁义之心。"

【评】

孔子说自己"知其不可而为之"（《论语·宪问第十四》），孟子说"今之为仁者，犹以一杯水，救一车薪之火也"，两位圣人的慨叹是如此相似，也都包含着一份悲壮的执着。

孟子曰："五谷者，种之美者也；苟为不熟，不如荑稗①。夫仁亦在乎熟之而已矣。"

【注】

①荑稗（yí bài）：即稊稗。朱熹《孟子章句集注》："荑稗，草之似谷者，其实亦可食，然不能如五谷之美也。"

【译】

孟子说："五谷，是庄稼里的好品种；如果没成熟，还不如荑草稗草。仁义的价值也在于最终的成果。"

【评】

做事贵在结果，没有成果的东西，价值都不大。

孟子曰："羿之教人射，必志于彀①；学者亦必志于彀。大匠诲人，必以规矩，学者亦必以规矩。"

【注】

①彀（gòu）：把弓拉满。

【译】

孟子说："羿教人射箭，必须把弓拉满；学习射箭的人也必须把弓拉满。高明的木匠教人技艺，必须依据圆规曲尺，学习技艺的人也必须依据圆规曲尺。"

【评】

做什么事情都必须依据规矩法度，离开规矩法度，再好的事情也会偏离正轨。孟子在本章寓意的规矩，就是仁义礼智的原则。

告子下

任人有问屋庐子曰①："礼与食孰重？"

曰："礼重。"

"色与礼孰重？"

曰："礼重。"

曰："以礼食，则饥而死；不以礼食，则得食，必以礼乎？亲迎②，则不得妻；不亲迎，则得妻，必亲迎乎？"

屋庐子不能对，明日之邹以告孟子。

孟子曰："于答是也何有？不揣其本而齐其末，方寸之木可使高于岑楼③。金重于羽者，岂谓一钩金与一舆羽之谓哉④？取食之重者，与礼之轻者而比之，奚翅食重⑤？取色之重者，与礼之轻者而比之，奚翅色重？往应之曰：'紾兄之臂而夺之食⑥，则得食；不紾，则不得食，则将紾之乎？逾东家墙而搂其处子，则得妻；不搂，则不得妻，则将搂之乎？'"

【注】

①任：任国，周代诸侯国，旧址在今山东济宁任城。屋庐子：复姓屋庐，名连。孟子的学生。

②亲迎：古代婚礼礼仪之一，新郎亲自迎娶新娘回家。

③岑楼：尖顶的高楼。

④一钩金：指制作一只带钩用的黄金，比喻轻少。

⑤翅：通"啻（chì）"，但，只。

⑥紾（zhěn）：扭，拧。

【译】

有个任国人问屋庐子说："礼法和吃饭哪个重要？"

屋庐子说："礼法重要。"

任国人又问："娶妻和礼法哪个重要？"

屋庐子说："礼法重要。"

任国人说："合乎礼法去求食，就会饥饿而死；不合乎礼法去求食，就能得到食物，那么求食必须合乎礼法吗？亲自去迎亲，就娶不到妻子；不亲自去迎亲，就能娶到妻子，那么必须去亲自迎亲吗？"

屋庐子无法回答，第二天去邹国把这事告诉了孟子。

孟子说："回答这个问题有什么难的？不考量物体底部根基的高低是否一致只比较其顶部的高度，寸把高的木头若放在高处也能高过尖顶高楼。人都认为黄金比羽毛重，难道能说制作一只带钩那么一点点的黄金比整车的羽毛还重吗？拿吃饭重要的方面和礼法次要的方面进行对比，岂止是吃饭更重要？拿婚姻重要的方面和礼法次要的方面进行对比，岂止是婚姻更重要？你去回答他：'如果扭住兄长的手臂然后夺取他的食物，就有饭吃；不这样做，就没饭吃，那要不要扭住他的手臂呢？如果翻墙去搂东边人家的女子，就能有妻子；不这样做，就没有妻子，那要不要去搂她呢？'"

【评】

时代变迁，但饮食男女问题依然有公序良俗在，依然有礼仪尊严在。孔子说："非礼勿视，非礼勿听，非礼勿言，非礼勿动。"（《论语·颜渊第十二》）应时刻谨记！

曹交问曰①："人皆可以为尧、舜，有诸？"

孟子曰："然。"

"交闻文王十尺，汤九尺，今交九尺四寸以长，食粟而已，如何则可？"

曰："奚有于是？亦为之而已矣。有人于此，力不能胜一匹雏②，则为无力人矣；今曰举百钧，则为有力人矣。然则举乌获之任，是亦为乌获而已矣③。夫人岂以不胜为患哉？弗为耳。徐行后长者谓之弟④，疾行先长者谓之不弟。夫徐行者，岂人所不能哉？所不为也。尧、舜之道，孝弟而已矣。子服尧之服，诵尧之言，行尧之行，是尧而已矣；子服桀之服，诵桀之言，行桀之行，是桀而已矣。"

曰："交得见于邹君，可以假馆，愿留而受业于门。"

曰："夫道，若大路然，岂难知哉？人病不求耳。子归而求之，有余师。"

【注】

①曹交：事迹不可考。

②一匹雏：一只小鸡。

③乌获：古代的大力士。

④弟：通"悌"。

【译】

曹交问："人人都能成为尧、舜，有这话吗？"

孟子说："有。"

曹交说："我听说周文王身高十尺，成汤身高九尺，我如今身高九尺四寸，只会吃饭而已，我要怎么做才能成为尧、舜呢？"

孟子说："这有什么关系呢？只要去做就是了。有一个人，说自己的力气不能举起一只小鸡，那他就是个没力气的人；说自己能举起三千斤的东西，那他就是个有力气的人。那么他要是能举起乌获举起的重量，他就是乌获了。人何必忧虑自己不能胜任呢？只是不去做罢了。慢慢走，跟在长者后面，这就是尊重长者；快步走，走在长者前面，这就是不尊重长者。慢慢走，难道是人做不到的吗？是他不去做。尧、舜的王者之道，就是孝顺父母、尊重长者而已。您穿上尧穿的衣服，说尧说的话，做尧做的事，您就是尧了；您穿上桀穿的衣服，说桀说的话，做桀做的事，您就是桀了。"

曹交说："我能求见邹国的国君，可以借用一处住所，我愿意留下来追随您学习。"

孟子说:"君子之道,犹如光明的大路,岂是难以了解的呢?只怕人自己不去寻求罢了。您回去寻求探讨吧,老师多得是。"

【评】

人皆可以为尧、舜,这个命题直接植根于"性善论"。孟子鼓励人人向善,个个都可以有所作为。其关键还是一个"不为"与"不能"的问题,也就是《梁惠王上》里面所说的"挟太山以超北海"和"为长者折枝",只不过从与梁惠王讨论的政治问题过渡到与一般人讨论个人修养问题罢了。孟子反对人自惭形秽,妄自菲薄,鼓励人自尊自贵,努力进取。

公孙丑问曰:"高子曰①:'《小弁》②,小人之诗也。'"

孟子曰:"何以言之?"

曰:"怨。"

曰:"固哉③,高叟之为诗也!有人于此,越人关弓而射之④,则己谈笑而道之;无他,疏之也。其兄关弓而射之,则己垂涕泣而道之;无他,戚之也。《小弁》之怨,亲亲也。亲亲,仁也。固矣夫,高叟之为诗也!"

曰:"《凯风》何以不怨⑤?"

曰:"《凯风》,亲之过小者也;《小弁》,亲之过大者也。亲之过大而不怨,是愈疏也;亲之过小而怨,是不可矶也⑥。愈疏,不孝也;不可矶,亦不孝也。孔子曰:'舜其至孝矣,五十而慕。'"

【注】

①高子:"《孟子》中'高子'凡数见,赵岐《注》以为'孟子弟子'。此处治诗之高子,以孟子称之为'高叟'论之,似年长于孟子,不当为孟子弟子,故梁玉绳《古今人表考》以为是二人,

然亦有以为一人者。至陆德明《经典释文·序录》述《诗》之传授，'子夏授高行子'之高行子，与孟子年代难于相接，疑别是一人。陈奂《毛诗传疏》以为即是此高子，恐误。"（杨伯峻《孟子译注》）

②《小弁》：诗歌名。出自《诗经·小雅》。是一首充满着忧愤情绪的哀怨诗，诗中抒写主人公遭受父母抛弃，而内心忧愤哀怨。

③固：浅陋，鄙陋。

④关：通"弯"。

⑤《凯风》：诗歌名。出自《诗经·邶风》。是儿子歌颂母亲并深感自责的诗。

⑥矶：水冲激岩石，引申为激怒、触犯。朱熹《孟子章句集注》："不可矶，言微激之而遽怒也。"

【译】

公孙丑问孟子："高子说：'《小弁》是小人作的诗。'"

孟子说："他为什么这么说？"

公孙丑说："这首诗有怨恨之情。"

孟子说："高老先生这样评诗真是浅陋呀！有个人，越国人弯弓射他，他会有说有笑地讲述这件事；这没有别的原因，是因为他和越国人关系疏远。他亲兄长弯弓射他，他会哭着讲述这件事；这没有别的原因，是因为兄长是至亲。《小弁》哀怨，是因为爱自己的亲人。爱自己的亲人，就是仁德。高老先生这样评诗真是浅陋呀！"

公孙丑说："《凯风》这首诗为什么没有怨恨之情？"

孟子说："《凯风》这首诗讲述的，父母的过错小；《小弁》这首诗讲述的，父母的过错大。父母的过错大却不哀怨，是更加疏远父母；父母的过错小却哀怨，是受不得一点委屈。更加疏远父母，是不孝；受不得一点委屈，也是不孝。孔子说：'舜是最孝顺的人，五十岁了还怀恋父母。'"

【评】

在父母面前，吃不得一点亏，受不得一点委屈，动辄甩脸色，甚至恶言恶语，大家想想这是一副什么嘴脸！

宋牼将之楚[①]，孟子遇于石丘[②]。曰：“先生将何之？”

曰：“吾闻秦、楚构兵，我将见楚王说而罢之。楚王不悦，我将见秦王说而罢之。二王我将有所遇焉[③]。”

曰：“轲也请无问其详，愿闻其指。说之将何如？”

曰：“我将言其不利也。”

曰：“先生之志则大矣，先生之号则不可[④]。先生以利说秦、楚之王，秦、楚之王悦于利，以罢三军之师，是三军之士乐罢而悦于利也。为人臣者怀利以事其君，为人子者怀利以事其父，为人弟者怀利以事其兄，是君臣、父子、兄弟终去仁义[⑤]，怀利以相接，然而不亡者，未之有也。先生以仁义说秦、楚之王，秦、楚之王悦于仁义，而罢三军之师，是三军之士乐罢而悦于仁义也。为人臣者怀仁义以事其君，为人子者怀仁义以事其父，为人弟者怀仁义以事其兄，是君臣、父子、兄弟去利，怀仁义以相接也，然而不王者，未之有也。何必曰利？”

【注】

①宋牼（kēng）：战国时期宋国学者，主张寡欲，反对战争。

②石丘：地名。其地不可考。

③遇：遇合，投合，意见相合。

④号：本意为名义，此处引申为形式、方式。

⑤终：完全，全部。

【译】

宋牼要去楚国，孟子在石丘遇到他。说：“您要去哪里？”

宋牼说："我听说秦国和楚国要打仗，我要去见楚王说服他停止用兵。如果楚王不接受，我就去见秦王说服他停止用兵。这两位大王中总会有一个与我意见一致的。"

孟子说："我不想问您的详细方案，只希望听听其中的要点。您准备如何说服他们？"

宋牼说："我将要说明用兵对他们的利益带来的损害。"

孟子说："您的目的是好的，但您用的方式却不行。您如果用利益说服秦王和楚王，秦王和楚王顾惜利益，停止军事行动，如果这样，三军将士自然乐于停止行动，并因此顾惜自己的私利。作为臣属心怀私利侍奉自己的君主，作为儿子心怀私利侍奉自己的父亲，作为弟弟心怀私利侍奉自己的兄长，如果这样，君臣、父子、兄弟间完全抛弃仁义，各怀私利相互对待，这样却不灭亡的，是不存在的。您如果用仁义说服秦王和楚王，秦王和楚王顾惜仁义，停止军事行动，如果这样，三军将士自然乐于停止行动，并因此顾惜仁义。作为臣属心怀仁义侍奉自己的君主，作为儿子心怀仁义侍奉自己的父亲，作为弟弟心怀仁义侍奉自己的兄长，如果这样，君臣、父子、兄弟间摒弃私利，各怀仁义相互对待，这样却不能一统天下的，是不存在的。您何必要说利益呢？"

【评】

孟子在本章讲的道理几乎与他第一次见梁惠王时所讲的"王何必曰利"一样，只是那次针对为政治国，这次却是针对战争与和平。在孟子看来，和平当然重要，但和平的前提是仁义，而不是利害关系。如果用利害关系去换得一时的和平，早晚也会失去和平，甚至失去国家和天下。从理论上说，孟子的观点没错，但"义利之争"自古至今都没有停止过，具体问题还是要具体分析。

孟子居邹，季任为任处守^①，以币交，受之而不报。处于平陆，储子为相，以币交，受之而不报。他日由邹之任，见季子；由平陆之齐，不见储子。屋庐子喜曰："连得间矣^②。"问曰："夫子之任见季子，之齐不见储子，为其为相与？"

曰："非也。《书》曰：'享多仪，仪不及物曰不享，惟不役志于享^③。'为其不成享也。"

屋庐子悦。或问之。屋庐子曰："季子不得之邹，储子得之平陆。"

【注】

①季任：任国国君的弟弟。

②间：本意为缝隙、空隙，此处引申为疏漏。

③"享多仪"三句：出自《尚书·洛诰》。原文作："享多仪，仪不及物，惟曰不享，惟不役志于享。"

【译】

孟子住在邹国，季任正留守任国，暂摄国政，送来礼物想结交孟子，孟子接受了礼物但没有回谢。孟子住在平陆，储子正作齐国的卿相，送来礼物想结交孟子，孟子接受了礼物但没有回谢。后来孟子从邹国到任国，拜访了季任；从平陆到齐国国都，却没拜访储子。屋庐子高兴地说："我找到老师的疏漏了。"于是问孟子："老师您到任国拜见了季子，他是代理国君；到齐国没去拜见储子，是因为他只是卿相吗？"

孟子说："不是。《书》上说：'进献礼物最重要的是礼仪，礼仪不到位礼物再多也等于没有进献，因为进献礼物的人不是诚心诚意地进献。'我不去拜访他是因为他这次进献不成其为进献。"

屋庐子听后非常高兴。有人问他。屋庐子说："季子因为身负摄政的重任不能亲自去邹国，而储子身为卿相可以亲自到平陆见孟子，却只派人送去礼物。"

【评】

孟子是个个性十足的人，对于他人礼数上的欠缺，孟子往往非常在意。

淳于髡曰："先名实者，为人也；后名实者，自为也。夫子在三卿之中^①，名实未加于上下而去之，仁者固如此乎？"

孟子曰："居下位，不以贤事不肖者，伯夷也；五就汤，五就桀者，伊尹也；不恶污君，不辞小官者，柳下惠也。三子者不同道，其趋一也。一者何也？曰：仁也。君子亦仁而已矣，何必同？"

曰："鲁缪公之时，公仪子为政^②，子柳、子思为臣，鲁之削也滋甚。若是乎，贤者之无益于国也！"

曰："虞不用百里奚而亡，秦穆公用之而霸。不用贤则亡，削何可得与？"

曰："昔者王豹处于淇^③，而河西善讴；绵驹处于高唐^④，而齐右善歌^⑤；华周、杞梁之妻善哭其夫^⑥，而变国俗。有诸内必形诸外。为其事而无其功者，髡未尝睹之也。是故无贤者也，有则髡必识之。"

曰："孔子为鲁司寇，不用，从而祭，燔肉不至^⑦，不税冕而行^⑧。不知者以为为肉也，其知者以为为无礼也。乃孔子则欲以微罪行^⑨，不欲为苟去。君子之所为，众人固不识也。"

【注】

①三卿：上卿、亚卿、下卿，是诸侯国中权位最高的臣属。

②公仪子：即公仪休，春秋时期鲁国人。官至鲁国的卿相，为人廉洁守法。

③王豹：春秋时卫国人，善歌唱。

④绵驹：春秋时高唐人，善歌唱。高唐：春秋为齐国西境之一邑，旧址约在今山东高唐。

⑤齐右：古人以南为上，则右为西。

⑥华周、杞梁：齐国的勇士，在齐庄公伐莒国的战争中战斗英勇，最终阵亡。据传说，他们的妻子因哀伤而痛哭，把城墙的一角都哭塌了。

⑦燔肉：祭肉。

⑧税（tuō）冕：脱去礼冠。税，通“捝”，脱。

⑨微罪：很多现代翻译将“微罪”解释为“孔子本人想以承担轻微的罪过而离开”，著者认为不妥。根据《史记·孔子世家》记载：鲁定公十四年（前496），孔子五十六岁，他由大司寇摄相职，主持鲁国国政三个月，其间多有政绩。由此遭到齐国君臣的嫉恨，他们认为孔子再执政下去，鲁国一定会称霸，一旦鲁国称霸，必然会首先来吞并临近的齐国。于是设计送女乐和良马给鲁定公，鲁定公果然沉溺其中，不理朝政。这让孔子非常失望，但他没有立即离开鲁国，而是等鲁定公在郊外祭祀结束后，又违背常礼，没把祭肉分给大夫们，才离开了鲁国。朱熹《孟子章句集注》：“盖圣人于父母之国，不欲显其君相之失，又不欲为无故而苟去，故不以女乐去，而以膰肉行。其见几明决，而用意忠厚，固非众人所能识也。”著者认为，朱熹的理解是正确的，此“微罪”，是指鲁定公之罪，而非指孔子本人。翻译即据此。

【译】

淳于髡说：“看重声誉和事功的人，是为了兼济天下；轻视声誉和事功的人，是为了独善其身。您位列三卿，上对于君主，下对于百姓，在声誉和事功两方面都没有任何建树就离去，仁德的人就是这样的吗？”

孟子说：“处于卑贱地位，不屑以自己的贤能之身去侍奉不贤能的人，这是伯夷；五次归附成汤，五次归附夏桀，这是伊尹；不以侍奉无道之君为耻，不在乎做小官，这是柳下惠。这三个人的行事方式不同，但大方向一致。这种一致是什么？答案是：仁德。君子只要仁德就可以了，何必要行事方式一样呢？"

淳于髡说："鲁缪公时，公仪子主政，泄柳和子思辅佐，鲁国的削弱却愈发严重。既然如此，贤人对国家毫无益处！"

孟子说："虞国不重用百里奚而灭亡，秦穆公重用他而称霸。不重用贤人就会灭亡，即使想维持不断削弱的境况又怎么可能呢？"

淳于髡说："以前王豹住在淇水，河西地区的人都擅长唱歌；绵驹住在高唐，齐国西部地区的人都擅长唱歌；华周、杞梁的妻子痛哭自己的丈夫，从而改变了国家的风俗。内在有德行才能，必然由外在的声誉和事功表现出来。做一件事却毫无成效，我从来没见过。所以说现在根本就没有贤人，如果有，我一定能发现。"

孟子说："孔子做鲁国的司寇，不被重用，跟随国君参加祭祀，国君也不赠与祭肉，孔子不等摘掉礼冠就离去了。不理解的人以为孔子是因为一点点祭肉，理解的人知道他是因为鲁国国君失礼。至于孔子，是想以国君微小的过错为理由而离去，而不想看似无缘无故地离去。君子的行为，普通人本来就不能理解。"

【评】

《春秋公羊传·闵公元年》："《春秋》为尊者讳，为亲者讳，为贤者讳。"这是孔子作《春秋》的原则。在现代社会中，这种"讳"体现为一种含蓄沉稳的人际交往方式。金无足赤，人无完人，身份尊贵者、自己的亲人、优秀的人才也难免有缺点，难免犯错，但鉴于他们的身份，要顾及他们的脸面，不便过于直白地直指出来，而是委婉地提出。其实，每个人对自己的缺点错误未必不知道，过于直白的指斥无异于顶撞冒犯，有可能适得其反。孔子说："直而无礼则绞。"（《论语·泰伯第八》）这句话的意思是，爽直但不符合礼法原则就会让人显得矫情刻薄。所以，必要的含蓄还是应该有的。

孟子曰：“五霸者①，三王之罪人也②；今之诸侯，五霸之罪人也；今之大夫，今之诸侯之罪人也。天子适诸侯曰巡狩，诸侯朝于天子曰述职。春省耕而补不足③，秋省敛而助不给。入其疆，土地辟，田野治，养老尊贤，俊杰在位，则有庆④，庆以地。入其疆，土地荒芜，遗老失贤，掊克在位⑤，则有让⑥。一不朝，则贬其爵；再不朝，则削其地；三不朝，则六师移之。是故天子讨而不伐，诸侯伐而不讨。五霸者，搂诸侯以伐诸侯者也⑦，故曰：五霸者，三王之罪人也。五霸，桓公为盛。葵丘之会诸侯⑧，束牲载书而不歃血⑨。初命曰：‘诛不孝，无易树子⑩，无以妾为妻。’再命曰：‘尊贤育才，以彰有德。’三命曰：‘敬老慈幼，无忘宾旅。’四命曰：‘士无世官，官事无摄，取士必得，无专杀大夫⑪。’五命曰：‘无曲防⑫，无遏籴⑬，无有封而不告。’曰：‘凡我同盟之人，既盟之后，言归于好。’今之诸侯，皆犯此五禁，故曰：今之诸侯，五霸之罪人也。长君之恶其罪小，逢君之恶其罪大⑭。今之大夫，皆逢君之恶，故曰：今之大夫，今之诸侯之罪人也。”

【注】

①五霸：指“春秋五霸”。关于春秋五霸，有多种说法：一、《荀子·王霸》称：“齐桓、晋文、楚庄、吴阖闾、越勾践……所谓信立而霸也。”；二、《风俗通义·五伯》称：“《春秋》说齐桓、晋文、秦缪、宋襄、楚庄，是五伯也。”《孟子注疏》赵岐注也以上述五人为五霸；三、《白虎通·号》称：“或曰：五霸谓齐桓公、晋文公、秦穆公、楚庄王、吴王阖闾也。”；四、《汉书》颜师古注：“五霸谓齐桓、宋襄、晋文、秦穆、吴夫差也。”

②三王：指大禹、成汤和周文王、周武王。

③省（xǐng）：视察，考察。

④庆：赏赐。

⑤掊（póu）克：聚敛，搜刮，亦指搜刮民财之人。

⑥让：责罚，责备。

⑦搂（lōu）：拉拢，挟持。

⑧葵丘之会诸侯：公元前651年，齐桓公在葵丘（旧址在今河南民权）大会诸侯，参加会盟的有齐、宋、卫、郑、许、曹等国的国君，周襄王也派代表参加，对齐桓公极力表彰。这是齐桓公多次召集诸侯会盟中最盛大的一次，标志着齐桓公的霸业达到顶峰，齐桓公成为中原的首位霸主。

⑨束牲：将献祭的牲畜捆绑起来而不杀。载书：将制定的盟约文件陈放在捆绑起来的献祭牲畜身上。歃（shà）血：古人盟会时，微饮用于献祭的牲畜的血，或含于口中，或涂于口旁，以示信守誓言的诚意。

⑩树子：诸侯国君立为世子的嫡子。

⑪专杀：不禀明周天子而擅自杀人。

⑫曲防：指遍设堤坝，独擅水利，而将水患转嫁别国。防，堤坝。

⑬遏籴（dí）：禁止别国在本国购买粮食。籴，买进粮食，与"粜（tiào）"相对。

⑭逢：赵岐注："君之恶心未发，臣以谄媚逢迎，而导君为非，故曰罪大。"朱熹注："君之过未萌，而先意导之者，逢君之恶也。"则此"逢"并非单纯的"逢迎"，而是指诱导君主作恶。

【译】

孟子说："五霸，于三王而言是罪人；当今的诸侯国君，于五霸而言是罪人；当今的大夫，于当今的诸侯国君而言是罪人。天子到诸侯国去叫巡狩，诸侯国君去朝见天子叫述职。春天考察耕种情况贴补生活不足的人，秋天考察收获情况赈济食用不够的人。天子进入诸侯国境，发现荒地开垦了，田土耕作很好，老人得到供养贤人得到尊奉，才能杰出的人执掌官位，那么就奖赏诸侯国君，赏赐给他土地。天子进入诸侯国境，发现土地荒芜，老人被遗弃贤人被弃用，聚敛搜刮民财的人执掌官位，那么就责罚诸侯国君。诸侯国君一次不去朝拜天子述职，就贬降他的爵位；两次不去朝拜天子述职，就削减他的封地；三次不去朝拜天子述职，就派军队去废黜他。所以天子用兵是讨罪而不是进攻，诸侯国君用兵是进攻而不是讨罪。五霸，是挟持一些诸侯国君进攻另一些诸侯国君的人，所以说：五霸，于三王而言是罪人。五霸中，齐桓公是最强大的。在葵丘大会诸侯，将献祭的牲畜捆绑起来而不杀，把盟约陈放在祭牲的身上而不饮用祭牲的血。第一条盟约写道：‘惩处不孝之人，不废立储君，不许将妾立为正妻。’第二条盟约写道：‘尊奉贤能之人，培育英才，显扬德行高尚之人。’第三条盟约写道：‘恭敬年老者慈爱年幼者，不要怠慢宾客和旅人。’第四条盟约写道：‘士人不得世袭官位，国家职务不得兼摄，任用士人为官必须知人善任，不得不禀明周天子而擅自杀戮大夫。’第五条盟约写道：‘不得遍设堤坝，不得禁止别国在本国购买粮食，不得擅自封赏而不禀告盟主。’盟约最后写道：‘凡是一起参加盟誓的，已经签订盟约之后，恢复以往的和平友好。’当今的诸侯国君，都违犯了这五条禁约，所以说：当今的诸侯国君，于五霸而言是罪人。助长君主的过错是小罪，诱导君主作恶是大罪。当今的大夫，都诱导君主作恶，所以说：当今的大夫，于当今的诸侯国君而言是罪人。”

【评】

领导有错，稍稍助长一下，孟子认为这种罪行还算小。什么叫“逢君之恶”呢？就是诱导领导作恶，这是人最坏的毛病，孟子认为不能原谅。作为一个领导者，要当心这种“逢君之恶”的人，这种人揣着明白装糊涂，指鹿为马，颠倒黑白，皆因利欲熏心，私心极重，一切都是为了徇私，切不可近！

鲁欲使慎子为将军[①]。孟子曰："不教民而用之，谓之殃民。殃民者，不容于尧、舜之世。一战胜齐，遂有南阳[②]，然且不可。"

慎子勃然不悦曰："此则滑釐所不识也。"

曰："吾明告子。天子之地方千里；不千里，不足以待诸侯。诸侯之地方百里；不百里，不足以守宗庙之典籍。周公之封于鲁，为方百里也；地非不足，而俭于百里。太公之封于齐也，亦为方百里也；地非不足也，而俭于百里。今鲁方百里者五，子以为有王者作，则鲁在所损乎？在所益乎？徒取诸彼以与此，然且仁者不为，况于杀人以求之乎？君子之事君也，务引其君以当道，志于仁而已。"

【注】

①慎子：名滑釐，鲁国人，事迹不可考。

②南阳："即汶阳，在泰山之西南，汶水之北。春秋之世为齐鲁所争之地，本属鲁，其后逐渐为齐所侵夺。说详全祖望《经史问答》。"（杨伯峻《孟子译注》）

【译】

鲁国想任命慎子做将军。孟子说："不教导百姓就用他们去打仗，是祸害百姓。祸害百姓的人，尧、舜的时候是不被容忍的。即便一战就能战胜齐国，因而占领南阳之地，也不能去干。"

慎子立刻不高兴地说："这话我就听不懂了。"

孟子说："我明白地告诉您吧。天子的土地纵横各一千里；不足千里，就不能满足接待各个诸侯国君之用。诸侯国君的土地纵横各一百里，不足一百里，就不能奉守祖先传下来的礼制。周公被册封于鲁国，按礼法应该是纵横各一百里；土地并非不够，但实际少于百里。姜太公被册封于齐国，按礼法也应该是纵横各一百里；土地并非不够，但实际少于百里。现在鲁国的疆域面积是纵横各一百里的五倍，您认为如果有贤君圣王兴起，鲁国的疆域是在损减之列呢？还是在增加之列呢？不发动战争将那个国家的土地拿给这个国家，仁德者尚且不会去做，何况用杀人去夺取土地呢？君子侍奉君主，必须以正道引导他，使之立志于仁德而已。"

【评】

孟子对于为君主"强战"，为土地财货杀人的行径极端抵制，称这些人是"殃民者"，下章更是指斥他们是"民贼"。这些都是孟子"仁政"思想的具体体现。

孟子曰："今之事君者皆曰：'我能为君辟土地，充府库。'今之所谓良臣，古之所谓民贼也。君不乡道，不志于仁，而求富之，是富桀也。'我能为君约与国，战必克。'今之所谓良臣，古之所谓民贼也。君不乡道，不志于仁，而求为之强战，是辅桀也。由今之道，无变今之俗，虽与之天下，不能一朝居也。"

【译】

孟子说："现在侍奉君主的这些人都说：'我能为君主开拓土地，增加国库的收入。'现在把这种人称为优秀的臣属，古代把这种人称为残害百姓的奸贼。国君不走仁政之道，不立志于仁德，却谋求帮助其变得更富有，这就如同帮助夏桀变得更富有。这些人总说：'我能为君主约盟其他国家，作战必能胜利。'现在把这种人称为优秀的臣属，古代把这种人称为残害百姓的奸贼。国君不走仁政之道，不立志于仁德，而谋求为其强行发动战争，这就如同帮助夏桀作孽。循着现在的方式去做，不改变现在的风气习俗，即使把天下都给他，他连一天也坐不住。"

【评】

儒家对"聚敛之臣"深恶痛绝,《大学》上说:"百乘之家,不畜聚敛之臣;与其有聚敛之臣,宁有盗臣。"自古有"藏富于民"和"与民争利"的争论。西汉昭帝始元六年(前81),以桓宽为代表的"贤良文学",与以御史大夫桑弘羊为代表的政府一方,就西汉政府当时实行的盐铁专营、酒类专卖和平准均输等经济政策展开了一场大辩论,后来桓宽以这次会议的记录为蓝本整理编辑成《盐铁论》一书。这是中国历史上就究竟应该"藏富于民",还是应该"与民争利"进行的第一次公开辩论。之后,这种辩论始终没有停止过。笔者窃以为,国家富强是万民所愿,集中力量办大事也没有什么不好,但是,民富国才能真正强,如果"国富民贫",以盘剥人民利益,以牺牲人民生活水平为代价实现国家的虚假繁荣则与治国之道南辕北辙。

白圭曰[①]:"吾欲二十而取一,何如?"

孟子曰:"子之道,貉道也[②]。万室之国,一人陶,则可乎?"

曰:"不可,器不足用也。"

曰:"夫貉,五谷不生,惟黍生之。无城郭、宫室、宗庙、祭祀之礼,无诸侯币帛饔飧,无百官有司,故二十取一而足也。今居中国,去人伦,无君子,如之何其可也?陶以寡,且不可以为国,况无君子乎?欲轻之于尧、舜之道者,大貉小貉也[③];欲重之于尧、舜之道者,大桀小桀也。"

【注】

①白圭:姓白,名丹,字圭,战国时人。据传曾于梁(魏)惠王时在魏国为相,善于兴修水利、经营贸易、发展生产。

②貉：同“貊（mò）”，古代对北方少数民族的蔑称。

③大貉小貉：与下文的“大桀小桀”，朱熹注：“什一而税，尧、舜之道也。多则桀，寡则貉。今欲轻重之，则是小貉、小桀而已。”著者的翻译据此意译。

【译】

白圭说：“我想施行二十分之一的税率，怎么样？”

孟子说：“您的方法，是化外貉人的方法。有一万户居民的国家，只有一个人烧制陶器，可以吗？”

白圭说：“不可以，那样器具不够用。”

孟子说：“化外貉人所在的地区，各种粮食都不能生长，只有黄米能生长。没有内外城墙、宫殿房屋、祖庙和祭祀的礼仪，没有各诸侯国间用于礼尚往来的礼品和宴请，没有各级官吏和官署，所以施行二十分之一的税率足够用了。如今在中原诸夏，废弃人与人之间的伦常，没有各级官吏，怎么能行呢？烧制陶器的人少，尚且不能使国家正常运转，何况没有各级官吏呢？想把税率低于尧、舜十分之一的标准，与化外的貉人差别不大；想把税率高于尧、舜十分之一的标准，与夏桀差别不大。”

【评】

财政税收是维持国家运转必不可少的手段，孟子认为，应该按照实际情况行事。白圭的二十取一，是很轻的税制，但只适合于在少数民族地区实行，因为那里的出产不丰富，且管理性开支不大。而中原地区则不然，物产丰富，人民富庶，管理性开支较大，如果采用过低的税制，国家运转难以为继。“过犹不及”，从本章内容可以印证，孟子并非一味地赞成“薄税”，也反对过度的聚敛，其标准则是实事求是。

白圭曰：“丹之治水也愈于禹。”

孟子曰：“子过矣。禹之治水，水之道也。是故禹以

四海为壑^①，今吾子以邻国为壑。水逆行，谓之洚水。洚
水者，洪水也，仁人之所恶也。吾子过矣。"

【注】

①壑：坑谷，深沟。此处引申为泄水的地方。

【译】

白圭说："我治理水患比禹还强。"

孟子说："您错了。禹治理水患，是顺应水的本性。所以禹以
大海作为泄水的地方，现在先生您把周边国家的土地作为泄水的地
方。水逆流，就是洚水。洚水，就是洪水，是仁德者所厌恶的。先
生您错了。"

【评】

"以邻为壑"是嫁祸于人，损人利己，君子不为。

孟子曰："君子不亮^①，恶乎执？"

【注】

①亮：通诚信，忠诚。

【译】

孟子说："君子不诚信，怎么会有操守？"

【评】

关于诚信，孟子似乎有自相矛盾的说法——他说："君子不亮，
恶乎执？"又说："大人者，言不必信，行不必果，惟义所在。"
(《离娄下》)在著者看来，这种"自相矛盾"，正是原则与权变的
对立统一。一方面，"信"是君子立身处世的基本原则之一；但另
一方面，又不能拘泥顽固于小节小信。所以，应该以"义"来进
行调节变通，这就是孟子所说的"惟义所在"。

鲁欲使乐正子为政。孟子曰："吾闻之，喜而不寐。"

公孙丑曰："乐正子强乎？"

曰："否。"

"有知虑乎？"

曰："否。"

"多闻识乎？"

曰："否。"

"然则奚为喜而不寐？"

曰："其为人也好善^①。"

"好善足乎？"

曰："好善优于天下^②，而况鲁国乎？夫苟好善，则四海之内，皆将轻千里而来告之以善。夫苟不好善，则人将曰：'訑訑^③，予既已知之矣。'訑訑之声音颜色，距人于千里之外。士止于千里之外，则谗谄面谀之人至矣。与谗谄面谀之人居，国欲治，可得乎？"

【注】

①好善：喜好听取有益的言论。

②优：充足，富裕。

③訑（yí）訑：洋洋自得、自以为是的样子。

【译】

鲁国想委任乐正子治理国政。孟子说："我听到后，高兴得难以入睡。"

公孙丑说："乐正子坚定刚毅吗？"

孟子说："不是。"

公孙丑说："他足智多谋吗？"

孟子说："不是。"

公孙丑说："他见多识广吗？"

孟子说:"不是。"

公孙丑说:"那么您为什么高兴得难以入睡?"

孟子说:"他的为人喜好听取有益的言论。"

公孙丑说:"喜好听取有益的言论就足够了吗?"

孟子说:"喜好听取有益的言论治理天下都绰绰有余,何况是鲁国呢?如果喜好听取有益的言论,那么全天下的人,都会不远千里赶来向他阐扬有益的言论。如果不喜好听取有益的言论,人们就会说:'瞧他自以为是的样子,我已经知道他不喜好听取有益的言论。'自以为是的声音和脸色,拒人于千里之外。贤士止步于千里之外,谗言构陷和当面阿谀之辈就来了。与谗言构陷和当面阿谀之辈同处,想治理好国家,能做到吗?"

【评】

"好闻善言"对一个人至关重要。尤其作为领导,没有人是万事通,只要"好闻善言",愿意听取他人的建议和意见,善于用人,就能无往而不利。"一言堂"是最可怕的,"万马齐喑",众口一词,小则停滞不前,大则败亡不远。

陈子曰①:"古之君子何如则仕?"

孟子曰:"所就三,所去三。迎之致敬以有礼,言将行其言也,则就之;礼貌未衰,言弗行也,则去之。其次,虽未行其言也,迎之致敬以有礼,则就之;礼貌衰,则去之。其下,朝不食,夕不食,饥饿不能出门户。君闻之曰:'吾大者不能行其道,又不能从其言也,使饥饿于我土地,吾耻之。'周之,亦可受也,免死而已矣。"

【注】

①陈子:可能指孟子的学生陈臻。

【译】

陈子说："古代的君子在什么情况下会做官？"

孟子说："在三种情况下会做官，在三种情况下会辞官。迎接时恭敬且合礼仪，表示将施行他的主张，就做官；礼敬的态度没有下降，但建言建议不被采纳，就辞官离去。其次，虽然没有施行他的主张，但迎接时恭敬且合礼仪，就做官；礼敬的态度下降了，就辞官离去。最次一等，早上没饭吃，晚上没饭吃，饿得不能出门。国君听说后说：'我在大的方面不能施行他的主张，又不能采纳他的建言建议，使他在我的国土上忍饥挨饿，我对此感到羞耻。'周济于他，也可以接受，不过是免于饿死罢了。"

【评】

孟子不愧是坚守原则，又善于权变的圣人。

孟子曰："舜发于畎亩之中，傅说举于版筑之间①，胶鬲举于鱼盐之中，管夷吾举于士，孙叔敖举于海②，百里奚举于市。故天将降大任于是人也，必先苦其心志，劳其筋骨，饿其体肤，空乏其身，行拂乱其所为，所以动心忍性，曾益其所不能③。人恒过，然后能改；困于心，衡于虑，而后作；征于色④，发于声，而后喻⑤。入则无法家拂士⑥，出则无敌国外患者，国恒亡。然后知生于忧患而死于安乐也。"

【注】

①傅说（yuè）：商王武丁的大臣。传说入仕前曾为奴隶，以筑墙为生。版筑：筑土墙，即在厚木板制作的夹版中填入泥土，用杵夯实。

②孙叔敖：楚庄王时为楚国令尹（宰相），以贤能闻名于世。

③曾：通"增"。

④征：征兆，迹象。此处引申为表现、显示。

⑤而后喻：赵岐注："征验见于颜色，若屈原憔悴，渔父见而怪之，发于声而后喻，若宁戚商歌，桓公异之，是而已矣。"孙奭疏："其大憔悴枯槁之容而验于色，而后有吟咏叹息之气而发于声，则人见其色，闻其声，而后喻晓其所为矣。"很多注释者都据此将"而后喻"理解为"然后人们才了解他"。朱熹注："以至验于人之色，发于人之声，然后能警悟而通晓也。"著者认为，朱熹的理解更确，此"喻"是"自喻"，而非"喻于人"，译文据朱熹注。

⑥法家：守法度的大臣。拂：通"弼"，辅佐。

【译】

孟子说："舜发迹于田地之中，傅说从建筑工地里被提拔起来，胶鬲从鱼盐店铺里被提拔起来，管仲从监狱官吏羁押的囚徒里被提拔起来，孙叔敖从海边被提拔起来，百里奚从贸易市场里被提拔起来。所以上天将要降临重大使命在一个人身上，一定会先使他的精神遭受痛苦，使他的身体遭受劳累，使他的口腹遭受饥饿，使他遭受贫穷，扰乱他所做的事，以此冲击他的灵魂，磨砺他的性情，增补他不具备的能力。人经常会犯错误，然后能改正；内心困惑，思维受阻，然后才能奋起振作；表现在神情上，吐露在言语中，然后才能警醒觉悟。国内没有守法度的大臣和可以辅佐君主的贤士，国外没有势均力敌的邻国和外敌侵犯的祸患，国家经常会败亡。如此，就会明了忧患往往使人生存发展，而安乐往往使人灭亡的道理了。"

【评】

安乐是人人都渴望的，但也是阻碍人奋进的桎梏。特别是那些沉溺于声色犬马、安逸享乐者，这样的人不仅难成大器，还会为败亡埋下重重的伏笔。著者在这里非常想与读者分享孔尚任《桃花扇》中的名句，以为警示："俺曾见金陵玉殿莺啼晓，秦淮水榭花开早，谁知道容易冰消。眼看他起朱楼，眼看他宴宾客，眼看他楼塌了。这青苔碧瓦堆，俺曾睡风流觉，将五十年兴亡看饱。那乌衣巷不姓王，莫愁湖鬼夜哭，凤凰台栖枭鸟。残山梦最真，旧境丢难掉，不信这舆图换稿。诌一套《哀江南》，放悲声唱到老。"

孟子曰："教亦多术矣，予不屑之教诲也者，是亦教诲之而已矣。"

【译】

孟子说："教育有很多种方式，我不屑于去教育他，这也是一种教育。"

【评】

人们在现实生活中难免遇到一些冥顽不化的学生、下属或晚辈，这种人常常让人哭笑不得。教育是双向的，首先是学习者要敞开大门，否则再好的老师也是白搭。所以说，不屑之教，是亦教之。

尽心上

孟子曰："尽其心者，知其性也。知其性，则知天矣。存其心，养其性，所以事天也。夭寿不贰^①，修身以俟之，所以立命也。"

【注】

①夭：短寿。贰：违背，背叛。

【译】

孟子说："能充分发挥善良的本心，就能了解人的本性。了解了人的本性，就能了解天命。坚守自己的本心，涵养自己的本性，是遵奉天命的方法。无论短寿还是长寿都不背弃善良的本心，修持自身的德行品性静候天命的召唤，是安身立命的方法。"

【评】

儒家思想认为，修身是立命之本，君子必须修持自身静候天命的召唤。正像《中庸》上说："上不怨天，下不尤人，故君子居易以俟命，小人行险以徼幸。"大意是，上不怨天，下不尤人。所以君子胸怀平和，静待天命的召唤，小人心存侥幸以身犯险。

孟子曰："莫非命也，顺受其正。是故知命者，不立乎岩墙之下。尽其道而死者，正命也。桎梏死者^①，非正命也。"

【注】

①桎梏：刑具，脚镣手铐，亦有拘系、囚禁之意。

【译】

孟子说："一切事物无不有自己的命运，遵循天理正道而行，接受的便是正命。所以了解命运的人，不会站在有倒塌危险的墙壁之下。尽力践行君子之道而死的，是正命。犯罪受刑而死的，不是正命。"

【评】

人对于命运的把握显示其智慧的高低和才力的优劣。孔子说："危邦不入，乱邦不居。"（《论语·泰伯第八》），孟子在本章则说："是故知命者，不立乎岩墙之下。"在关键时刻知道远离危险和隐患，对于平安的人生至关重要。

孟子曰："求则得之，舍则失之，是求有益于得也，求在我者也。求之有道，得之有命，是求无益于得也，求在外者也。"

【译】

孟子说："求索就会得到，放弃就会失去，这是求索对获得有帮助，因为求索的对象在我自己身上。求索有方法，能不能获得在命运，这是求索对获得没有帮助，因为求索的对象在我身外。"

【评】

孟子在本章仍是强调人性本善，"求则得之，舍则失之"，善的本性在每个人自己身上。我们推延开来，正如有句老话所讲："菩萨拜观音——求人不如求己。"对于身外之物，实在不必过于执着，"得之我幸，失之我命"而已。

孟子曰："万物皆备于我矣。反身而诚，乐莫大焉。强恕而行，求仁莫近焉。"

【译】

孟子说："万事万物皆为我所具备。反躬自省发现自己的内心是真诚的，没有比这更快乐的。努力践行'己所不欲，勿施于人'的恕道，求索仁德之道没有比这更近的捷径。"

【评】

孟子认为，只要努力践行"己所不欲，勿施于人"，就距离"仁"的境界不远了。确实，如果能做到"己所不欲，勿施于人"，纷争就少了，和谐就多了。孟子的话是至理名言。

孟子曰："行之而不著焉，习矣而不察焉，终身由之而不知其道者，众也①。"

【注】

①众：指普通人。

【译】

孟子说："就这么去做却不知道在做什么，习以为常却不明白为什么这样做，一辈子就这样走下去却不了解这是条什么道路，这就是普通人。"

【评】

人是有差别的，孔子说："生而知之者，上也；学而知之者，次也；困而学之，又其次也；困而不学，民斯为下矣。"（《论语·季氏第十六》）大意是，有人天生就明彻圣人之道，这是第一等的；有人自觉去学习后能明彻圣人之道，这是第二等的；有人因陷于困境不得已去学习圣人之道，这是又次一等的；已经陷于困境还不学习，这是老百姓里最末等的。所以孟子也鼓励"使先知觉后知，使先觉觉后觉"（《孟子·万章下》）。

孟子曰："人不可以无耻。无耻之耻①，无耻矣。"

【注】

①无耻之耻：赵岐注："人能耻己之无所耻，是为改行从善之人，终身无复有耻辱之累矣。"朱熹沿用此解释。杨伯峻先生则认

为："有人把这个'之'字看为动词，适也。那么，'无耻之耻，无耻矣'便当如此翻译：由没有羞耻之心到有羞耻之心，便没有羞耻之事了。但我们认为'之'字用作动词，有一定范围，一般'之'下的宾语多是地方、地位之词语，除了如在'遇观之否'等卜筮术语中'之'字后可不用地方、地位词语以外，极少见其他用法，因此不取。"

【译】

孟子说："人不能不知羞耻。甘于身负不知羞耻这样的耻辱，是真正的不知羞耻。"

【评】

不知羞耻的人是极难对付的，自古说君子不与小人斗，斗则必败。

孟子曰："耻之于人大矣。为机变之巧者，无所用耻焉。不耻不若人，何若人有？"

【译】

孟子说："羞耻心对人极端重要。耍阴谋诡计的人，没地方用得上羞耻心。不以不如别人为耻，怎么能赶得上别人呢？"

【评】

见上章评论。

孟子曰："古之贤王好善而忘势，古之贤士何独不然？乐其道而忘人之势，故王公不致敬尽礼，则不得亟见之。见且由不得亟，而况得而臣之乎？"

【译】

孟子说："古代的贤君圣王尊崇善人善行而忽视自己的权势，

古代的贤人志士何尝不是如此？遵循自己的道义而忽视别人的权势，所以如果天子和诸侯国君不能以完备的礼仪礼敬对待，就不能多次见到这些贤人志士。相见尚且不可多得，何况招纳他们做臣属呢？”

【评】

以权势和利益为前提的交往，往往不能长久，这是被历代史实所反复证明的。

孟子谓宋句践曰[①]："子好游乎[②]？吾语子游。人知之，亦嚣嚣；人不知，亦嚣嚣。"

曰："何如斯可以嚣嚣矣？"

曰："尊德乐义，则可以嚣嚣矣。故士穷不失义，达不离道。穷不失义，故士得己焉；达不离道，故民不失望焉。古之人，得志，泽加于民；不得志，修身见于世。穷则独善其身，达则兼善天下。"

【注】

①宋句（gōu）践：事迹不可考。

②游：游说。

【译】

孟子对宋句践说："您喜欢四处游说各国君主吗？我告诉您应该如何游说。别人赏识您的主张，自己要保持怡然平静；别人不赏识您的主张，自己也要保持怡然平静。"

宋句践说："怎么做才能始终保持怡然平静呢？"

孟子说："尊奉德行，崇尚道义，就能保持怡然平静。所以贤人志士不得志时不丧失道义，得志时不背离正道。不得志时不丧失道义，所以贤人志士自己心安理得；得志时不背离正道，所以百姓不会对他感到失望。古代的人，得志时，使恩泽惠及百姓；不得志时，修持自身的德行为世人做出表率。不得志时以善道涵养自己的身心，得志时以善道造福天下的百姓。"

【评】

无论是否得志都能保持一贯的平静泰然，是因为信念的坚定。所以孔子说："君子坦荡荡，小人常戚戚。"

孟子曰："待文王而后兴者，凡民也。若夫豪杰之士，虽无文王犹兴。"

【译】

孟子说："要等待文王现世感召才能奋发努力，这是一般人。至于才智勇气出众的人，即使没有文王现世感召也能奋发努力。"

【评】

任何时代都不缺少仁人志士，他们的言传身教足以成为当世和后代效法的楷模。

孟子曰："附之以韩、魏之家①，如其自视欿然②，则过人远矣。"

【注】

①韩、魏之家：指春秋末期晋国六卿中的韩、魏两大宗族，这两家当时都是权势财富盖世的世家大族。

②欿（kǎn）：自谦，不自满。

【译】

孟子说："把晋国六卿中韩、魏两家的权势财富添加到他身上，如果他能保持谦逊不自大，那么这样的人就远超常人了。"

【评】

一个人不依仗权位财富，能谦逊处世待人确实难能可贵。而骄横放纵是败家亡身的根苗。

孟子曰："以佚道使民①，虽劳不怨；以生道杀民，虽死不怨杀者。

【注】

①佚：安逸。

【译】

孟子说："以使百姓安居乐业为原则而役使百姓，他们即使劳苦也不会怨恨；以保护百姓生命安全为原则而诛杀罪犯，罪犯即使被杀也不会怨恨执法者。"

【评】

本章前半句历来的理解基本一致，而后半句的理解分歧很大。杨伯峻先生认为："此句可以有两种解释：一种是'刑期无刑，杀以止杀'之意；一种是正如欧阳修《泷冈阡表》所云：'此死狱也，我求其生不得尔。求其生而不得，则死者与我皆无恨也。'"

孟子曰："霸者之民，驩虞如也①；王者之民，皞皞如也②。杀之而不怨，利之而不庸③，民日迁善而不知为之者。夫君子所过者化，所存者神，上下与天地同流，岂曰小补之哉？"

【注】

①驩虞：即欢娱。如也：……的样子。

②皞（hào）：通"昊"，广大自得。

③庸：酬报，报答。

【译】

孟子说："霸主们的子民，很快乐；圣王的子民，泰然恬静。

百姓犯罪被杀也不会怨恨，受惠也不认为需要酬报，他们日益归于善道而不知是谁使他们如此。圣人经过之处人人皆受到教化，圣人在居住之地的教化之功更是高深莫测，上及于天，下达于地，与天地的化育相辅相成，岂止是小小的补益呢？"

【评】

历代先贤对世人的教化之功是不容小觑的，像孔子、孟子这样的人物，他们的思想根植于我们的心里，我们的言行举止无时无刻不受到他们的影响。

孟子曰："仁言，不如仁声之入人深也①。善政，不如善教之得民也。善政民畏之，善教民爱之；善政得民财，善教得民心。"

【注】

①仁声：赵岐注："乐声《雅》《颂》也。"朱熹注："谓仁闻，谓有仁之实而为众所称道者也。"著者采朱熹的观点，即"仁闻"指践行仁德而赢得的声誉。

【译】

孟子说："仁德的言论，不如践行仁德而赢得声誉更能深入影响人心。以善道治理百姓，不如以善道教化百姓更能赢得民心。以善道治理百姓，百姓敬畏，以善道教化百姓，百姓敬爱；以善道治理百姓，能得到百姓的财富，以善道教化百姓，能赢得民心。"

【评】

身教胜于言传，治国贵得民心。

孟子曰："人之所不学而能者，其良能也；所不虑而知者，其良知也。孩提之童，无不知爱其亲者；及其长也，无不知敬其兄也。亲亲，仁也；敬长，义也。无他，达之天下也。"

【译】

孟子说："人不需学习就有的能力，是良能；不需思考就有的观念，是良知。小孩子没有不爱自己父母的；等长大后，没有不懂得敬重自己兄长的。亲爱父母，是仁德；敬重兄长，是道义。没有其他原因，这是通行天下的道德准则。"

【评】

孝悌是儒家修齐治平的根本基础，是人最基本的良知。被认定不孝悌的人必将受到社会舆论的抨击和排挤。至今，这也是华人社会最根本的道德准则和公序良俗。

孟子曰："舜之居深山之中，与木石居，与鹿豕游，其所以异于深山之野人者几希。及其闻一善言，见一善行，若决江河，沛然莫之能御也。"

【译】

孟子说："舜居住在深山之中，身边只有树木石头，与鹿和猪为伍，他和深山中的乡野村人不同之处很少。等到他听到一句有益的话，看到一件美好的行为，就立刻身体力行，如江河决口，水势向下奔涌，声势浩大无人能够阻挡。"

【评】

历史和现实都证明，从善如流者，"沛然莫之能御也"。

孟子曰："无为其所不为，无欲其所不欲，如此而已矣。"

【译】

孟子说："不做自己不该做的事，不贪恋自己不该贪恋的东西，如此而已。"

【评】

守本分，这句话说来容易，但做起来难。一个守本分的人，会少很多不必要的烦恼，也会避免很多不必要的麻烦。

孟子曰："人之有德慧术知者①，恒存乎疢疾②。独孤臣孽子③，其操心也危④，其虑患也深，故达。"

【注】

①德慧术知：德行、才智、技艺、学识。

②疢（chèn）疾：指忧患。

③孤臣：孤立无助或不受重用的远臣。孽子：庶子，非正妻所生之子。

④操心：所持的心理。危：不安，危险。

【译】

孟子说："有德行、才智、技艺、学识的人，通常都身处忧患。只有那些不受重用的远臣和姬妾所生的庶子，他们常持警惧不安的心理，思虑忧患用心深远，所以通晓事理。"

【评】

危机和忧患意识常使人警醒和奋进，孟子在本章仍是在强调"生于忧患而死于安乐"。

孟子曰："有事君人者，事是君则为容悦者也①。有安社稷臣者，以安社稷为悦者也。有天民者②，达可行于天下而后行之者也。有大人者，正己而物正者也。"

【注】

①容悦：为容而悦之，即为了被接纳、被收留而取悦之，引

申为曲意逢迎、取悦于上。

②天民：指能奉行天命的贤人。

【译】

孟子说："有侍俸君主的人，他们侍奉一位君主只是为了逢迎取悦。有安邦定国的大臣，他们以安邦定国为乐事。有能奉行天命的贤人，他们是一旦得志可以将自己的主张推行于天下时，就去全力推行的人。有圣人，他们是端正自己，天下万物便随之端正的人。"

【评】

《明儒学案》卷三十二《泰州学案一·处士王心斋先生艮·心斋语录》："若天民则听命矣，大人造命。"意思是说，"天民"是听命于天，顺势而为，也就是本章所说的"达可行于天下而后行之"；而"大人"能把握天命，创造历史，也就是本章所说的"正己而物正"。

孟子曰："君子有三乐，而王天下不与存焉。父母俱存，兄弟无故，一乐也；仰不愧于天，俯不怍于人①，二乐也；得天下英才而教育之，三乐也。君子有三乐，而王天下不与存焉。"

【注】

①怍（zuò）：惭愧。

【译】

孟子说："君子有三种快乐，但一统天下不在其中。父母都健在，兄弟都没有变故，是第一种快乐；上不愧于天，下不愧于人，是第二种快乐；寻得天下的优秀人才并教导他们，是第三种快乐。君子有三种快乐，但一统天下不在其中。"

【评】

孟子所说的君子三乐，第一乐真是人生至乐。老话说，子女年纪再大，在父母眼里都是孩子。只要有父母，就能享受那种无与伦比的慈爱，也能享受反哺孝敬父母所带来的满足感。兄弟姐妹相互敬重，遇事有人商议，有人帮衬，亦是一种福气。第二乐貌似简单，其实极难，试问，有多少人敢扪心自问，说自己问心无愧？第三乐则更难，那是造化和机缘的安排，如果我们自身的正能量能影响到哪怕寥寥几人都是幸事，何况"得天下英才而教育之"。至于一统天下，造福兆亿，自有天命的安排。

孟子曰："广土众民，君子欲之，所乐不存焉。中天下而立，定四海之民，君子乐之，所性不存焉。君子所性，虽大行不加焉，虽穷居不损焉，分定故也①。君子所性，仁义礼智根于心。其生色也睟然②，见于面，盎于背③，施于四体④，四体不言而喻。"

【注】
①分定：本分确定。
②睟（suì）然：纯正温润的样子。
③盎：显见。
④施：散布，铺陈。
【译】
孟子说："广阔的土地，众多的人民，是君子想得到的，但他的乐趣不在于此。一统天下，安定天下百姓，君子以此为乐趣，但他的本性不在于此。君子的本性，即使他的思想盛行于天下也不会有所增加，即使失意隐居也不会有所减损，这是由于君子的本分已经确定了。君子的本性，与生俱来的仁义礼智植根于心中。这样的本性体现在形体神色上是纯正温润的，显露在他的神情里，反映在他的肩背中，遍布在他的四肢上，不需语言，只在他的一举一动中就能使人一目了然。"

【评】

相由心生，人的本性会通过一言一行，一举一动，一颦一笑显露出来。

本章"其生色也睟然，见于面……"，旧注均句读于"睟然"之前，即"其生色也，睟然见于面……"。杨伯峻先生根据周广业《孟子逸文考》，认为应句读于"睟然"之后，即"其生色也睟然，见于面……"著者认为非常准确。

孟子曰："伯夷辟纣，居北海之滨，闻文王作兴，曰：'盍归乎来！吾闻西伯善养老者。'太公辟纣，居东海之滨，闻文王作兴，曰：'盍归乎来！吾闻西伯善养老者。'天下有善养老，则仁人以为己归矣。五亩之宅，树墙下以桑，匹妇蚕之，则老者足以衣帛矣。五母鸡，二母彘，无失其时，老者足以无失肉矣。百亩之田，匹夫耕之，八口之家足以无饥矣。所谓西伯善养老者，制其田里，教之树畜，导其妻子，使养其老。五十非帛不暖，七十非肉不饱。不暖不饱，谓之冻馁。文王之民，无冻馁之老者，此之谓也。"

【译】

孟子说："伯夷逃避商纣，住到北海边上，听说周文王崛起，说：'为什么不去归附他呢！我听说西伯善于赡养老人。'姜太公逃避商纣，住在东海边上，听说周文王崛起，说：'为什么不去归附他呢！我听说西伯善于赡养老人。'天下有善于养老的人，仁德之士都把他作为自己的归宿。五亩地的宅院，墙边种植桑树，妇女养蚕缫丝，那么老人就能够穿上丝绸衣服。养五只母鸡，两只母猪，不使之错失繁育生长的时令，老人就不会没有肉食。一百亩田地，男子耕种，八口之家就能够不至饥饿。之所以说西伯善于赡养老人，是因为他在法令上规定百姓拥有的田土数量，教导百姓栽种庄稼树木和饲养牲畜家禽，教化百姓奉养他们的老人。五十岁的人不穿丝绸就不会暖和，七十岁的人不吃肉食就不能果腹。不能暖和，不能果腹，称之为受冻挨饿。周文王的子民，没有受冻挨饿的老人，就是这个意思。"

【评】

在任何时代，民生都是至关重要的。民生为先，民生为重，民生为本是社会进步发展的根本标志。

孟子曰："易其田畴①，薄其税敛，民可使富也。食之以时，用之以礼，财不可胜用也。民非水火不生活，昏暮叩人之门户求水火，无弗与者，至足矣。圣人治天下，使有菽粟如水火。菽粟如水火，而民焉有不仁者乎？"

【注】

①易：整治。田畴（chóu）：田地。

【译】

孟子说："让百姓好好耕作田地，少征收赋税，可以使百姓富足。顺应季节时令正常饮食，按照法度规范花费开销，财富就会用之不竭。百姓没有水和火就不能生活，晚上敲别人家的门去讨用水和火，没人会不给，因为水和火有的是。圣人治理天下，会使百姓的粮食如水和火那样充足。粮食如水和火那样充足，百姓怎么会有不仁爱的呢？"

【评】

礼义的基础是物质的丰富，没有丰富的物质基础做前提，礼义道德就是空中楼阁，正所谓"仓廪实，则知礼节；衣食足，则知荣辱"（《管子·牧民第一》）。

孟子曰："孔子登东山而小鲁①，登太山而小天下。故观于海者难为水，游于圣人之门者难为言。观水有术，必观其澜②。日月有明，容光必照焉③。流水之为物也，不盈科不行；君子之志于道也，不成章不达④。"

【注】

①东山：即山东蒙山，其主峰龟蒙顶在今山东平邑境内。

②澜：波澜，大的波浪。

③容光：能容纳一丝光线的狭小空间。

④成章："《说文》：'乐竟为一章。'按由此引申，事物达到一定阶段，具一定规模，则可曰成章，《国语·周语》：'得以讲事成章。'《吕氏春秋·大乐篇》：'阴阳变化，一上一下，合而成章。'都是此义。"（杨伯峻《孟子译注》）

【译】

孟子说："孔子登上东山就感觉鲁国小了，登上泰山就感觉天下小了。所以见识过大海的人难以被其他的水势所吸引，在圣人门下学习过的人难以被其他的言论所吸引。观赏水有方法，必须看到它最壮阔的狂涛巨浪。日月的光辉，细小的缝隙必定都照到。水流的规律，不将洼地积满不会前行；君子立志学习践行圣人之道，不取得相当的成就就不能融会贯通。"

【评】

"欲穷千里目，更上一层楼"，人的视野取决于他的高度，站得越高，自然看得越广、越远。

孟子曰："鸡鸣而起，孳孳为善者①，舜之徒也。鸡鸣而起，孳孳为利者，蹠之徒也。欲知舜与蹠之分，无他，利与善之间也②。"

【注】

①孳孳：勤勉，努力不懈。

②间（jiàn）："《论语·先进篇》云：'人不间于其父母昆弟之言。'朱熹《集注》以'异'字解之，异，不同也。"（杨伯峻《孟子译注》）

【译】

孟子说："早晨鸡一叫就起床，孳孳不倦地行善事的人，是舜那样的人。早晨鸡一叫就起床，一刻不停地求利益的人，是盗跖那样的人。想了解舜和盗跖之间的区别，没有别的，就是求利与行善的不同。"

【评】

判断一个人是什么样的人，就看他孳孳以求什么事情，这是识人之术。

孟子曰："杨子取为我①，拔一毛而利天下，不为也。墨子兼爱，摩顶放踵利天下②，为之。子莫执中③，执中为近之，执中无权，犹执一也。所恶执一者，为其贼道也，举一而废百也。"

【注】

①杨子：即杨朱。

②摩顶放踵：对本句的解释自古争议极大，标新立异者也多。但著者认为，均缺乏确证。赵岐注："摩突其顶，下至于踵。"释"放"为"至"，解"摩顶放踵"为"从头顶到脚跟都磨伤"。朱熹亦采此解。在没有新的更多的证据前，还是遵循古训为宜。摩顶放踵，在后世泛指不辞劳苦，不计代价济世救人。

③子莫：人名。有学者考证即为颛孙子莫。罗根泽先生《诸子考索》一书有《子莫考》一文，钱穆先生《先秦诸子系年》亦有

《子莫考》一文。两位先生均功力深厚，言之有据，"奇文共欣赏，疑义相与析"，有兴趣的读者不妨找来一读。

【译】

孟子说："杨子主张只顾自己，即使是拔一根汗毛而有利于天下，也不做。墨子主张无差等的博爱，即使从头顶到脚跟都磨伤而有利于天下，也去做。子莫主张折中，折中就接近正道了，但折中只是机械地取其中线却不能根据客观实际作出正确调整，与固执于其中一个极端没有两样。之所以厌恶固执其中一点，因为这是在破坏正道，只固执于其中一点而废弃了更多其他的选择。"

【评】

著者在《大学中庸评释》一书中曾提出，中庸绝不是折中主义。所谓折中主义，是把矛盾双方不分主次地平列起来，把根本对立的观点和理论无原则地、机械地混同起来的思想和方法。其最大的弊端就是缺乏原则性。那么中庸之道是这样的吗？答案显然是否定的，中庸就是中和，这个中不是折中，折中是以牺牲原则性为代价，对两端的迁就。而中庸则是，中本身是刚性的原则，是唯一的正确，不及和过两端都是错误，都是偏颇，都是不可取的。也就是说，如果两方面有不同意见，应该使它能够中和，保留其对的一面，舍弃其不对的一面。说白了，就是依据客观的规律和事实，这才是真正的中庸之道。杨朱的"为我"和墨子的"兼爱"，对应的是儒家所倡导的有差等的"爱"，也就是"仁"。孔孟把爱父母、爱兄弟置于爱的核心位置，杨朱的只顾自己是"不及"，墨子无差等的博爱是"过"，而儒家的"老吾老以及人之老，幼吾幼以及人之幼"是中庸，是唯一的正确，但这绝不是在杨朱和墨子之间机械地取其中线那么简单。

孟子曰："饥者甘食，渴者甘饮，是未得饮食之正也，饥渴害之也。岂惟口腹有饥渴之害？人心亦皆有害。人能无以饥渴之害为心害，则不及人不为忧矣。”

【译】

孟子说："饥饿的人吃什么都觉得美味，口渴的人喝什么都觉得甘甜，这是没有感受到饮食的正常味道，是饥渴煎熬所致。岂止口腹会遭受饥渴的煎熬？人的内心也都会受到物欲的煎熬。人如果能修持德行，不使内心遭受饥渴对口腹那般的煎熬，那么就不必担忧自己的德行赶不上别人了。"

【评】

孟子在本章的深意是，人因为饥渴，为果腹而不择饮食，也可能因为贫贱，为富贵而不择手段。如果人能不因贫贱而使内心受到煎熬，坚守道义，安贫乐道，那么就是德行高尚的人。甘于贫困，不思进取是错误的。但是，君子爱财取之有道。孔子说："富与贵是人之所欲也，不以其道得之，不处也；贫与贱是人之所恶也，不以其道得之，不去也。"（《论语·里仁第四》）

孟子曰："柳下惠不以三公易其介①。

【注】

①三公：周代即有三公，有学者认为是太师、太傅、太保，有学者认为是司马、司徒、司空，说法不一。泛指朝廷中爵禄最高、位极人臣的高官。介：节操。

【译】

孟子说："柳下惠不会为了谋求三公这样的显位而改变自己的节操。"

【评】

节操是人安身立命的根本，千金不能易。人的堕落也是循序渐进的，一事苟且，就可能发展到事事苟且；小事苟且，必然发展到大事苟且。所以，"勿以恶小为之"！

孟子曰："有为者辟若掘井，掘井九轫而不及泉[①]，犹为弃井也。"

【注】

①轫：通"仞"，古代长度单位，一仞大约为周代的八尺或七尺。

【译】

孟子说："做事就像挖井，挖了六七丈没有出水就放弃了，那如同是口废井了。"

【评】

今本《尚书·旅獒》："为山九仞，功亏一篑。"做事贵在坚持，半途而废，前功尽弃。

孟子曰："尧、舜，性之也；汤、武，身之也；五霸，假之也。久假而不归，恶知其非有也。"

【译】

孟子说："尧、舜，是直接发挥本性中的仁义；成汤和周武王是修持身心探求找寻回本性中的仁义并身体力行；五霸，是假借仁义之名行称霸逐利之实。五霸长久假借仁义，却不自知其本无仁义。"

【评】

本章"久假而不归，恶知其非有也"一句古解即有分歧，赵岐认为，本句的意思是，"假物久而不归，安知其不真有也"。而朱熹则反对这种解释："旧说，久假不归，即为真有，则误矣。"他认为："言窃其名以终身，而不自知其非真有。或曰：'盖叹世人莫觉其伪者。'亦通。"杨伯峻先生的翻译是："借得长久了，总不归还，你又怎能知道他不（弄假成真）终于变成他自己的呢？”著者采朱熹的理解翻译此句。

公孙丑曰：“伊尹曰：‘予不狎于不顺。’放太甲于桐，民大悦。太甲贤，又反之，民大悦。贤者之为人臣也，其君不贤，则固可放与？”

孟子曰：“有伊尹之志，则可；无伊尹之志，则篡也。”

【译】

公孙丑说：“伊尹说：‘我不亲近不遵循仁义的人。’把太甲放逐到桐地，百姓非常高兴。太甲改过自新，又恢复他的王位，百姓非常高兴。贤能之人作为臣属，他的君主无德无能，就可以把他放逐吗？”

孟子说：“有伊尹那样的大公无私，就可以；没有伊尹那样的大公无私，就是篡逆。”

【评】

杨伯峻先生将“予不狎”至“民大悦”全部作为伊尹的原话而加上单引号。朱熹注：“‘予不狎于不顺’，《太甲》篇文。”则他认为只有这一句是伊尹的原话。著者标点依朱熹的观点。

公孙丑曰：“《诗》曰：‘不素餐兮①。’君子之不耕而食，何也？”

孟子曰：“君子居是国也，其君用之，则安富尊荣；其子弟从之，则孝弟忠信。‘不素餐兮’，孰大于是？”

【注】

①“不素餐兮”：出自《诗经·魏风·伐檀》。

【译】

公孙丑说："《诗》上说：'不能不劳而食。'君子不自己耕作却饮食，这是为什么？"

孟子说："君子居住在这个国家，这个国家的国君任用他，就会安定、富足、尊贵、荣耀；少年子弟追随他，就会孝顺父母，敬爱兄长，忠诚守信。'不能不劳而食'，还有比君子做得更好的吗？"

【评】

"闻道有先后，术业有专攻"，即使在先秦时期，必要的社会分工也是必须的。一个人，应该在自己的专长上努力进取，做出应有的贡献，而不能尸位素餐，寄食度日。

王子垫问曰①："士何事？"

孟子曰："尚志。"

曰："何谓尚志？"

曰："仁义而已矣。杀一无罪，非仁也；非其有而取之，非义也。居恶在？仁是也；路恶在？义是也。居仁由义，大人之事备矣。"

【注】

①王子垫：齐王之子，名垫。

【译】

王子垫问孟子："士人做些什么事？"

孟子说："追求高远的志向。"

王子垫说："什么是追求高远的志向？"

孟子说："就是遵循仁义而已。杀一个无罪的人，就是不仁；不是自己的东西却据为己有，就是不义。处身于何处？是仁德；行路走哪里？是道义。处身于仁德做事遵循道义，德行高尚的人该做的事情都齐备了。"

【评】

"居仁由义"是最高尚的德行。孟子认为，一个人为人处世不能做到"居仁由义"，是自我放弃，他说："吾身不能居仁由义，谓之自弃也。"（《孟子·离娄上》）

　　孟子曰："仲子^①，不义与之齐国而弗受，人皆信之，是舍箪食豆羹之义也。人莫大焉亡亲戚、君臣、上下。以其小者信其大者，奚可哉？"

【注】

①仲子：即陈仲子。

【译】

　　孟子说："陈仲子，如果以不符合道义的方式把齐国给他也不会接受，人们都相信他能做到，其实，他只能做到诸如舍弃一小篓饭一碗汤这样的小小义举。人的罪过没有比离弃父母、君臣、尊卑这些伦常更大的。因为他有一些小小的义举就相信他能做出伟大的义举，怎么可以呢？"

【评】

　　赵岐认为："孟子以为仲子之义，若上章所道箪食豆羹无礼则不受，万钟则不辨礼义而受之也。"朱熹则认为："言仲子设若非义而与之齐国，必不肯受。齐人皆信其贤，然此但小廉耳。其辟兄离母，不食君禄，无人道之大伦，罪莫大焉。岂可以小廉信其大节，而遂以为贤哉？"著者认为，赵岐的理解更准确，翻译据此。

　　桃应问曰^①："舜为天子，皋陶为士，瞽瞍杀人，则如之何？"

　　孟子曰："执之而已矣。"

　　"然则舜不禁与？"

曰："夫舜恶得而禁之？夫有所受之也。"

"然则舜如之何？"

曰："舜视弃天下犹弃敝蹝也^②。窃负而逃，遵海滨而处，终身䜣然^③，乐而忘天下。"

【注】

①桃应：孟子的学生。

②蹝（xǐ）：草鞋。

③䜣（xīn）：欣喜。

【译】

桃应问孟子："舜是天子，皋陶是掌管刑狱的官员，假如瞽瞍杀了人，那么会怎么办？"

孟子说："抓捕起来而已。"

桃应说："那么舜不会阻止吗？"

孟子说："舜怎么能阻止呢？皋陶抓捕瞽瞍有法可依。"

桃应说："那么舜会怎么做？"

孟子说："舜看待放弃天下如同丢掉破烂的草鞋。他会偷偷带着父亲逃走，沿着海岸找一处地方居住，一辈子愉快地生活，快乐得忘记自己曾居天子之位。"

【评】

孔子说："父为子隐，子为父隐，直在其中矣。"（《论语·子路第十三》）"亲亲相隐"是中国古代道德规范所倡导的原则，也是古代法律所允许的行为。

孟子自范之齐^①，望见齐王之子，喟然叹曰："居移气，养移体，大哉居乎！夫非尽人之子与？"

孟子曰："王子宫室、车马、衣服多与人同，而王子若彼者，其居使之然也；况居天下之广居者乎？鲁君之宋，呼于垤泽之门^②。守者曰：'此非吾君也，何其声之似我君也？'此无他，居相似也。"

【注】

①范："地名，故城在今山东范县东南二十里，为从梁（魏）到齐的要道。"（杨伯峻《孟子译注》）范县今属河南濮阳。

②垤泽之门：宋国都城的城门。

【译】

孟子从范邑到齐国去，从很远处看到齐王的儿子，慨然叹息道："环境改变人的气质，尊养改变人的体质，环境太重要了！难道不同样是人的儿子吗？"

孟子说："王子的居所、车马、衣服大多与其他人一样，而王子却是如此与众不同，他所处的环境使他如此；更何况以仁德为处身之地的人呢？鲁国国君到宋国去，在宋国都城垤泽门下呼喊。守门人说：'这不是我们的国君，为什么声音这么像我们的国君？'这没有别的原因，因为他们所处的环境相似。"

【评】

衣食穿戴等外在的东西都能伪装，但是人的内在气质无法伪装。气质是人长期修养的结果，一颦一笑、一举一动都会暴露人真实的素质水平。

孟子曰："食而弗爱，豕交之也；爱而不敬，兽畜之也^①。恭敬者，币之未将者也。恭敬而无实，君子不可虚拘。"

【注】

①兽：朱熹注："兽，谓犬马之属。"

【译】

孟子说："对于人养活但没有感情，那犹如养猪；爱惜但不恭敬，那犹如养狗和马。恭敬之心，是产生于馈赠礼物之前的。只有恭敬之貌而没有恭敬之心，君子不应该被这种徒有其表的恭敬所束缚。"

【评】

孟子在本章仍然在强调与人交往，恭敬之心在先，对方没有真正的恭敬之心，就不必受这样的交往约束。

孟子曰："形色，天性也；惟圣人，然后可以践形。"

【译】

孟子说："人的形体、容貌是上天赋予的；只有圣人因为能够充分发挥天赋的仁义本性，才可以不辜负这上天赋予的血肉之躯。"

【评】

本章中"践形"的理解自古争议很大。著者认为，宋末儒家陈普有一首诗是对"践形"最好的解释："理苟非形何以具，有形有象即其郛。非能尽性充乎体，空守人间血肉躯。"（《石堂先生遗集》卷十九《孟子·践形》）

齐宣王欲短丧①。公孙丑曰："为期之丧②，犹愈于已乎？"

孟子曰："是犹或绐其兄之臂，子谓之姑徐徐云尔，亦教之孝弟而已矣③。"

王子有其母死者，其傅为之请数月之丧④。公孙丑曰："若此者，何如也？"

曰："是欲终之而不可得也，虽加一日愈于已。谓夫莫之禁而弗为者也。

【注】

①短丧：缩短服丧时间。

②期（jī）：一年。

③亦：不过，仅仅，只要。

④"王子有其母死者"两句："按照《仪礼·丧服记》的说法，王子的母亲死了，因为父亲还在的缘故，不但不为母亲服丧三年，甚至无服，只是穿穿麻衣，埋葬以后仍然脱掉。那么，'其傅为之请数月之丧'，便不是'短丧'了。孟子说：'是欲终之而不可得。'是不是如《丧服记》之所说呢？我们已经无法知道了。"（杨伯峻《孟子译注》）

【译】

齐宣王想缩短服丧时间。公孙丑说："服丧一年，也比不服丧好吧？"

孟子说："这就好比有人扭住兄长的手臂，你却对他说姑且慢点扭吧，只需教导他孝顺父母、恭敬兄长的道理就可以了。"

有一个王子的母亲去世了，他的老师请求君主让王子服丧几个月。公孙丑说："这样的事情，如何呢？"

孟子说："这个王子想恪守服丧三年的礼仪而不可得，即使多服丧一天也比不服丧好。我上次所说，是指没人禁止他服丧三年却自己不恪守的。"

【评】

《论语·阳货第十七》记录了孔子对学生宰我的一次大发雷霆，起因是宰我认为为父母服丧三年时间太久，建议一年足够。孔子听后十分生气，指斥宰我"不仁"。他说，孩子出生三年，才能离开父母的怀抱。为父母服丧三年，是天下通行的丧法。宰予呀！你有没有享受过父母当初那三年的怀抱之爱？孔子将三年之丧与父母的三年怀抱之爱比同，将服丧三年作为对父母三年怀抱之爱的报恩，这就使本来冰冷的礼仪制度焕发出人性的光辉。

孟子曰："君子之所以教者五：有如时雨化之者，有成德者，有达财者^①，有答问者，有私淑艾者^②。此五者，君子之所以教也。"

【注】

①财：通"材"。

②私淑艾：即私淑。

【译】

孟子说："君子教育人的方式有五种：有如同及时雨润泽万物那样潜移默化的，有成就德行的，有培养激发才能的，有答疑解惑的，有以自己的道德文章感召的。这五种，就是君子教育人的方式。"

【评】

古人认为，人生至高无上的境界有三种，即"三不朽"："太上有立德，其次有立功，其次有立言。"（《左传·襄公二十四年》）任何时代，任何民族，都需要精神领袖。孔孟，就是这样传承至今的精神领袖，而今天的我们也正是这些精神领袖的私淑弟子。著者之所以力主"当代儒家"理论，就是希望"仁义礼智信"和"温良恭俭让"的情怀节操在与时俱进中发扬光大，让儒家思想在当代再次焕发出勃勃的生机和理性的光辉。

公孙丑曰："道则高矣，美矣，宜若登天然，似不可及也。何不使彼为可几及而日孳孳也？"

孟子曰："大匠不为拙工改废绳墨^①，羿不为拙射变其彀率^②。君子引而不发，跃如也^③。中道而立，能者从之。"

【注】

①绳墨：木工用来打直线的墨线，引申为规矩、法度。

②彀率（gòu lǜ）：弓张开的标准。

③跃如：跃跃欲试的样子。

【译】

公孙丑说："圣人之道是高远的，是完美的，追求圣人之道如同登天，似乎遥不可及。为什么不使圣人之道成为可以企及的因而让人孜孜以求呢？"

孟子说："高明的木匠不会为拙劣的木匠更改或废止勾画直线的标准，羿不会为拙劣的射手改变张弓的标准。君子教导别人，正如张弓搭箭而不击发，做出跃跃欲试的样子。君子立身于光明正道，有能力的人自会追随。"

【评】

崇高的理论、伟大的精神，无不"宜若登天"，求学问道必须披荆斩棘，绝不会一蹴而就。王国维在《人间词话》中对此说得最生动："古今之成大事业、大学问者，必经过三种之境界：'昨夜西风凋碧树。独上高楼，望尽天涯路。'此第一境也；'衣带渐宽终不悔，为伊消得人憔悴。'此第二境也；'众里寻他千百度，回头蓦见，那人正在灯火阑珊处。'此第三境也。"

孟子曰："天下有道，以道殉身；天下无道，以身殉道。未闻以道殉乎人者也。"

【译】

孟子说："天下政治清明，圣人之道能够被仁人志士推行；天下政治暗弱，仁人志士坚守圣人之道，不惜为此献身。没听说过牺牲圣人之道去屈从迎合什么人的。"

【评】

"曲学以阿世"（《史记·儒林列传》）历来为儒家所不齿，孔子也曾告诫学生子夏："女为君子儒，无为小人儒。"（《论语·雍

也第六》）

公都子曰："滕更之在门也①，若在所礼，而不答，何也？"

孟子曰："挟贵而问，挟贤而问，挟长而问，挟有勋劳而问，挟故而问，皆所不答也。滕更有二焉。"

【注】

①滕更：滕国国君的弟弟。

【译】

公都子说："滕更在您身边学习时，似乎应该算礼敬老师的，但您却不回答他的提问，这是为什么？"

孟子说："依仗自己的显贵来发问，依仗自己的贤能来发问，依仗自己年纪大来发问，依仗自己有功劳来发问，依仗自己是老相识来发问，我都不会回答。滕更在这里面占了两条。"

【评】

孟子对有所依仗与人交往的行为极为反感，即使是向他请教，都不会作答。我们在现实生活中，对待师友，也要注意自己的方式。

孟子曰："于不可已而已者，无所不已；于所厚者薄，无所不薄也。其进锐者，其退速。"

【译】

孟子说："在不可以停止的事情上半途而废，那么没有什么事不可以半途而废；对应该重视的事情却轻视对待，那么没有什么事不可以被轻视对待。急于求进的人，后退也快。"

【评】

孟子在本章是在阐述"不及"和"过"两种错误。"于不可已而已"和"于所厚者薄"都是"不及",都是做得不够。后一种则是"过",前进过急,做得过了头,其结果是退起来会更快,最终还是达不到目的,正如孔子说的:"欲速则不达。"(《论语·子路第十三》)

孟子曰:"君子之于物也,爱之而弗仁;于民也,仁之而弗亲。亲亲而仁民,仁民而爱物。"

【译】

孟子说:"君子对于万物,爱惜但不施与仁德;对于百姓,施与仁德但不亲爱。君子亲爱自己的亲人因而仁爱百姓,仁爱百姓因而爱惜万物。"

【评】

孟子还是在强调"等差之爱"。于亲人,是亲爱;于百姓,是仁爱;于器物和不是人类的动植物,是爱惜。这种"等差之爱"的核心和基础则是对亲人的亲爱,然后推而广之。

孟子曰:"知者无不知也,当务之为急;仁者无不爱也,急亲贤之为务。尧、舜之知而不遍物,急先务也;尧、舜之仁不遍爱人,急亲贤也。不能三年之丧,而缌、小功之察①;放饭流歠,而问无齿决②,是之谓不知务。"

【注】

①缌(sī):古代五种丧服中最轻者,以细麻布为孝服,服丧三个月。小功:丧服名。用稍粗的熟麻布制成,服丧五个月。

②齿决:"《曲礼》又云:'濡肉齿决,干肉不齿决。'就是湿

肉能用牙齿啃断，干肉只能用手折断。在长者前干肉齿决，这是不大礼貌的。"（杨伯峻《孟子译注》）

【译】

孟子说："睿智的人本该无所不知，但必须先了解眼前马上要做的事情；仁德的人本该无所不爱，但必须先爱自己的亲人和贤能的人。以尧、舜的睿智也不能遍知所有事物，因为要先了解眼前马上要做的事情；以尧、舜的仁德也不能遍爱所有人，因为必须先爱自己的亲人和贤能的人。不恪守服丧三年的礼仪，却纠缠于三月缌服和五月小功服的细节；大口吃饭，大口喝汤，吃相粗鲁，却顾及吃干肉不能用牙齿咬断这样的小节，这就叫不知轻重。"

【评】

"大局观"是人才必须具备的素质，虽说"细节决定成败"，那也是在把握大局前提下的细致入微。如果只知细节而胸无大局，成不了大器。

尽心下

孟子曰："不仁哉，梁惠王也！仁者以其所爱及其所不爱，不仁者以其所不爱及其所爱。"

公孙丑曰："何谓也？"

"梁惠王以土地之故，糜烂其民而战之，大败，将复之，恐不能胜，故驱其所爱子弟以殉之，是之谓以其所不爱及其所爱也。"

【译】

孟子说："梁惠王不仁德呀！仁德者把对自己爱的人的恩德推及不爱的人身上，不仁德者把对自己不爱的人的祸害施加到爱的人身上。"

公孙丑说："这是什么意思？"

孟子说："梁惠王为了争夺土地，让自己的人民粉身碎骨去打仗，结果大败，准备再战，担心不能取胜，所以又驱使自己爱的子弟们去牺牲生命，这就是把对自己不爱的人的祸害施加到爱的人身上。"

【评】

利益当头，亲情容易淡漠。不仅如此，利益其实是人与人之间所有伦常关系的试金石。

孟子曰："春秋无义战。彼善于此，则有之矣。征者，上伐下也，敌国不相征也。"

【译】

孟子说："春秋时代没有正义的战争。在这些战争中，那个国家比这个国家更占理的情况，是有的。所谓征伐，是指天子讨伐不听命的诸侯国，同等级的国家之间不能相互征伐。"

【评】

根据本章的古注和上下文关系，著者认为本章"春秋"当专指孔子编修的《春秋》一书，而不是指春秋时代。孟子的本意是：《春秋》一书中记载的战争没有一场是正义的。著者的句读标点和翻译是依据后世的约定俗成。

孟子曰："尽信《书》，则不如无《书》。吾于《武成》^①，取二三策而已矣^②。仁人无敌于天下，以至仁伐至不仁，而何其血之流杵也？"

【注】

①《武成》："《尚书》篇名，所叙大概是周武王伐纣时的事。依《尚书·正义》引郑氏说，《武成》到建武（东汉光武帝年号）之际已亡失。今日的《尚书·武成篇》是伪古文，叙'血流漂杵'为商纣士兵倒戈自相残杀所致，与孟子原意不合，自不可信。"（杨伯峻《孟子译注》）

②策：中国古代用竹片或木片记事著书，单片叫"简"，编在一起叫"策"。

【译】

孟子说："完全相信《书》，那么还不如没有《书》。我对于《武成》篇，只采信其中一小部分而已。仁德的人无敌于天下，最仁德的人讨伐最不仁德的人，怎么会使鲜血流得能漂浮起舂米用的木棒呢？"

【评】

对待典籍资料、学说思想，要有自己的思考和判断，一味听信不是追求真理的方式。

孟子曰："有人曰：'我善为陈^①，我善为战。'大罪也。

国君好仁，天下无敌焉。南面而征，北狄怨；东面而征，西夷怨，曰：'奚为后我？'武王之伐殷也，革车三百两^②，虎贲三千人^③。王曰：'无畏！宁尔也，非敌百姓也。'若崩厥角稽首^④。征之为言正也，各欲正己也，焉用战？"

【注】

①陈：同"阵"，军事上的排兵布阵。

②革车：重型兵车。两："辆"的古字。

③虎贲：勇士。

④崩：山崩，山体垮塌。厥角稽首：以额触地叩头。

【译】

孟子说："有人说：'我善于排兵布阵，我善于作战。'这是大罪过。君主喜好仁德，就能无敌于天下。成汤征伐南方，北方的少数民族抱怨；征伐东方，西方的少数民族抱怨，说：'为什么把我们置于后面？'周武王讨伐商纣，重型兵车三百辆，勇士三千人。武王对百姓说：'不要害怕！我是来安定你们的，不是与百姓为敌。'百姓们像山峰崩塌般地俯首叩头。征讨就是指匡正暴君的罪恶，每个人都希望有仁人志士来匡正自己暴君的罪恶，何必用战争呢？"

【评】

孟子认为"仁者无敌"，强烈反对不义战争。这也是中国自古以来一以贯之的道德标准。

孟子曰："梓匠轮舆，能与人规矩，不能使人巧。"

【译】

孟子说："木工和车匠，能教授别人制作的标准法度，却未必能使别人技艺高超。"

【评】

师傅领进门，修行在个人。

孟子曰："舜之饭糗茹草也①，若将终身焉；及其为天子也，被袗衣②，鼓琴，二女果③，若固有之。"

【注】

①饭糗（qiǔ）茹草：吃干粮野菜。

②袗（zhěn）：单衣。

③果：通"婐（wǒ）"，侍候。

【译】

孟子说："舜当初吃干粮野菜，好像会终生如此下去；等到他做了天子，穿着精致的单衣，弹着琴，尧的两个女儿侍候他，好像这些本来就是属于他的。"

【评】

儒家思想认为，仁德的人必然会得到他应有的各种福祉，就像《中庸》上说的："故大德必得其位，必得其禄，必得其名，必得其寿。"大意是，所以有正大光明德行的人必然会得到他应有的地位，必然会得到他应有的财富，必然会得到他应有的声誉，必然会得到他应有的寿数。

孟子曰："吾今而后知杀人亲之重也：杀人之父，人亦杀其父；杀人之兄，人亦杀其兄。然则非自杀之也，一间耳。"

【译】

孟子说："我现在知道杀害别人亲人的严重性了：杀害别人的父亲，别人也会杀害他的父亲；杀害别人的兄长，别人也会杀害他的兄长。那么表面上不是他自己杀害父兄，但也差不多。"

【评】

孟子此语有其背景，是有感而发。"血亲复仇"，即为自己宗族、家族中的被杀者复仇，这是通行于中外上古时代的习俗。战国时期，中原各国基本都禁止私下为血亲复仇，而代之以国家政权的法律惩处，但其残余在民间影响仍很大。

孟子曰："古之为关也，将以御暴。今之为关也，将以为暴。"

【译】

孟子说："古代建立关卡，是为了防范暴乱。现在建立关卡，是为了施行暴政。"

【评】

孟子是讥讽当时的关卡专为征税，与民争利。

孟子曰："身不行道，不行于妻子；使人不以道，不能行于妻子。"

【译】

孟子说："自己不遵循正道，那么妻子儿女也不会遵循正道。使唤别人不遵循正道，即使使唤妻子儿女也行不通。"

【评】

"身正不令而行"，领导者本身的人品行为正当，即使不定任何规章制度，人们也会自然而然效法他的行为，走上正道。如果领导者本身的人品行为不正当，即使定下严格的规章制度，人们也不会听从。

孟子曰："周于利者^①，凶年不能杀^②；周于德者，邪世不能乱。"

【注】

①周：本意为完备，此处引申为富足。

②杀："缺乏，有窘困意。"（杨伯峻《孟子译注》）

【译】

孟子说："财物富足的人，即使灾荒年景也不会困窘；德行高尚的人，即使乱世也不会迷失。"

【评】

本章的内容与《大学》上所说的"富润屋，德润身"异曲同工，财富能保证物质生活，德行能保证精神生活。

孟子曰："好名之人，能让千乘之国；苟非其人，箪食豆羹见于色。"

【译】

孟子说："贪慕虚名的人，可以把拥有一千辆兵车国家的君位让给别人；如果他的为人本来并非视富贵如粪土，让出一小箪饭、一碗汤反倒会表露出不悦之色。"

【评】

对本章的理解，古注即有分歧。赵岐认为："好不朽之名者，轻让千乘，子臧、季札之俦是也。诚非好名者，争箪食豆羹变色，讼之致祸，郑子公染指鼋羹之类是也。"朱熹认为："好名之人，矫情干誉，是以能让千乘之国；然若本非能轻富贵之人，则于得失之小者，反不觉其真情之发见矣。"而杨伯峻先生则另辟蹊径，认为："好名的人可以把有千辆兵车国家的君位让给别人，但是，若不是那受让的对象，就是要他让一筐饭，一碗汤，他那不高兴神色都会在脸上表现出来。"著者的翻译依朱熹。

孟子曰："不信仁贤，则国空虚；无礼义，则上下乱；无政事，则财用不足。"

【译】

孟子说："不信任仁人贤士，国家就会缺乏；没有礼义，上下尊卑关系就会混乱；没有得当的管理，国家的财政用度就会不足。"

【评】

人才、规矩法度和有效的管理，是事业发展壮大的基石。

孟子曰："不仁而得国者，有之矣；不仁而得天下，未之有也。"

【译】

孟子说："不仁德而能得到诸侯国的，有过这样的事；不仁德而能得到全天下的，从来没有过这样的事。"

【评】

传统儒家认为，夏、商、周三代开国之君都以"仁"赢得天下，所以孟子说："三代之得天下也以仁，其失天下也以不仁。"（《孟子·离娄上》）

孟子曰："民为贵，社稷次之，君为轻。是故得乎丘民而为天子，得乎天子为诸侯，得乎诸侯为大夫。诸侯危社稷，则变置。牺牲既成，粢盛既絜，祭祀以时，然而旱干水溢，则变置社稷。"

【译】

孟子说："人民是最重要的，其次是土神和谷神，君主为轻。所以得到百姓的爱戴就能成为天子，得到天子的赏识就能成为诸侯国君，得到诸侯国君的赏识就能成为大夫。诸侯国君危害国家社稷，就改立国君。祭祀用的牲畜已经齐备，祭祀用的谷物已经洁净，按时祭祀，但还是遭受干旱洪涝，就改立土神和谷神。"

【评】

本章是孟子"民本思想"的集中表述，正所谓"民惟邦本，本固邦宁"。孟子"民本思想"主要体现在以下几个方面：一、经济，富民、惠民；二、政治，爱民、宽民；三、思想，教民、化民。

孟子曰："圣人，百世之师也，伯夷、柳下惠是也。故闻伯夷之风者，顽夫廉，懦夫有立志；闻柳下惠之风者，薄夫敦，鄙夫宽。奋乎百世之上，百世之下，闻者莫不兴起也。非圣人而能若是乎？而况于亲炙之者乎①？"

【注】

①亲炙：直接受到传授、教导。

【译】

孟子说："圣人，是百代人的导师，伯夷、柳下惠就是这样的圣人。所以听到伯夷的风范，贪婪的人变得廉洁，软弱无能的人变得有独立坚定的意志；听到柳下惠的风范，心胸狭隘的人变得宽容，刻薄尖酸的人变得敦厚。他们在百代之前奋发进取，百代之后，听到他们德行功业的人无不为之感奋。不是圣人，能有如此作为吗？百代之后的人尚且为之感奋，何况亲聆圣人传授教导的人呢？"

【评】

这就是精神领袖的力量。他们的思想可以传之后世，以至无穷，感召一代代后人。

　　孟子曰："仁也者，人也。合而言之，道也。"

【译】

孟子说："仁，就是人。仁和人合起来，就是道。"

【评】

"仁"是人具备的道德，人具备了"仁"这样的道德，就合于"道"了。

　　孟子曰："孔子之去鲁，曰：'迟迟吾行也，去父母国之道也。'去齐，接淅而行，去他国之道也。"

【译】

孟子说："孔子离开鲁国时，说：'我们慢慢走吧，这是离开祖国的方式。'离开齐国，不等把米淘完沥干就走，这是离开其他国家的方式。"

【评】

祖国在人心里是无比重要的，孔子当时的心情也是极其复杂的。这也是炎黄子孙千百年传承下来的真情实感吧。

　　孟子曰："君子之厄于陈、蔡之间[①]，无上下之交也。"

【注】

①君子：指孔子。孔子曾经在陈国和蔡国之间遭遇围困。

【译】

孟子说："孔子之所以在陈国和蔡国之间遭遇围困，是因为与两国的君臣都没有交往。"

【评】

朱熹《孟子章句集注》："君臣皆恶，无所与交也。"也就是说，陈、蔡君臣都非善类，孔子以与之为伍为耻，所以才发生了"陈蔡之厄"。

貉稽曰[①]："稽大不理于口[②]。"

孟子曰："无伤也。士憎兹多口[③]。《诗》云：'忧心悄悄，愠于群小[④]。'孔子也。'肆不殄厥愠，亦不陨厥问[⑤]。'文王也。"

【注】

①貉稽：事迹不详。

②理："《广雅·释诂》云：'理，顺也。'王念孙《疏证》曾引《易经·说卦传》'和顺于道德而理于义'及《周礼·考工记·匠人》'水属不理孙谓之不行'以相印证，此'理'字亦可训'顺'，则'不理于口'犹言'不顺于人口'。"（杨伯峻《孟子译注》）

③士憎兹多口：朱熹注："赵氏曰：'为士者，益多为众口所讪。'按此则憎当从土，今本皆从心，盖传写之误。"

④"忧心悄悄"两句：出自《诗经·邶风·柏舟》。

⑤"肆不殄厥愠"两句：出自《诗经·大雅·绵》。

【译】

貉稽说："很多人说我的坏话。"

孟子说："这没有关系。士人大多会招人非议。《诗》上说：'我忧心忡忡，遭小人嫉恨。'孔子就是这样的人。《诗》上说：'不消除别人的怨恨，也不会有损于我的声名。'周文王就是这样的人。"

【评】

只要行得正，立得端，何必在意他人的议论和腹诽呢？走自己的路，让别人去说吧。

孟子曰："贤者以其昭昭[①]，使人昭昭；今以其昏昏[②]，使人昭昭。"

【注】

①昭昭：明白，清楚。

②昏昏：糊涂，愚昧。

【译】

孟子说："贤能的人自己通透明彻，教导别人就能通透明彻；现在有人自己糊里糊涂，却想教导别人能通透明彻。"

【评】

贤师出高徒，遇到好的师友是人生的幸运。要是遇到一个"以其昏昏，使人昭昭"者，就要自求多福了。

孟子谓高子曰："山径之蹊间[①]，介然用之而成路[②]。为间不用[③]，则茅塞之矣。今茅塞子之心矣。"

【注】

①山径之蹊：山坡上的小道。间：断断续续。杨伯峻先生将句读定为"间介然"，他指出："赵岐《注》似以'介然'属上读，今不从。"著者认为，赵岐注："孟子谓之曰：'山径，山之岭。有微蹊，介然人遂用之不止，则蹊成为路。"杨伯峻先生"似以'介然'属上读，今不从"的判断是准确的（中华书局影印世界书局《十三经注疏》1980年10月第一版的句读即为"山径之蹊间。介然用之而成路"。），但他将句读定为"间介然"，并认为，"《荀子·修身篇》云：'善在身，介然必以自好也。'此'间介然'当与荀子之'介然'同义，都是意志专一而不旁骛之貌。"著者不同意这一观点，而认为应将"间"上读，解释为"断断续续"。《战国策·齐策一》："令初下，群臣进谏，门庭若市。数月之后，时时而

间进。"

②介然：坚定执着。

③为间：短时间。

【译】

孟子对高子说："山坡上的小道断断续续，如果反复不断地走就能成为道路。短时间没人走，就会被茅草阻塞。现在茅草也阻塞了您的心。"

【评】

学习工作要持之以恒，三天打鱼两天晒网，心就会被茅草壅塞，事业也会半途而废。

> 高子曰："禹之声尚文王之声。"
>
> 孟子曰："何以言之？"
>
> 曰："以追蠡①。"
>
> 曰："是奚足哉？城门之轨，两马之力与？"

【注】

①追（duī）：钟上用以悬挂的钮孔。蠡（lǐ）：本意为虫蛀木，引申为器物久磨将断的样子。

【译】

高子说："禹的音乐超过周文王的音乐。"

孟子说："为什么这么说？"

高子说："因为禹流传下来的钟的钮孔都快磨断了。"

孟子说："这怎么足以证明呢？城门口的车辙，是几匹马拉着车就能碾压出来的吗？"

【评】

孟子的意思是，禹流传下来的钟的钮孔都快磨断了，只是因为使用的时间更为久远而已，就像城门前的车辙，也是无数马车长时间碾压的结果。

　　齐饥。陈臻曰："国人皆以夫子将复为发棠^①，殆不可复。"

　　孟子曰："是为冯妇也^②。晋人有冯妇者，善搏虎，卒为善士^③。则之野，有众逐虎。虎负嵎^④，莫之敢撄^⑤。望见冯妇，趋而迎之。冯妇攘臂下车^⑥。众皆悦之，其为士者笑之。"

【注】

①发棠：打开棠邑的粮仓赈济灾民。棠，即棠邑，有认为旧址在今山东即墨，有认为在今山东平度。

②冯妇：传说中的勇士。

③善士：仁义的士人。

④嵎：山角。

⑤撄：接触，靠近。

⑥攘臂：捋起袖子，露出胳膊。

【译】

　　齐国粮食歉收闹饥荒。陈臻说："国内的人都认为您会再次劝说齐王打开棠邑的粮仓赈济灾民，大概不能再这么做了。"

　　孟子说："再这么做就成冯妇了。晋国有个叫冯妇的人，善于打虎，后来成为仁义的士人。一次他到野外去，有一群人正在追逐老虎。老虎背靠山角，没人敢靠近它。大家看到冯妇，都跑过来迎接。冯妇捋起袖子，露出胳膊下车。打虎的人都很钦佩他，但士人都嘲笑他重操旧业。"

【评】

　　从本章文义可见，孟子曾经成功劝说齐王开仓放赈。而此次百姓再次遭灾，孟子却不再这样去做。朱熹认为："疑此时齐王已不能用孟子，而孟子亦将去矣，故其言如此。"此一时，彼一时。孟子深识时务，深谙因势利导的权变之道。

孟子曰："口之于味也，目之于色也，耳之于声也，鼻之于臭也①，四肢之于安佚也，性也，有命焉，君子不谓性也。仁之于父子也，义之于君臣也，礼之于宾主也，知之于贤者也，圣人之于天道也，命也，有性焉，君子不谓命也。"

【注】

①臭：此处专指香气。

【译】

孟子说："人的口舌对于美味，人眼对于俊俏的容貌，人耳对于好听的声音，人的鼻子对于香气，人的身体四肢对于舒服安逸，这些喜好都是天性，但能否得到要看命运的安排，所以君子不认为这些是人的天性。仁爱对于父子关系，忠义对于君臣关系，礼敬对于宾主关系，智慧对于贤人，圣人对于天道，这些能否达到要看命运的安排，但也是人天性的体现，所以君子不认为这些是由命运安排的。"

【评】

眼耳鼻舌身之欲不必强求，自有天命；仁义礼智信之德发自本性，应勉力修持。

浩生不害问曰①："乐正子，何人也？"

孟子曰："善人也，信人也。"

"何谓善？何谓信？"

曰："可欲之谓善，有诸己之谓信，充实之谓美，充实而有光辉之谓大，大而化之之谓圣，圣而不可知之之谓神。乐正子，二之中，四之下也。”

【注】

①浩生不害：事迹不可考。

【译】

浩生不害问孟子：“乐正子是什么样的人？”

孟子说：“他是善良的人，真诚的人。”

浩生不害问：“什么叫善良？什么叫真诚？”

孟子说：“渴望探求找寻回本性中的仁义礼智就是善良，自己能探求找寻回本性中的仁义礼智就是真诚，不断修持仁义礼智提升自己的德行就是杰出，自己不断修持提升德行还能感召他人就是伟大，能感召他人且能教化天下就是圣德，圣德到高深莫测的境界就是神明。乐正子，处于善良和真诚二者之中，在杰出、伟大、圣德和神明四者之下。”

【评】

对本章的理解自古即有争论。著者的翻译在借鉴先贤的基础上，有部分个人的心得。在此就教于广大读者。

孟子曰：“逃墨必归于杨，逃杨必归于儒。归，斯受之而已矣。今之与杨、墨辩者，如追放豚，既入其苙①，又从而招之②。”

【注】

①苙（lì）：圈养牲畜的围栏。

②招：捆绑，束缚。赵岐注：“招，罥也。”朱熹注：“招，罥也，羁其足也。”

【译】

孟子说：“厌弃墨翟学说的人必定会归依到杨朱的学说，厌弃杨朱学说的人必定会归依到儒家的学说。他来归依，就接受他而已。现在和杨朱、墨翟学者辩论的人，就好像追寻逃跑的小猪，已经把它关进了围栏，还要把它的脚绑起来。"

【评】

思想学说不能强求，道不同不相为谋而已。孔子说："德不孤，必有邻。"（《论语·里仁第四》）真理自会有追随者。

孟子曰："有布缕之征，粟米之征，力役之征。君子用其一，缓其二。用其二而民有殍，用其三而父子离。"

【译】

孟子说："有征收布帛的赋税，有征收粮食的赋税，有征发劳力的赋税。君子只征收其中一种赋税，缓征另两种赋税。如果同时征收其中两种赋税，百姓就会有饿死的，同时征收三种就会使百姓父子离散不相顾惜。"

【评】

孟子认为，赋税之征必须适可而止，过度聚敛会伤及民力。

孟子曰："诸侯之宝三：土地，人民，政事。宝珠玉者，殃必及身。"

【译】

孟子说："诸侯国君的宝物有三样：土地，人民，国家的治理。以珠宝美玉为宝物的，灾祸必然会殃及其身。"

【评】

这也是孟子"民本思想"的体现，他认为，统治者勤政爱民，自会保有地位和富贵，贪图财货必然最终殃及其身。

盆成括仕于齐①。孟子曰："死矣盆成括！"

盆成括见杀。门人问曰："夫子何以知其将见杀？"

曰："其为人也小有才，未闻君子之大道也，则足以杀其躯而已矣。"

【注】

①盆成括：复姓盆成，名括。事迹不可考。

【译】

盆成括在齐国做官。孟子说："盆成括死定了！"

后来盆成括果然被杀。学生问孟子："老师您怎么知道他会被杀？"

孟子说："他这个人有些小才华，但不懂得君子的高深道理，他的小才华正好足以招致杀身之祸。"

【评】

不识大道，卖弄小聪明反罹其害，聪明反被聪明误。

孟子之滕，馆于上宫①。有业屦于牖上②，馆人求之弗得。或问之曰："若是乎从者之廋也？"

曰："子以是为窃屦来与？"

曰："殆非也。夫子之设科也③，往者不追，来者不拒。苟以是心至，斯受之而已矣。"

【注】

①上宫："朱熹《集注》云：'上宫，别宫名。'赵岐《注》云：'上宫，楼也。'焦循《正义》云：'此"上宫"，当如"上舍"，谓上等之馆舍也。'"（杨伯峻《孟子译注》）

②业屦：没有编好的鞋子。

③夫子：《十三经注疏》本阮校："宋本、岳本、廖本、孔本、

韩本'子'作'予'。案《注》云：'夫我设教授之科'，伪疏亦云：'夫我之设科以教人'，则作'予'是也。予、子盖字形相涉而讹。"朱熹认为："孟子答之，而或人自悟其失，因言此从者固不为窃屦而来，但夫子设置科条以待学者，苟以向道之心而来，则受之耳，虽夫子亦不能保其往也。"杨伯峻先生则与朱熹的理解相同："据赵岐《注》，他的本子作'夫予'，则'夫'为提挈之词，'予'，孟子自称。那'夫予之设科也'以下为孟子之言，而不是馆人的话了。译文未采此说。"此二说皆通，著者原文、标点、解读依杨伯峻先生。

【译】

孟子来到滕国，住在旅馆。有一双没有编好的鞋子放在窗户上不见了，旅馆管理员找不到。有人问孟子："如果这样，是跟随您的人藏起来了吧？"

孟子说："您认为他们是为了偷鞋而来吗？"

那人说："大概不是。您开设课程教授学生，离开的不挽留，来的不拒绝。只要有心向学而来，就接纳他们而已，其中难免有不受教化的顽劣之人。"

【评】

人难免良莠不齐，作为师长，尽心尽力教导帮扶而已，至于结果则不必过于计较。

孟子曰："人皆有所不忍，达之于其所忍，仁也；人皆有所不为，达之于其所为，义也。人能充无欲害人之心，而仁不可胜用也；人能充无穿逾之心[1]，而义不可胜用也。人能充无受尔汝之实[2]，无所往而不为义也。士未可以言而言，是以言餂之也[3]；可以言而不言，是以不言餂之也，是皆穿逾之类也。"

【注】

①穿逾：即"穿窬"，打洞翻墙。

②无受尔汝之实："'尔''汝'为古代尊长对卑幼的对称代词，如果平辈用之，便表示对他的轻视贱视。孟子之意，若要不受别人的轻贱，自己便先应有不受轻贱的言语行为，这便是'无受尔汝之实'。"（杨伯峻《孟子译注》）

③恬（tiǎn）：诱取。

【译】

孟子说："人都有不忍心做的事，把这样的不忍心推广到忍心做的事，就是仁爱；人都有不愿意去做的事，把这样的不愿意推广到愿意做的事，就是道义。人能推广不想害别人的心思，那么仁爱之心就源源不绝；人能推广不去做打洞翻墙那样的苟且之事的心思，那么道义之心就源源不绝。人能推广不致遭受别人轻贱的言行，无论到哪里都不会有不符合道义的言行。士人与不应该交往的人交往，是以交往诱取私利；士人与应该交往的人不交往，是以回避诱取私利，这些都是如同打洞翻墙之类的苟且之事。"

【评】

恶言邪行都肇端于小事，嘉言善行也都起始于小事。所以说，"勿以善小而不为，勿以恶小而为之"是修持德行的必由之路。

孟子曰："言近而指远者，善言也；守约而施博者①，善道也。君子之言也，不下带而道存焉②。君子之守，修其身而天下平。人病舍其田而芸人之田，所求于人者重，而所以自任者轻。"

【注】

①约：简约，简单。

②不下带：不超过束衣的带子，比喻浅近。带，束衣的带子。

【译】

孟子说：“言辞浅近但内涵深远，是好的学说；修持简单但使人获益巨大，是好的德行。君子所说的，非常浅近但真理就在其中。君子修持的操守，就是修养自身而最终使天下太平。人的毛病在于荒了自己的地却去耕别人的田，这样的毛病在于要求别人做的很多，自己承担的责任却很轻。”

【评】

孔子说：“为仁由己，而由人乎哉？”（《论语·颜渊第十二》）曾子说：“士不可以不弘毅，任重而道远。”（《论语·泰伯第八》）著者所倡导的“当代儒家”理论，即强调其理论的简单性和修持的易行性。著者在早先出版的《大学中庸评释》一书的序言中提出：“当代儒家”理论必须是简单的，必须是单纯的，大可不必纠结于体用之争，纠结于内圣外王，纠结于义理心性，纠结于古文今文，纠结于繁文冗词，而是返璞归真，回归其原生态时期的本初状态。同时，任何一种思想，一种哲学，都是要对现实有所指导的，也就是要有其实际功用。儒家思想作为一门以人修身为基础，并推广至家庭、社会的哲学，其修持的实际功用本就显著。如果摒除掉那些为后世附会上的繁复内容，回归其原生态时期的本初状态，则其修持将更加易行。

孟子曰：“尧、舜，性者也；汤、武，反之也。动容周旋中礼者，盛德之至也。哭死而哀，非为生者也；经德不回①，非以干禄也；言语必信，非以正行也②。君子行法，以俟命而已矣。”

【注】

①经：惯常的，日常的。回：违背。《广韵》：“回，违也。”

②正行：朱熹：“细微曲折，无不中礼，乃其盛德之至。自然

而中，而非有意于中也。经，常也。回，曲也。三者亦皆自然而然，非有意而为之也。"故此，著者解释"正行"为"刻意表现正直的行为给人看"。

【译】

孟子说："尧、舜，是直接发挥本性中的仁义；成汤和周武王是修持身心探求找寻回本性中的仁义并身体力行。他们神情举止完全符合礼法规定的原因，是品德崇高达到了至高无上的境界。为死者痛哭哀痛伤心，不是为了给生者看的；惯常的德行从不违背礼法，不是为了谋求地位俸禄；说话诚实不欺，不是为了刻意表现正直的行为给人看。君子遵循圣人之道为人处世，静候天命的召唤而已。"

【评】

孟子本章所说的与先秦儒家"君子居易以俟命"思想一脉相承。作为君子，做好格物、致知、诚意、正心、修身、齐家的功课，静待上天降临治国、平天下的使命。

孟子曰："说大人，则藐之，勿视其巍巍然。堂高数仞，榱题数尺^①，我得志弗为也；食前方丈^②，侍妾数百人，我得志弗为也；般乐饮酒，驱骋田猎，后车千乘，我得志弗为也。在彼者，皆我所不为也；在我者，皆古之制也，吾何畏彼哉？"

【注】

①榱（cuī）题：屋椽的端头，房檐。
②方丈：食物摆满一丈见方，形容饮食的奢华。

【译】

孟子说："向诸侯国君进言，就要轻看他，不要在乎他高高在上的权势地位。殿宇数丈高，房檐几尺长，我如果能得志也不会这么做；饮食豪华奢侈，姬妾数百人，我如果能得志也不会这么做；肆意享乐欢饮美酒，纵车驰骋围场狩猎，跟随的马车上千辆，我如果能得志也不会这么做。他拥有的，都是我不会去做的；我坚守的，都是古人的法度准则，我为什么要畏惧他呢？"

【评】

"无欲则刚"，不为五斗米折腰，不畏权贵，不贪图世俗的荣华富贵，这样的"无欲"者，自然刚强不屈。

孟子曰："养心莫善于寡欲。其为人也寡欲，虽有不存焉者[①]，寡矣；其为人也多欲，虽有存焉者，寡矣。"

【注】

①存：指人本性中天赋的善和仁义。

【译】

孟子说："修养心性没有比减少物欲更好的方法。一个人的物欲少，即使本性中的善有所遗失，也很少；一个人的物欲多，即使本性中的善有所存留，也很少。"

【评】

物欲，是人生最大的"罣碍"，佛教《心经》："心无罣碍，无罣碍故，无有恐怖，远离颠倒梦想，究竟涅槃。"人在追求物欲的过程中，犹如讨债般疲于奔命，欲罢不能。人心成了物欲的囚徒。《菜根谭·修身》上说："不能绝欲，惟期寡欲而已。"著者所倡导的"当代儒家"理论，其世界观是"乐天知命，天人合一"，其方法论是"自强不息，厚德载物"，而"寡欲"就是这一理论要达成的重要目标之一。孟子对待追求身外之物的态度是："求之有道，得之有命，是求无益于得也，求在外者也。"（《孟子·尽心上》）值得每个人深思。

曾皙嗜羊枣^①，而曾子不忍食羊枣。公孙丑问曰："脍炙与羊枣孰美^②？"

孟子曰："脍炙哉！"

公孙丑曰："然则曾子何为食脍炙而不食羊枣？"

曰："脍炙所同也，羊枣所独也。讳名不讳姓，姓所同也，名所独也。"

【注】

①羊枣：黑枣。

②脍：切细的肉。炙：烤肉。

【译】

曾皙特别爱吃黑枣，曾子因此在父亲去世后不忍心吃黑枣。公孙丑问孟子："炒肉末与黑枣比哪个更美味？"

孟子说："炒肉末呀！"

公孙丑说："那么曾子为什么照常吃炒肉末却不吃黑枣？"

孟子说："炒肉末人人都爱吃，但黑枣是曾皙独有的嗜好。这就如同避讳君父的名但不避讳姓，因为姓是很多人共有的，但名是人独有的。"

【评】

根据《孟子注疏》赵注："曾子以父嗜羊枣，父没之后，唯念其亲不复食羊枣，故身不忍食也。"即，曾子在父亲去世后，因睹物思人，不堪其哀，所以不吃羊枣。著者认为，这种理解更加顺理成章，合乎情理。因此在翻译中加上了"在父亲去世后"。

万章问曰："孔子在陈曰：'盍归乎来！吾党之小子狂简，进取，不忘其初。'孔子在陈，何思鲁之狂士？"

孟子曰："孔子'不得中道而与之，必也狂狷乎！狂者进取，狷者有所不为也^①'。孔子岂不欲中道哉？不可必得，故思其次也。”

“敢问何如斯可谓狂矣？”

曰：“如琴张、曾皙、牧皮者②，孔子之所谓狂矣。”

“何以谓之狂也？”

曰：“其志嘐嘐然③，曰：‘古之人，古之人。’夷考其行而不掩焉者也。狂者又不可得，欲得不屑不絜之士而与之，是狷也，是又其次也。孔子曰：‘过我门而不入我室，我不憾焉者，其惟乡原乎④！乡原，德之贼也。’”

曰：“何如斯可谓之乡原矣？”

曰：“‘何以是嘐嘐也？言不顾行，行不顾言，则曰，古之人，古之人。行何为踽踽凉凉⑤？生斯世也，为斯世也，善斯可矣。’阉然媚于世也者⑥，是乡原也。”

万子曰：“一乡皆称原人焉，无所往而不为原人，孔子以为德之贼，何哉？”

曰：“非之无举也，刺之无刺也。同乎流俗，合乎污世。居之似忠信，行之似廉絜。众皆悦之，自以为是，而不可与入尧、舜之道，故曰‘德之贼’也。孔子曰：‘恶似而非者：恶莠⑦，恐其乱苗也；恶佞，恐其乱义也；恶利口，恐其乱信也；恶郑声，恐其乱乐也；恶紫，恐其乱朱也；恶乡原，恐其乱德也。’君子反经而已矣⑧。经正，则庶民兴；庶民兴，斯无邪慝矣。”

【注】

①“不得中道而与之”四句：出自《论语·子路第十三》。狷，“朱熹《集注》本、焦循《正义》本都作‘獧’，‘獧’同‘狷’。”（杨伯峻《孟子译注》）

②琴张：“此人古书凡两见，《左传》昭公二十年云：‘琴张闻宗鲁死，将往吊之。’《庄子·大宗师篇》云：‘子桑户、孟子反、子

琴张三人相与友。'贾逵、郑众以及赵岐都以为即是颛孙师（字子张），恐不可信。至王肃伪造《孔子家语》以为即琴牢，《读书杂志》已引王引之之说辨驳之矣。此人因未见于《仲尼弟子列传》，已不能详知。"（杨伯峻《孟子译注》）牧皮：其人事迹不可考。

③嘐（jiāo）嘐：形容志向远大但言行浮夸。

④乡原：《论语·阳货第十七》作"乡愿"，杨伯峻先生译为"好好先生"。

⑤踽（jǔ）踽凉凉：落寞凄凉。踽踽，独行的样子。

⑥阉然：曲意逢迎的样子。

⑦莠（yǒu）：狗尾草，杂草。

⑧反经："这种结构犹如《论语·颜渊篇》的'复礼'，'归于礼法'便叫'复礼'，'归于经常'便叫'反经'，'反'同'返'。"（杨伯峻《孟子译注》）

【译】

万章问孟子："孔子在陈国说：'为什么不回去呢！我家乡的年轻人狂放但行事尚嫌粗略，锐意进取但不忘本。'孔子在陈国，为什么会思念鲁国的狂放之士呢？"

孟子说："孔子说过：'不能与中道而行的人交往，那就一定与狂放激进的人和狷介保守的人交往吧！狂放激进的人能进取，狷介保守的人有所不为。'孔子怎么会不想与中道而行的人交往呢？只是未必能遇到，所以退而求其次。"

万章说："请问什么样的人可以称为狂放？"

孟子说："像琴张、曾晳、牧皮这样的，就是孔子所说的狂放。"

万章说："为什么说他们狂放？"

孟子说："他们志向远大但言行浮夸，张嘴闭嘴就是：'古人如何，古人如何。'但考察他们的实际行动却发现与其说的不相符。狂放的人如果也遇不到，就希望和不屑于做污秽之事的人交往，这就是狷介保守的人，这是又次一等的人了。孔子说：'如果有人经过我的大门但不进屋来，而我不会失望，只有那种老好人吧！'老好人是败坏德义的小人。"

万章说："什么样的人可以称为老好人？"

孟子说："他们讥讽狂放之士时说：'为什么这样志向远大但言行浮夸呢？说话不顾及自己能否做到，做事不顾及自己曾经承诺过的，张嘴闭嘴就是，古人如何，古人如何。'又批评狷介保守的人说：'为什么要如此落寞凄凉？生活在这样的世道，就做这种世道该做的事，得过且过吧。'这种曲意逢迎取悦世俗的人，就是老好人。"

万章说："乡里所有人都说他是老好人，他也到处都表现得像个老好人，孔子认为这种人是败坏德义的小人，这是为什么？"

孟子说："对这种人，你要批评他又好像无可批评，你要指责他又好像无可指责。他们与粗鄙的风俗、污秽的世道同流合污。为人貌似忠诚老实，行为貌似清正廉洁。大家都很喜欢他，他也认为自己是对的，但他的所作所为却与尧、舜之道格格不入，所以说这种人是败坏德义的小人。孔子说：'厌恶那些似是而非的东西：厌恶杂草，怕的是它破坏禾苗；厌恶谄媚逢迎，怕的是它破坏道义；厌恶夸夸其谈，怕的是它破坏诚信；厌恶郑国的乐曲，怕的是它破坏雅乐；厌恶紫色，怕的是它破坏纯红色；厌恶老好人，怕的是他破坏德义。'君子只是为了让一切回归正道而已。回归正道，百姓就会振作；百姓振作，就没有奸邪了。"

【评】

孟子在本章要表达的，首先是肯定"中庸之道"。其次，在中庸暂时达不到的情况下，要么"过"，即"狂"，哪怕有些志大才疏；要么"不及"，即"狷"，也就是独善其身，有所不为。最不可取的，是无所进取，随波逐流。

孟子曰："由尧、舜至于汤，五百有余岁，若禹、皋陶，则见而知之；若汤，则闻而知之。由汤至于文王，五百有余岁，若伊尹、莱朱则见而知之①；若文王，则闻而知之。由文王至于孔子，五百有余岁，若太公望、散宜生②，则见而知之；若孔子，则闻而知之。由孔子而来至于今，百有余岁，去圣人之世，若此其未远也；近圣人之居，若此其甚也，然而无有乎尔，则亦无有乎尔。"

【注】

①莱朱：成汤时的贤臣，事迹不可考。

②散宜生：周文王时贤臣。

【译】

孟子说："从尧、舜到成汤的时代，有五百多年，像禹、皋陶，是亲眼看到而了解尧、舜施行的圣人之道的；像成汤，就是通过听闻而了解尧、舜施行的圣人之道的。从成汤到周文王的时代，有五百多年，像伊尹、莱朱是亲眼看到而了解成汤施行的圣人之道的；像周文王，就是通过听闻而了解成汤施行的圣人之道的。从周文王到孔子的时代，有五百多年，像姜太公、散宜生是亲眼看到而了解周文王施行的圣人之道的；像孔子，就是通过听闻而了解周文王施行的圣人之道的。从孔子的时代到现在，一百多年，距离圣人的时代，是如此的不遥远；距离圣人的家乡，是如此的近，然而已经没有人亲眼看到而了解孔子的圣人之道了，那么恐怕也没有人能通过听闻而了解孔子的圣人之道了。"

【评】

本章是孟子对圣人之道的衰亡发出的由衷慨叹。《礼记·檀弓上》记载，孔子暮年病笃，一日早起，扶杖于家门。唱道："泰山其颓乎？梁木其坏乎？哲人其萎乎？"——泰山就这样崩塌了？梁柱就这样坍毁了？哲人就这样凋零了？孟子的慨叹更甚于此，他担心的是后继无人。《孟子》一书的编撰者将本章置于书末，可谓用心良苦……